客室提案パース／深津泰彦／P.22

Design theory of compact & comfort hotel

ホテルグレイスリー田町／P.39、78／撮影　ナカサ＆パートナーズ

浦安ブライトンホテル／P.22、120／撮影　Joshua Lieberman

客室提案パース／UDS／P.36

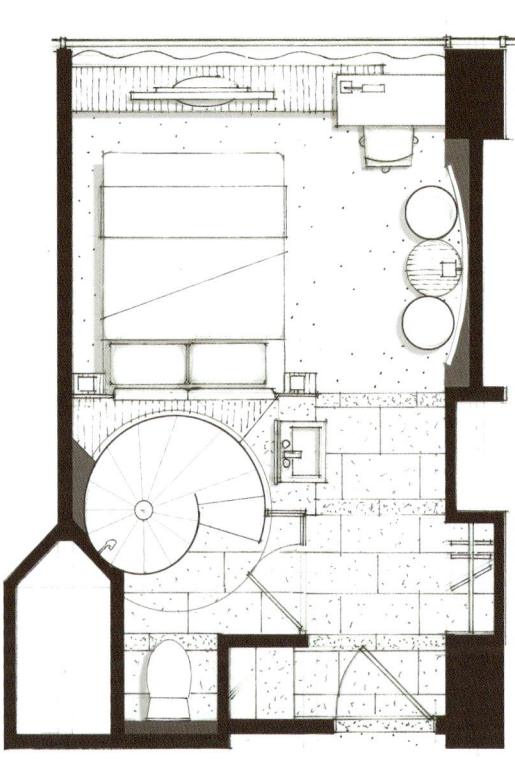
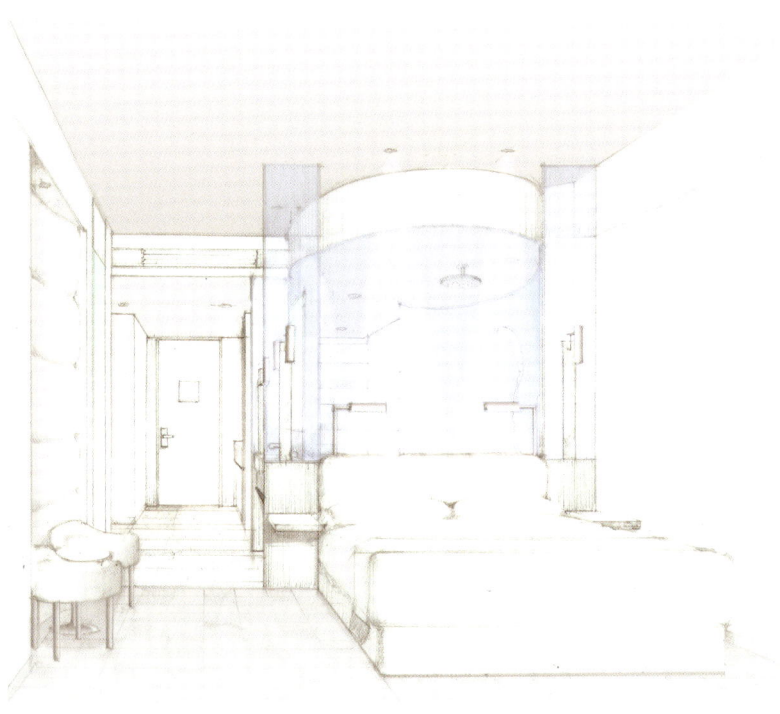

プランニングスケッチ／中根昌樹／P.22

ホテル カンラ 京都／P.90／撮影　矢野紀行

ホテル アンテルーム 京都／P.94、123／撮影　Jonathan Savoie

ヴィアイン秋葉原／P.97／撮影　川澄・小林研二建築写真事務所

アワーズイン阪急／P.42、103／撮影　クドウフォト 許斐信一郎

ソラリア西鉄ホテル銀座／P.30、100／撮影　エスエス東京

ドリームベッド/P.117／撮影　鈴木文人 　　ドリームベッド/P.117 　　日本ベッド製造/P.121

ドリームベッド/P.117 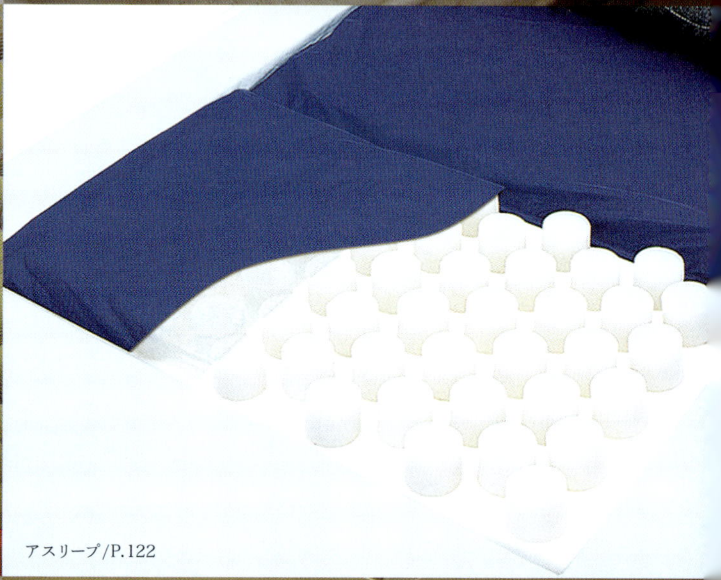　　アスリープ/P.122

コクヨファニチャー/P.123　　タイム アンド スタイル/P.127

コクヨファニチャー/P.123／撮影　矢野紀行

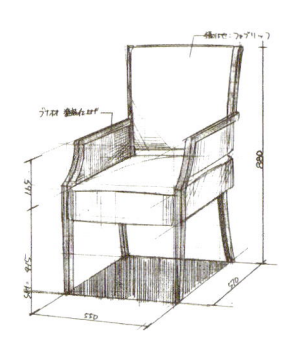

乃村工藝社/P.127

コンパクト &
コンフォート
ホテル設計論

進化する「宿泊特化型」と
「ビジネス系」のデザイン戦略

CONTENTS

目次

※第2章の1〜9、12、13節は、「月刊 商店建築」2010年1〜12月号の連載「ビジネスホテル進化系」に加筆修正したものです。その他はすべて本書のために新規取材しました。

012　序にかえて
　　　なぜ「コンパクト&コンフォートホテル」の開発ブームか〜概論編

第1章

018　ホテルデザイナー座談会
　　　「これからは、こんな客室をつくってみたい」
　　　中根昌樹 × 西尾敏靖 × 深津泰彦

026　誌上ビジュアルプレゼンテーション
　　　「ビジネス系ホテルの革新戦略&アイデア」
　　　日本設計、日建スペースデザイン、メック・デザイン・インターナショナル、UDS、乃村工藝社

042　インタビュー
　　　「なぜ今、デザインプロデュースが必要なのか」
　　　中川誠一

第2章

13の切り口で考える

「コンパクト&コンフォートホテル」の
マーケティングと空間計画

045	1	都市開発とホテル
050	2	水まわり設備の革新
055	3	ベッドルームの価値向上
060	4	「女性」という座標軸
065	5	デスクや収納の考え方
070	6	「大浴場」の二大デザイン潮流
075	7	「魅せる」パブリックスペース
080	8	飲食施設をどうする?
085	9	リブランディング&リニューアル
090	10	コンバージョンの道筋
097	11	都心型の新しいビジネスモデル
106	12	知っておきたい法令・条例事情
111	13	「進化系ビジネスホテル=コンパクト&コンフォートホテル」の近未来

第3章

ベッド&家具11社レポート

「コンパクト&コンフォートホテル」を演出する
"イチ押し技術と人気製品"

117	ドリームベッド
118	シーリージャパン
119	シモンズ
120	フランスベッド
121	日本ベッド製造
122	ASLEEP
123	コクヨファニチャー
124	IDC大塚家具
125	TIME&STYLE
126	ワイス・ワイス
127	乃村工藝社

Prologue

序にかえて

なぜ「コンパクト&コンフォートホテル」の開発ブームか　〜概論編

永宮和美

昭和13年、元祖ビジネスホテル

日本が日中戦争を経て、太平洋戦争へとなだれ込む直前の1936（昭和13）年。東京・新橋に、まったく新しい概念のホテルが姿を現わした。阪急東宝グループの創始者・小林一三が計画立案した「第一ホテル」だ。建設地は、現在の第一ホテル東京が建っている場所である。

ホテルといえば、外国人旅行者向けの贅沢な施設を意味していた当時の日本で、日本人の出張旅行者をターゲットにして初めて開発されたのがこのホテル。いわばビジネスホテルの元祖である。626室の客室数は当時、東洋最大を高らかに謳い、全館冷暖房完備を実現したのも日本初だった。帝国ホテルでさえ、まだ「全館」ではなかった。

天才起業家、アイデアの神様と呼ばれた小林一三は、その開発にあたって、ホテルコンセプトをこんなふうに説明している（資料から抜粋・表記変更）。

「敷地いっぱいに8階建てをつくると550室はとれる。シングルルームを主とする。宴会場なんかあまりつくらない方がよい。（中略）シングルルームは東京〜大阪間の寝台料金と同じにする。ルームメードは帝国ホテルが1人10室受け持っているなら、このホテルは1人25室受け持たせるといったように人員を少なくする。（中略）サラリーマン以外に客をとろうとして、部屋を豪華にしたり、2人部屋をたくさんつくったら駄目だ。東京に出張してくるサラリーマンだけを狙う。それも冷暖房で外国のホテルに負けないサービスをする」

とても示唆に富む言葉だ。高度成長期から続々と開発されていったビジネスホテルのひな型を、小林は既にこの時代に明確に定義していた。そしてこの言葉はまた、高度経済成長期からバブル期にかけて高級志向に走りすぎたホテル業界への強烈なアフォリズム（警句）として、今の時代に甦ってきている。

今、「宿泊重視」に立ち返るホテル

恐竜は、体が大きくなりすぎたものが滅び、小さくて環境変化に適応できたものが姿を変えて生き残った。それと同じようなことが日本のホテル業界にも起こった。この15年ほどのことだ。

バブル崩壊という、巨大隕石の衝突にも等しい分岐点から環境は激変し、ホテルは深刻な構造不況に陥った。大型のシティーホテルはいまだ悪戦苦闘が続く。レストラン部門も、企業のパーティーや婚礼などの宴会部門も、話題性豊かな街場の新しい施設に客を奪われ、客室はディスカウント販売が常態化している。老朽化しているが改修投資の余裕がないホテルは多く、そんなところは施設やサービスの陳腐化で沈むばかりである。

ホテルの営業部門は客室・宴会・レストランが柱だが、利益率が最も高いのは客室部門だ。宴会やレストランは売上規模が大きいものの、高級なホテルほど原価率も高く、有能なサービススタッフを置かなければいけないので人件費も高い。

しかし客室の原価は、水道光熱費と浴室のアメニティー類、それにシーツやタオルのリネン代くらい。ルームメークもたいがい業務委託やパート・アルバイトなので人件費比率は低く、予約状況に応じて変動化できる。だから客室をせっせと売れば儲かるのだが、バブル期までの日本のホテルでは企業宴会や婚礼、そして接待の舞台でもあったレストランがとても儲かっていたので、そのことをすっかり忘れていた。はっきり言えば、客室が埋まらなくても大きな影響はなかった。客室をちゃんと売れ。その基本中の基本が、バブル崩壊からのホテル構造不況によって再確認され、ホテルの「宿泊部門重視」の

傾向は一気に強まった。まさに小林一三の思想に向かって原点回帰したわけである。

この10年ほどの間、超高級外資系ホテルの東京進出が一大ブームとなった。ドロ沼のような景気低迷のなか不思議に思うかもしれないが、外資系ホテルにしてみれば、不況のせいでいろいろな分野のコスト水準が大きく下がった今こそ、アジア有数の市場である東京への進出チャンスと踏んだわけである。

そんな外資系のラグジュアリークラスのホテルも含めて、新しく開発されるシティーホテルはレストランや宴会・会議施設がかなり軽装備になったし、このところはシティーホテルの開発そのものが全国的に休止状態となっている。

そして、その間隙を縫って勢力を伸ばしてきたのが、本書で取り上げる、宿泊機能の付加価値戦略で切磋琢磨しているホテル群である。大型恐竜の苦闘を尻目に、たくましく生き残ろうとする小型恐竜の群れだ。

小型恐竜のホテルにも二通りある。一つは旧来型のビジネスホテル。こちらは環境変化への適応がうまくできないところが多く、古いシティーホテルと同様、大安売りしないと部屋が埋まらない状況となっている。

一方、本書で取りあげる進化系のビジネスホテルは、そうした旧来型ホテルの弱点をデザイン性や客室環境の高さ、更なる低価格化、チェーン化による効率化とブランディングといった要素で補って勢力を伸ばしてきた。新規参入が相次いでいることで競争は厳しくなっているが、まだやり方次第で一気にシェアを獲得できる分野である。

「ビジネス」から「コンパクト&コンフォート」へ

進化系ビジネスホテルの真骨頂は、カテゴリー化が大きく進んだことだ（P.15図表参照）。チェーン化によって開発コストを抑え、エコノミー料金に徹する。逆に、客室環境へのコスト集中で高級化（アッパー化）する。都市型ホテルになかった充実した温泉大浴場などを付帯する。広域展開の道を捨てて集中出店（ドミナント化）に徹し、投資効率を高める。ビジネスではなくファミリー旅行に活路を求める――。そんな進化の枝分かれが、このところますます顕著になっている。

アッパーミドルと呼ばれる、準シティーホテルの位置づけのホテル。その開発が特に都心で増えているのは、総合型のシティーホテルから顧客を一気に奪うという戦略によるものだ。レストランや会議施設をミニマム化して、コストを宿泊機能に集中する。そのことによって高級シティーホテル並みの客室環境と高いデザイン性を備える。

従来のシティーホテルの宿泊客も、朝食を除けば館内の飲食施設はあまり利用してはいない。昼食や夕食はどうしても館外に出てしまう。ましてや旅行者にとっては宴会施設の規模など無関係。それならば、宿泊客にとっては、コストパフォーマンスが高いアッパーミドルのホテルの方が使い勝手はいいという判断になる。

そして、このアッパーミドルのホテルたちは「快眠」「癒やし」「女性が過ごしやすい」といったコンセプトを巧妙に打ち出しており、それが消費者マインドを強くくすぐる。

ドミナント化による出店戦略は、1990年代までの理想像だったナショナルチェーン化（全国展開）とは真逆の価値観によるものだ。広域展開＝多店舗化に乗り出せば、知名度アップと開発コスト効率化のシナジー効果は大きいが、一方で採算性の低い店舗も抱えるリスクを伴う。今では、旅行消費に関する需要変化は生半可な予測では追いつかないほどに複雑化しているのだ。

それならば、需要が底堅くて変動が少ない大都市部に集中展開した方がリスクは小さくなる。もちろん競争相手も多いが、要所を

Prologue

押さえたドミナント展開によってブランド認知度は確保できる。こうしたドミナント戦略をとる勢力には、大手不動産企業系や、不動産部門を持つ電鉄系が目立つ。

幹線道路沿いや高速・自動車道インターチェンジ付近のロードサイドは、かつてホテル空白地帯（逆にファッションホテルの激戦地）だったが、今ではエコノミー級ビジネスホテルの超有望エリアとなり、多くのチェーンが進出している。クルマを使った出張が急増したのと、ドライブ旅行の増加のためである。

出張は、不況続きで支社・営業所網が統廃合され、行動範囲が広域化・長期化したことで、鉄道や航空機とレンタカーを組み合わせるような出張形態が一気に拡大した。

ビジネスではなくファミリー旅行を主要ターゲットとするチェーンもある。ロードサイド型ホテルは、いわば地上（繁華街や一等地）での生き残りに見切りをつけて翼を持つことになった小型恐竜のようなものである。

従来、「ビジネスホテル」というネーミングは、出張旅行者が安く使える宿泊機能重視のホテルの意味だったが、もうそんな単純な言葉でひとくくりにできないほど、このカテゴリーでは多様な業態が生まれてきた。

団塊世代の大量退職によって、今では平日に観光旅行を楽しむ層が一気にボリュームを増してきた。そのため、観光地をひかえる大都市のビジネスホテルでは、観光とビジネスの客層が拮抗するところもある。ちょっとした開発ブームとなっているロードサイド型ホテルは、ドライブ旅行のファミリーにとって安価で使いやすい宿泊施設として人気がある。

そんな背景から「ビジネスホテル」に代わる何か新しい呼称を、ずっと思案していたのだが、編集部との相談で俎上に載ったのが「コンパクト＆コンフォートホテル」という名称である。

コンパクトな施設構成で、センスがよく居心地のいい空間、それでいて使いやすい料金体系——。そんなホテルが今、もっとも強いのである。

シングルルームを使う観光旅行者

旧来のシティーホテルやビジネスホテルからの顧客奪取という弱肉強食が、進化系のビジネスホテルの開発加速の内的要因だとすれば、外的要因として挙げられるのは、都市部での不動産運用の状況だ。

大都市圏ではオフィスビルの空室率が高止まりしたままなかなか改善されず、地方都市では中心部の商業ビルが郊外型商業施設への需要シフトなどで稼働悪化が目立つ。この両方の不動産分野は、開発行為でとかく小型のホテルとセットで比較検討されることが多い。つまりオフィスや商業ビルが供給過多であればホテルが検討されることになるし、エリアでホテル客室が供給過多であれば、その逆になるというパターンだ。

大都市圏のオフィスビルは、リーマンショックに端を発した世界不況突入の少し前、国内外の資本が競って投資に走り供給過多となった。今もって顕著な空室率改善は見られず、賃料水準とダブルの低迷という状況だ。だから、オフィスよりも賃貸期間が長く安定するホテルの方がいい。そういう判断から、東京都心などでコンパクト＆コンフォートホテルの新規開発が続いてきたのだ。

更には、旅行形態の時代的な変化も追い風となっている。

例えば、京都市内のあるエコノミータイプのビジネスホテル。チェックイン・アウト時に、ロビーは観光旅行のシニアグループで混雑する。週末だけでなく平日もだ。いや、むしろ観光地の人出が少ない平日の方がシニアの旅行者で混雑する。

以前であれば、グループの観光客といえば、シティーホテルのツインやトリプルを利用

コンパクト&コンフォートホテル(≒ビジネスホテル)のブランドマッピング

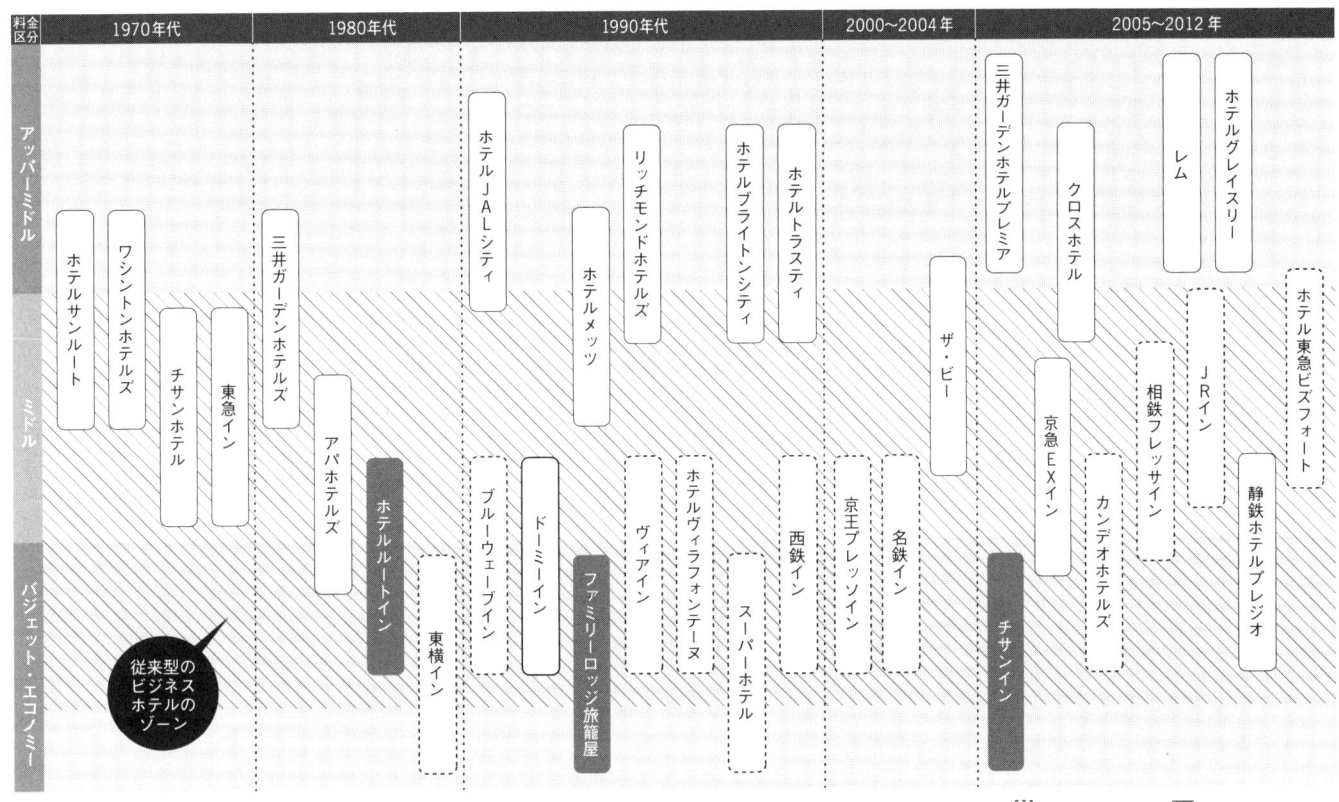

(注1) 宿泊特化型=朝食提供スペース以外に飲食営業施設(テナント含む)のないホテル
(注2) ロードサイド型=高速・自動車道路IC付近や幹線道路沿いに立地
(注3) 料金区分は、シングル基準タイプでの大まかな比較で、あくまでも目安

凡例: 宿泊特化型ホテル / ロードサイド型中心

各ブランドのプロフィール

ブランド名	運営・経営	展開地域	特色
ホテルサンルート	サンルート	全国	ホテルフランチャイズの日本での草分け。近年は斬新な客室タイプの提案も
ワシントンホテルズ	藤田観光+ワシントンホテル	全国	2社が東西エリアで別展開。藤田観光は上級の「グレイスリー」(札幌、銀座、田町)も
チサンホテル	ソラーレホテルズアンドリゾーツ	全国	地産から事業継承し大規模リニューアル。上級の「グランド」や「リゾート」業態も
東急イン	東急ホテルズ	全国	東急グループの古参ブランド。姉妹ブランドに上級の「エクセル」や「ビズフォート」がある
三井ガーデンホテルズ	三井不動産ホテルマネジメント	主要都市	準シティーホテルから宿泊主体型に移行し、大浴場設置店舗も。上級の「プレミア」が銀座に
アパホテルズ	アパグループ	主要都市	天然温泉大浴場導入のパイオニア。都市圏の駅周辺の立地
ホテルルートイン	ルートインジャパン	全国	ロードサイド展開のパイオニア。近年は駅周辺の店舗も増加。既存ホテル買収にも積極的
東横イン	東横イン	全国	エコノミー宿泊特化型の最大勢力で、無料朝食サービスの先駆者。1045(トーヨコ)店舗が大目標
ホテルJALシティ	JALホテルズ	首都圏と地方都市	アッパーミドル業態の先駆的存在。JALホテルズはホテルオークラの連結子会社に
ブルーウェーブイン	ブルーウェーブ(オリックス)	主要都市	東京・浅草が1号店のエコノミー業態。店舗で施設構成やデザインが異なる
ドーミーイン	共立メンテナンス	主要都市	石組みの露天風呂を備えた大浴場で人気。しかも地方ごとにデザインが異なる
ホテルメッツ	JR東日本	首都圏と沿線都市	駅付帯・隣接型が最大の武器で、高稼働を維持する
ファミリーロッジ旅籠屋	旅籠屋	全国	家族旅行をターゲットとするロードサイド型。木造が基本。高速・自動車道のSA等にも出店
リッチモンドホテルズ	アールエヌティーホテルズ	主要都市	宿泊特化型の人気業態。上級の「プレミア」のグレード感は高い
ヴィアイン	JR西日本デイリーサービスネット	東京以西の主要市	JR西日本グループの宿泊特化型。最近は東京で集中出店
ホテルヴィラフォンテーヌ	住友不動産グループ	都心・大阪	都心で集中展開する宿泊特化のパイオニア。大阪・心斎橋にも
ホテルブライトンシティ	ブライトンコーポレーション	京都・大阪	アッパーミドル。主要都市展開を目指す。基準客室でも20㎡
スーパーホテル	スーパーホテル	全国	低価格化で一気に勢力拡大(102軒)。最近は「健康・ロハス」を打ち出す店舗も
ホテルトラスティ	リゾートトラスト	3大都市圏	会員制リゾート大手が提案する、グレード感の高い宿泊主体型
西鉄イン	西鉄ホテルシステムズ	主要都市	九州各地と東京・大阪・沖縄・高知に展開。アッパーミドルの「ソラリア西鉄ホテル」も
京王プレッソイン	京王プレッソイン	東京都心	エコノミー宿泊特化型で、都心ドミナント展開が特徴。会議施設なども
名鉄イン	名鉄イン	愛知県内	名古屋を中心に宿泊特化型を展開。県外への進出も検討している
ザ・ビー	イシン・ホテルズ・グループ	首都圏	既存ホテルからのリブランドが基本。小型スパやデザイン性の高さで女性客が支持
チサンイン	ソラーレホテルズアンドリゾーツ	主要都市	ロードサイド中心の低価格業態。ベッド上部に立体ベッドを設置したトリプルも
京急EXイン	京急イーエックスイン	京急沿線エリア	首都圏展開を目指すミドル業態。品川駅前店は旧「ホテルパシフィック」
クロスホテルズ	クロスホテル(オリックス)	札幌・大阪	スタイリッシュ路線のアッパーミドル業態。大阪ではクラブ系のCD店を誘致
カンデオホテルズ	カンデオ・ホスピタリティ・マネジメント	主要都市	ロードサイド中心で、スカイスパ(展望大浴場)や健康朝食が売りもの
レム	阪急阪神ホテルズ	大都市圏	窓側の浴室設置やマッサージチェア全室導入で先鞭をつける。東京・鹿児島にあり、新大阪にも建設中
JRイン	JR北海道	道内	JR北海道初の宿泊特化ホテル。道内主要駅での展開を目指す
相鉄フレッサイン	相鉄イン	都心・沿線エリア	急成長中の宿泊特化型。2012~14年にかけて4軒が開業
ホテル東急ビズフォート	東急ホテルズ	主要都市	東急グループ初の宿泊特化型。朝食スペース兼用のゲストラウンジの提案が新鮮

〈創業順〉

Prologue

するのが一般的だった。しかし最近では、ビジネスホテルのシングル利用が増えているのだ。気のおけない旅行仲間でいつも行動は一緒だが、しかしプライバシーはまた別問題。シティーホテルでの同室よりも、安いビジネスホテルのシングル利用で一人気兼ねなく、というわけである。

こうした傾向は女性グループの旅行でも共通している。女性は入浴や化粧などに時間がかかるので、ツインやトリプルでは浴室とパウダールームが混雑する。その点でビジネスホテルのシングル利用が好まれているのだ。

昔のビジネスホテルは「薄暗い、ダサい、オジサン臭い」という世界で、女性客は完全に敬遠していた。しかし最近では、デザイン性やセンスが格段に向上しているので、女性客が急増している。観光旅行だけでなく、女性の出張利用も増えている。女性ビジネス客に照準を据えたホテルマーケティングもこのところ一般的になった。レディースルームやレディースフロアの設置、セキュリティー機能の強化、簡易型スパの導入などである。ところで、観光旅行での利用が急拡大しているとはいえ、このカテゴリーのホテルは出張旅行のビジネス客がメーンターゲットであることに変わりはない。その出張だが、企業業績の低迷で出張旅費（宿泊費＋日当）は抑制傾向が長く続いているものの、出張機会は逆に増えている。理由は、前述したように企業の支店・営業所網の整理統合が進み、本社社員が直接営業先に出向く機会が増えているためだ。

同時にネガティブな要素もある。インターネットを利用して遠隔地の営業拠点を結んで行なう「電子会議」の普及といったことだ。IT技術の進化は、旅行産業の天敵。そんな関係が生まれつつある。

デザイナーのアイデアがホテルを救う

高度経済成長期から、出張で全国を飛び回るビジネスマンをターゲットに建設されてきた日本のビジネスホテル。80年代初頭から90年代はじめにかけては幾度かの建設ブームがあり、それを経るごとに軒数は加速度的に増加してきた。

開業後20年以上経った施設ストックの多さは、この業界が抱える大きな課題だ。事業を継続するのか、事業転換するのか。あるいはホテルのままでどこかへ譲渡するのか。景気回復の道筋がまだ見えない中で、その経営判断がまさに問われている。

事業継続、事業譲渡であれば、マーケティングの練り直しとそれに合わせた施設・設備のリニューアルは必須条件となる。しかしこの時代、資金に余裕があるはずもない。いかに低コストで消費者マインドにアピールするリニューアルを果たすことができるか──。

その分野では、インテリアデザイナーや建築家からもたらされるアイデアが事業者の窮地を救う可能性が大いにあると思う。必ずしもホテルに通じた設計者である必要はない。

むしろホテルの設計を手掛けてこなかった外部からもたらされるアイデアにこそ、打開策があるかもしれない。そこには、宿泊機能を残しながらも、従来のホテルの概念とは異なる業態に転換するという可能性もあるだろう。

そんな設計や企画の斬新なアイデアがこれからどんどん生まれてくることに、大いに期待したい。

第1章

ホテルデザイナー座談会
**これからは、
こんな客室をつくってみたい**

中根昌樹（メディアフォースペース）
西尾敏靖（240デザインスタジオ）
深津泰彦（ヤズデザインインターナショナル）

誌上ビジュアルプレゼンテーション
**ビジネス系ホテルの
革新戦略＆アイデア**

日本設計
日建スペースデザイン
メック・デザイン・インターナショナル
UDS
乃村工藝社

インタビュー
**なぜ今、
デザインプロデュースが
必要なのか**

中川誠一（ネクスト・エム）

Tripartite Talk

これからは、こんな客室をつくってみたい

西尾敏靖（240デザインスタジオ代表）

深津泰彦（ヤズデザインインターナショナル代表）

中根昌樹（メディアフォースペース代表）

ここ数年、宿泊機能に特化したホテルのデザインが徐々に向上し、早くも均質化が進み始めた。
そこから脱するには、ホテルデザイナーはどんな方策を検討すべきだろうか。
与条件に当てはめるインテリアデザインではなく、デザインの側からマーケティングを提案し、
逆に建築設計に反映させていく。そんな展開になれば、客室空間の個性はもっと花開いていくに違いない───。
ホテルのインテリアデザイン分野で果敢な挑戦を続ける3人に、
いまある課題や未来へのアイデアを大いに語ってもらった。

司会／永宮和美　ポートレート撮影／永井泰史

この10年の変化をどう見る？

——この10年ほどで、ビジネス系ホテルの客室は大きな変化を見せています。ベッドや寝具はシティーホテル並みに高級化し、水まわりが窓側に出たり、3点バスユニットが分離されたりという具合です。ロビーやフロントまわりも、マンパワーはぎりぎりに絞り込みながらも空間は豊かになっています。デザインの最前線で、そのあたりの変化をみなさんはどう見ているのでしょうか。

中根 そもそも「ビジネスホテル」という名称が実情にそぐわないようなマーケット動向になっています。東京都心のホテルでいえば、遠方からのビジネス、観光、ショッピングの客層が混在し、そこに首都圏の在住者が都心で一夜を過ごすというニーズも加わってきています。

そして、ハイエンド、フルサービスのホテルに泊まる非日常性に憧れる層がいる一方で、日常の延長線上で、自分の価値観に合った宿泊特化型のホテルに好んで泊まるという層も生まれている。肩の凝らない、カジュアルな感覚をそこに求めているのでしょう。その価値観に合う商品を提供できるかどうか、そして価格合理性。この二つがマーケティング上のキーポイントになっているのではないかと感じます。

深津 同感です。東京の最新のアッパーミドルのホテルなんかで言えば、そっちの方が面白いからって、シティーホテルを使っていた人たちがどんどん移行して楽しんでいるという状況です。ビジネスホテルというと、昔から「川」の字で客室をつくるのがスタンダードになっていましたよね。つまりベッドがあって、デスクがあって、その真ん中に通路が伸びていてという。そのレイアウトをまず崩したいというのが、僕がずっと追ってきたテーマでしたし、業界でも急速にその見直しが行われてきたというところでしょう。

西尾 以前であれば、部屋数をいかに多くして売り上げを伸ばすかというのがビジネスホテルの最大のテーマだったわけで、当然、客室のスパンは最小の部類だった。それが、競争激化による差別化やカテゴリー化の必要性から、ワイドスパンの傾向が出てきて、バスユニットなども「1114」（1100㎜×1400㎜）から「1216」に拡大してきた。客室のイメージを変えるには水まわりに手をつけるのが手っ取り早いので、そこに事業者やオペレーターも気づいたのだと思います。

同時に、ベッドも大型化している。あれも、スパンを拡大させる大きな背景要因です。昔は、一般的な縦長の客室形状だと「2100スパン（部屋の間口が約2.1m）」が普通だったのですが、それでは1400㎜幅のベッドは入らない。

——シングルルームのベッドの大型化は、客室のグレードアップという傾向に加えて、「シングルルームのダブルユース化」を進めて収益効率を高める戦術でもありますよね。つまり1200㎜幅のベッドでは2人寝るのは無理だけれど、1400なら若いカップルなんかはOKというような。

中根 そのオペレーターのニーズはとても強いですね。さっき言ったように、東京などではビジネスと観光の混在が進んでいるので、ビジネス客がいなくなる週末に観光客を入れて、シングルを「1（人／室）」で売るのではなく「1.1」とか「1.2」にして、収益効率を最大化したい。15～18㎡でシングルルームをつくるというのは、当然そうした狙いがある。純粋に一人客だけを狙うのであれば、やっぱり12㎡くらいでつくってベッドは1100～1200㎜というのが最も効率的でしょう。

西尾 以前は、まず外側の箱（建物）があって、その中で最大何室とるかという発想しかなかったように思うんです。でも今は、どういうターゲットにどれくらいの価格で売るかというマーケティングの発想から客室のあり方が考えられるようになってきたように思います。

プロデュース機能の必要性

——その点で言えば、建築設計がすっかり固まってから「はい、インテリアどうぞ」という従来の業務の流れでは、みなさんの力量を存分に発揮できない。

深津 はい、はっきり言って、もうお手上げという状況が少なくないです。そこからでは極めて表層的な仕事しかできない。どうしてこんなスパンなのか、どうしてこんなに柱や梁が内部に入り込んでしまっているのか、どうして水まわりがこんなレイアウトなのか、といった具合です。

「駅前立地ならどんなホテルをつくっても客が来る」という時代は、もう過ぎ去った。はっきりとしたブランド性、デザイン性を打ち出さないと競争には勝てないわけです。だとすれば、土地があって、ホテルをつくると決まったその段階で、事業主だけでなく、建築、インテリア、アートなどすべての関係者が最終形のイメージを共有して仕事を進められるようなスキームが、どうしても必要だと痛感しています。

中根 僕はもともと建築の側の出身なんだけれども、今はインテリアというより、プロデュースという立場で仕事をすることが多いんです。それはやはり、理想の最終形を具体化するためには、企画段階から運営を含むすべての設計作業を調整していくことがどうしても必要だと考えたからです。色や柄、あるいはFF&E（家具、什器、備品）をどうするかということよりも、やはり大切なのは客室のスケルトンやプランニング。建築から平面図を受け取って、そこからインテリアを考えるのでは遅い。プランニングの段階から建築設計に反映させていくという逆のスキームが必要です。

——最近は同じチェーンのホテルでも、立地する土地の文化や色彩イメージを建築デザインに反映させていくという手法が流行りになっていますね。だから案件ごとにイン

Tripartite Talk

左／西尾さんが客室の設計に携わった「アワーズイン阪急」。全1100室がすべてシングルルームで一律料金という明快な構成
右／アワーズイン阪急の客室水まわり（撮影／クドウフォト 許斐信一郎）

テリアのテーマが変わる。一方で、ブランド性の統一という命題も厳然としてある。難しくありませんか？

深津 ある面では、難しいです。その土地の文化的、歴史的なニュアンスをデザインに反映させるのはとてもいいことだと思うし、そこにデザイナーとしてのやりがいも大いに感じます。ただ、案件ごとにデザイナーをコンペで募っていくというやり方については異議を唱えたい。それではコンセプトやイメージの統一は適いません。そこのコントロールを厳密にしないと、ブランドイメージに齟齬が生じることになります。ブランドイメージはホテル側がつくり、そのイメージの中でデザイナーがデザインするものです。ハイアットやスターウッドなどは、まさにその例です。

中根 オペレーターが、ブランド性をわかりやすくエンドユーザーに伝えていく必要

西尾さんが設計に携わった「レム秋葉原」。水まわりを窓側に配置し、バスタブを排してシャワーブースのみとした革新的なデザインは、大きな話題を呼んだ（撮影／永井泰史）

性はますます高まっています。チェーンのフラッグシップとなるホテルをまず東京につくり、イメージリーダーとしての役割を担わせる。そしてそのコアファクターを地方都市での展開に移植しながら、土地のカラーを加えていくというのが主流となりつつあります。もっとも地方の経済環境はかなり厳しくて、どこまでやれるかという点はなかなか難しいのですが……。

――西尾さんが客室のインテリアデザインで参画された阪急阪神ホテルズの「レム」（P.56、66）は、水まわりを窓側に出すという革新で先鞭をつけました。同様に、こういう課題の解決にトライしている、あるいは、こういう課題が建築のスキームで解決されればもっと魅力が高まるという事例はありますか？

深津 ビジネスホテルではなくてシティーホテルの例ですが、客室にバスルームが付帯しているのではなく、バスルームにベッドが付帯していたらどうか。そんな逆転の発想で考えてプランニングを出発させたのが「浦安ブライトンホテル」（千葉県浦安市・新浦安駅前。P.23写真下）の特別フロアにあるビューバスの客室です。窓側にレイアウトしたバスエリアと、ベッドルームの境は全面ガラス張りで、完全シースルーです。当然、自治体（保健所）の指導の立場からは、「浴室が丸見えというのは困る」となるわけですが、ホテル側がバスタブとシャワーブースの使い分けを明確にして粘り強く交渉しました。特別フロアについては建物外部から客室が見える心配もないし、施主側にもその訴求力を十分に理解してもらっていたので、どうにか実現することができました。ガラス面がとにかく広いので、客室清掃時の負担は小さくない。でも、それくらいの負担を覚悟しないと空間の差別化というものはなかなかできないと思うんです。もちろん費用対効果、単価アップの道筋をしっかりと示すことができないといけないけれど。

中根 そういえばイタリアに、ベッドのすぐ先にバスタブがあるホテルもあったなあ。日本では自治体からファッションホテルとの峻別をとかく厳しく求められますから、そんなアイデアも難しい。おそらく日本だけですね、バスルームの見え方がこれほど問題になるのは。

深津 そうですね。ファッションホテルについて言えば、日本のファッションホテルは世界のファイブスターホテルを研究して"切磋琢磨"しています。そもそもホテルは、利用客がどういう目的で使おうが自由ではないか。行政側がその目的を限定するというのはそもそもおかしな話でね。いずれにしても、限られた面積の中でもデザイナーは「驚き」をエンドユーザーに与える努力をしなくてはならない。行政の指導を予測して先に諦めてしまうとか、ルームメイクの効率ばかり考えるとか、それでは驚きや新しい体験を提供できないと思うんですよ。

合理性ばかりを追求すると
コンペに通らないことがある。
「贅沢」という方向性もありえる。

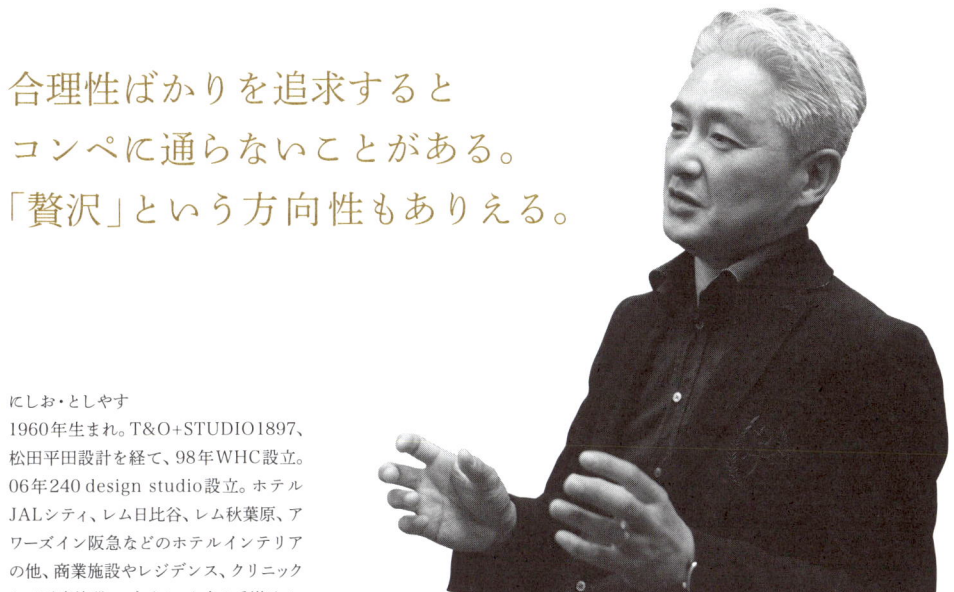

にしお・としやす
1960年生まれ。T&O＋STUDIO1897、松田平田設計を経て、98年WHC設立。06年240 design studio設立。ホテルJALシティ、レム日比谷、レム秋葉原、アワーズイン阪急などのホテルインテリアの他、商業施設やレジデンス、クリニックなど医療施設のデザインも多く手掛ける。
http://www.240ds.com

客室機能の足し算・引き算

——さて、この座談会のメインテーマである「こんな客室をつくってみたい」に話題を移しましょう。常日ごろホテルの設計をしていて、理想と現実のはざまでいろいろ苦労されていると思いますが、「理想」の側でぜひ、お持ちのアイデアを聞かせていただけますか。この際、実現可能性はひとまず横に置いて。

中根 ここ数年は、「デスクをどうするか」というテーマがクローズアップされています。最近では、宿泊客は小型軽量のモバイルやタブレットPCで仕事をするので、一昔前みたいに大きなラップトップPCや書類をいっぱい広げて、なんていうことはもうない。だったら奥行きはせいぜい30〜50cmで、あとはドリンクなんかを置くスペースくらいがあればいい。従来ですと、冷蔵庫とセットになったデスクがあって、デスク用チェアがあって、少し余裕があるシングルなら、そこに小型のソファがあってという構成だった。けれど、リラックスできて仕事もこなせるラウンジチェアと小型のデスクがあれば、今は十分かもしれません。

——観光客を見込むホテルだと、デスクは置かないで、ソファとティーテーブルだけという客室も増えてきましたね。

中根 ティーテーブルも半径20〜25cmくらいあれば仕事にも使えます。それから、ベッドも固定観念に縛られている設備のひとつで、前にベッドメーカーといろいろ話をしたことがあるのですが、上半身の部分は広くないと困るけれど、足元はそれよりも細めでもいいんじゃないか、と。つまり台形で、例えは悪いけれど西洋の棺桶みたいな平面形状のベッドがあってもいい。そうすると足元側の動線を広く取れます。狭小客室ではかなり有効だと思うんです。もっとも寝具やリネンの形状の問題があるので、そう簡単にはいかないと思うけれど。

西尾 僕も、兼用できる機能はできるだけ兼用して、モノを減らしたいと考えています。デスクはキャスター付きの可動式にして、イージーチェアに座っても使えるし、ベッドに腰掛けても使える。何なら、ベッドで朝食というのもOK。あとはやはりベッドだけれど、ベッド然としたものではなくて、ソファーと兼用になるような、インテリア的なものがほしい。デスクを可動式にした場合は、冷蔵庫をどこに置くかという問題が残るので、これは壁掛け型で薄型のよく冷える冷蔵庫をメーカーにぜひ開発してもらいたいですね。

中根 確かに、薄型冷蔵庫はどうしても必要です。デスクが省スペース化して、テレビもどんどん薄型になっているのに、いまだに奥行きが60cm必要だなんていうのは冷蔵庫だけです。薄型タイプはあるにはある

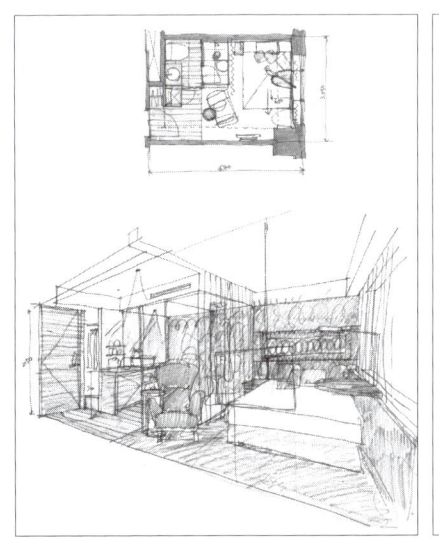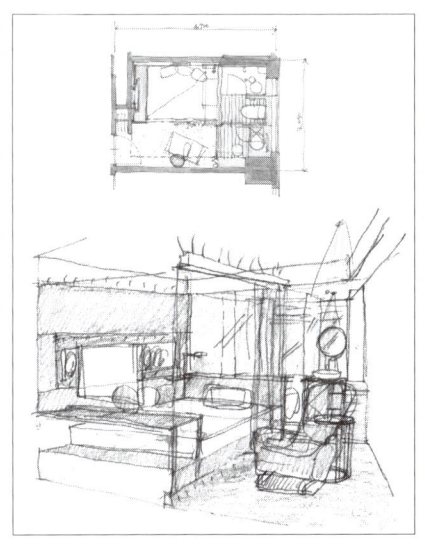

西尾さんによる客室のイメージスケッチ。扉を開けた踏み込みの通路部分を最小限に抑え、面積を有効活用している

Tripartite Talk

ビジネスホテルの分野も
インバウンド旅行者を
意識せずにはいられない。
12㎡を外国人がどう捉えるのか。

ふかつ・やすひこ
1964年生まれ。鹿島建設にて宿泊施設や商業施設のインテリアデザインを担当。96年アメリカHBAに出向。2004年よりイリアに出向。05年HBA TOKYO JAPAN勤務。06年独立、11年Yaz design Internationalを設立。上海と昆明にもパートナーオフィスを設立し海外戦略を強化する。ホテルブライトンシティ、三井ガーデンホテル、ホテルビスタグループ、ホテルアクティブ他設計多数。
http://www.yazd-int.com

のだけれど、現行の製品は冷え方が十分じゃないという印象です。

狭くても超豪華！

深津 今お話に出たように、「機能の集約化」「多機能化」という考え方は当然、追求されるべきものだと僕も思っています。でも、一方で、その逆をいくという発想も可能ではないかと考えているんです。ヒントは、欧米の富裕層たちが好んでやっている高級ボートの内装です。海外のボート専門誌を購読してずっと研究しているのですが、あの世界って、ちょうどエコノミータイプのホテル客室くらいの空間に、とんでもなく多彩で贅沢な機能をこれでもかっていうくらいに詰め込んでいる。内装材は高級ウォールナット天然木で、装飾も豪華絢爛。揺れてケガをするといけないからすべて角は落としてアールになっている。その中で小さなバーコーナーもあれば、シャンパンクーラーも置いてある。至れり尽くせりの世界です。そういう「狭い空間の贅沢」って憧れはありませんか。

西尾 それって、ありますね。確かに、実務面では、合理性を追求していくばかりではコンペに通らないということもあります。施主側が「楽しくない」って判断してしまう。そういう意味でも、「贅沢」という方向性もありえますね。

中根 削ぎ落とすにしても、コテコテにするにしても、いずれにしても、楽しさや驚きが欲しいと思います。小さな意外性の積み重ねは、ビジネスホテル客室の最重要テーマだと思っています。

──10㎡くらいの最低面積（旅館業法上のホテル客室の定義は9㎡以上）に、どこまで機能を詰め込むかというのも面白そうなテーマですね。

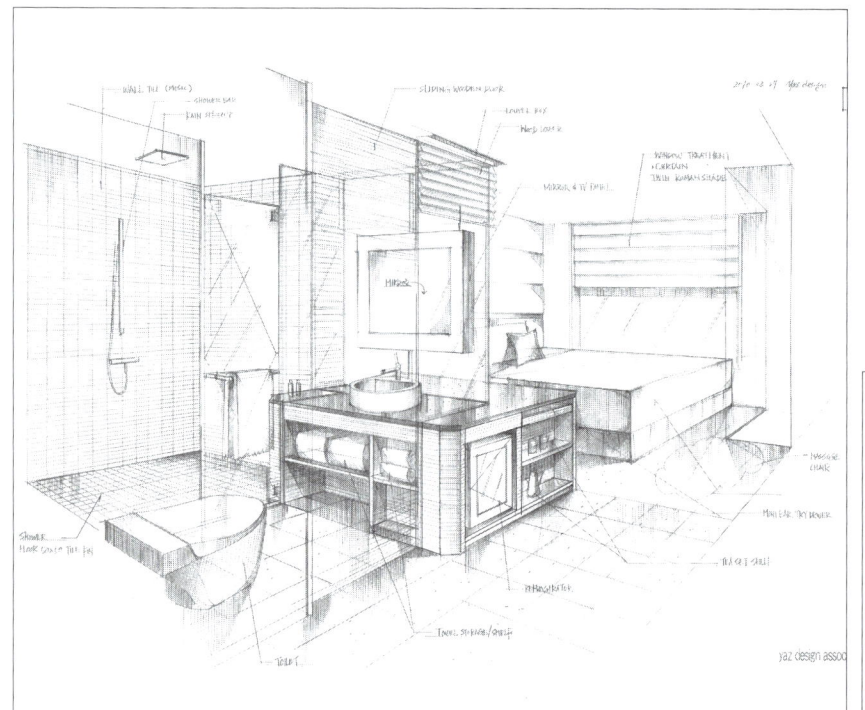
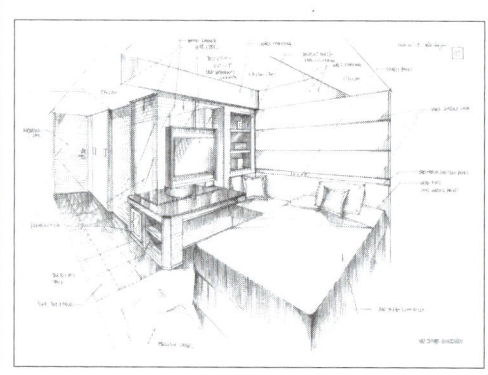

深津さんによる客室のイメージスケッチ。部屋の中央の大きな天板が寝室側から洗面側に連続し、そこに機能が集約されている

深津　そうですね。寝転んで、どこにでも手が届くというような。12㎡くらいのスイートルームをつくってみても面白い。空間は狭いけれど、スイートルームにあるような要素をコテコテに入れ込んで、家具や什器も豪華で、というような。
西尾　高級リムジンなんかも、そういう空間性ですよね。
深津　外国のホテル分野のデザイナーは絶対にそんなこと考えないでしょうね。日本にはそういう「狭さ」を追求するオタク的な文化が存在するんです。だからカプセルホテルなんかが発達し、それが逆に海外で新鮮味をもって評価されていたりする。

——AV＆ゲーム機器などのエンターテインメント機能をふんだんに盛り込んで、ベッドや浴室はミニマム化するというような方向性はどうでしょう。有機ELディスプレーの開発が進めば、壁一面がモニター画面というような時代も到来しそうです。あるいは、リラクセーション機能をとにかく充実させるとか。

中根　僕は「内向きのホテル」ということも考えているんです。ビジネスホテルの場合は周囲が建て込んでいて外の景観がよくない場合が多い。それなら、例えばホテルにパティオみたいな中庭空間を設けて、そこに全客室の開口部が向き、その空間でいろいろなエンターテインメントのプログラムを展開させるとかね。壁面を映画上映などエンターテインメントで使うというのも、そろそろ現実的な検討段階にあると思います。

コネクティングという発想

——客室タイプの構成の変化という点はどうでしょう。冒頭で話が出たように、ビジネスホテルも客層がどんどん多様化していて、従来のようなシングル主体の構成でいいのかという議論もあります。
中根　僕が危惧しているのは、景気低迷がこのまま続くとすれば、企業も出張旅費の一層の削減に走るということ。そうなれば1人1室ではなくて、ツインで2人が宿泊する出張が増えてくるんじゃないか。だから、男2人がいかに快適に独立性を保ちながら居住できるツインをつくるか、ということも視野に入れる必要があると思います。
深津　そうですね、2段ベッド、あるいはロフトという選択肢もありでしょうね。ファミリータイプのロフトの場合、上で寝たいと考えるのは、じつは子どもではなく大人の方らしいです。屋根裏部屋への憧れでしょうか。
それからコネクティングルームというものがあるけれど、あれはたいがいドア一枚で隔てているでしょう。そうではなくて、宴会場みたいに可動式壁面というのも客室に導入できないかと考えているんです。それもプライバシーをしっかり保つことができるような防音性能の高いもの。ビジネスホテルとして開業したけれど、カップルも来ればファミリーも来るというように客層構成は複雑になってきているので、それに柔軟に対応できる客室をぜひつくりたい。建材メーカーに大いに期待したいですね。
西尾　同感です。僕も、シングル4室をコネクトできないかなんて考えたことがあります。あるいは12㎡の部屋3つをコネクティングにして、真ん中をリビングとして使うとか。今のライフスタイルでは、家族でも夫婦でも寝る時は別部屋というケースが多いでしょう。そういうニーズは旅先でも同じなのではないか。まあ、技術的にも運営面でも解決しないといけない点は多々あるとは思いますが。

12㎡3室分の収益を
18㎡2室で稼ぎ出す

中根　ところで同業者のみなさんにぜひ聞きたいんだけれど、中級価格帯のホテルという前提で、シングルの最も快適な広さってどれくらいだと思いますか？
深津　18㎡くらいで8000〜9000円。そんなところでしょうか。
西尾　具体的な面積はともかく、部屋の中を歩いて動ける距離感がほしいと思います。12㎡と22㎡の別案件のシングル客室を同時に設計していたことがあって、そうすると、広さに勝る魅力はないとやっぱり思っちゃうんですよね。
深津　それは、あります。ぼくも宿泊特化型で、客室の中ほどにデスクを置く平面計画（上の客室写真参照）をやったことがありま

上／深津さんがインテリアをデザインした「ホテルアクティブ博多」。ポールに設置されたテレビや、壁際に設置しないライティングデスクが、体感的な広さを生む　下／同外観

深津さんがインテリアデザインを手掛けた「浦安ブライトンホテル」。寝室と浴室を大きなガラスで仕切り、特別感を演出した（撮影／TANABE RYUZO）

す。デスクのまわりを歩くことができるというのはすごく贅沢な気分ですよね。シティーホテルだってスイートくらいでしょ？ デスクが隅じゃなくて真ん中にあるというのは。

中根 僕も深津さんと同じ意見で、18㎡がひとつのラインだと思っているんです。その広さでつくって、いかに単価を高いレベルでキープできる品質を提供するか。12㎡3室分の収益を18㎡2室で稼ぎ出すという、そんな魅力をいかに創出できるか。今、デザイナーの仕事はまさにそこにかかっていると思うんですよ。

深津 18㎡とか20㎡あると、奇を衒ってもダメだと思います。5年、10年と価値を保つことのできる品質が求められます。5年以内のタームで事業者が考えているのであれば、やはり12㎡になるのかな、残念ながら。でもね、今は大震災や原発事故で低調ですが、これからは、ビジネスホテルの分野だってインバウンド旅行（訪日外国人旅行）を意識しないではいられなくなってきています。そうなると、12㎡という面積を外国人がどう捉えるのか。10㎡とか12㎡を我慢できるのは、もしかすると日本人だけじゃないかとも思うんです。中国なんかは、普通の庶民が100㎡くらいはあるマンションに住んでいますからね。だからインバウンドを念頭に置くのであれば、やっぱり少し広めにしたほうがいい。

パブリックスペースの多機能化

――客室以外の機能ではどうでしょう。付帯施設で言うと、大浴場なんかはもうスタンダードになっていますが、新たに拡張性を期待できるところはありますか？ 例えば、高級ホテルにはクラブフロアの専用ラウンジがありますが、ああいうもののディフュージョン版が、アッパーミドルのホテルで普及してもいいような気がしますが。

西尾 そうですね。部屋が広くて、多機能なラウンジが24時間使えて、小型のミーティングスペースもあって。そういうパッケージはあって然るべきですね。

深津 空港の特別ラウンジみたいな空間がほしいですね。新幹線の駅前立地のホテルであれば、列車待ちの時間をそこで過ごせるリラックス施設。それは宿泊客以外でも適正料金で使える。出張の最後の打ち合わせをそこでできて、結果をPCでレポートとしてまとめられるような落ち着いた空間です。そういう施設は、少なくとも新幹線主要駅の周辺には必要だと思っています。

中根 エコノミータイプのホテルで言えば、ラウンジや朝食スペースをいかに多機能型にするか。そのプランニングは大事だと思っています。「単なるがらんとした空間」ではもったいない。いろいろな交流機能を持たせてもいいでしょう。

深津 九州・中国地方で展開しているチェーンホテルがあって、僕がデザインを担当しているのですが、ここではコインランドリーを朝食ラウンジの近くの目立つ場所に設置して、そこにマンガなどのライブラリーも置いています。「デザイナーズランドリー」という謳い文句です。つまり、これまでは陰に隠していたものを表に出してしまった。しかも利用は無料。この口コミ効果はすごかったです。口コミで噂が広がる仕掛けをたくさんつくっておくのも、今の時代には重要だと痛感しました。

ビジネスモデルの海外輸出

――コンパクトな面積の中にいろいろな機能を合理的に入れ込むという日本流ビジネスホテルのモデルは、世界的に見ても独特な位置を占めていて、例えば東京同様に狭い土地事情を抱えるアジアの大都市なんかでも十分に応用できる気がしますが、どうでしょう。

中根 可能性はあると思います。その場合、デザインやオペレーションの特色は容易にコピーされてしまいますから、ブランドとして海外でしっかり認知されることが重要だと思っています。といっても高級ブランドという意味ではなくて、ユニクロみたいにカジュアルだけど品質がいいというような。

深津 さらに、わかりやすさも大事だと思います。TOTOの温水洗浄便座なんかは海外で認知度が非常に高いですが、そういうわかりやすさが大事です。

ただし、僕も中国などでプロジェクトをやっているのですが、アジア各国の現状は、建築の工程管理がまだ非常に難しくて、例えば日本のホテルでスタンダードになっているユニットバスを導入するにしても簡単ではないんです。日本的な緻密な作業上のハンドオーバーはとても期待できない。客室に

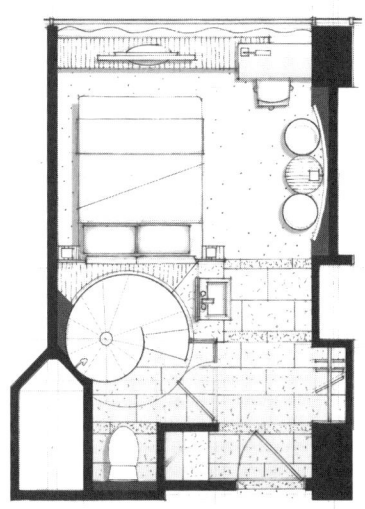

中根さんによる客室のイメージスケッチ。中央にガラス張りのシェル型シャワーブースを設置し、空間の広がりとデザイン性を演出している

> プランニング段階から
> インテリアデザインを
> 建築設計に反映させていくという
> 逆のスキームが必要。

なかね・まさき
1952年生まれ。76年、フリーランスとして活動を始める。海外の都市計画、建築設計プロジェクトに参加。観光企画設計社にて海外ホテルプロジェクトを担当した後、92年メディアフォースペース設立。ホテルオークラ、全日空ホテル、ホテルユニゾなど国内外でのホテルプロデュース、プランニング、デザインを手掛ける。
http://www.mediaforspace.jp

入れてみたらサイズが合わないということが多々ある。そして、同様のことは当然ながらインテリアにも反映してくる。それと、契約やコスト管理の面でのリスクを恐れて、日本の建築会社は本気でホテル分野で海外進出しようとしません。

──なるほど。ただ、アジアでLCC（格安航空会社）が台頭している背景には、これまで長距離列車やバスでしか移動できなかった層の所得拡大があります。そうした層は、いわゆるシティーホテルはまだ利用しないけれど、狭くても料金が安くて快適なホテルが開発されれば一気に需要が増大しそうです。このビジネスチャンスを逃す手はない。

深津　それは確実ですね。米国のホテル企業もまさにそこを狙っています。日本も本気で考えるべきです。
話は変わるけれど、アメリカのインテリアデザイン企業に勤める社員などは9割以上が海外での仕事を担当していて、だれも米国内だけで仕事をしたいと思っていない。我々も、もっともっと海外に目を向けるべきではないでしょうか。それは建築やインテリアだけでなく、ホテルのオペレーターにも言えることです。海外で勝負できるようにならないと、この先の広がりがない。

──海外で戦えないと、携帯電話みたいにガラパゴス化してしまう？

深津　そういうことです。中国でレクチャーをしていて感じたのですが、都市開発ブームの中国の学生たちは、建築やインテリアを学ぶ意欲がすごい。中国はまだまだ技術的な問題を解決していかなくてはならないけれど、そのうちグローバルスタンダードに追いつくでしょう。

──みなさんも勝負のときですね。海外を睨みつつ、国内のホテルビジネスの一大変革期にまさに立ち合っている。ぜひ、「デザイン力」を縦横に発揮していただいて、新たな黎明をもたらしてほしいと思っています。今日は、どうもありがとうございました。

（了）

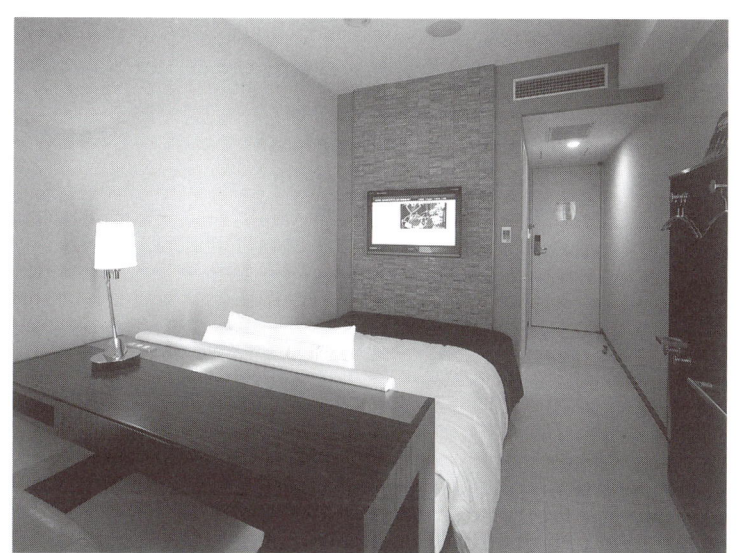

中根さんがインテリアデザンを手掛けた「ホテルサンルートプラザ新宿」の客室。ライティングデスクとベッドが「Z字型」の一体型になっている（商店建築2007年12月号掲載、撮影／永井泰史）

座談会の司会進行を務める永宮和美さん

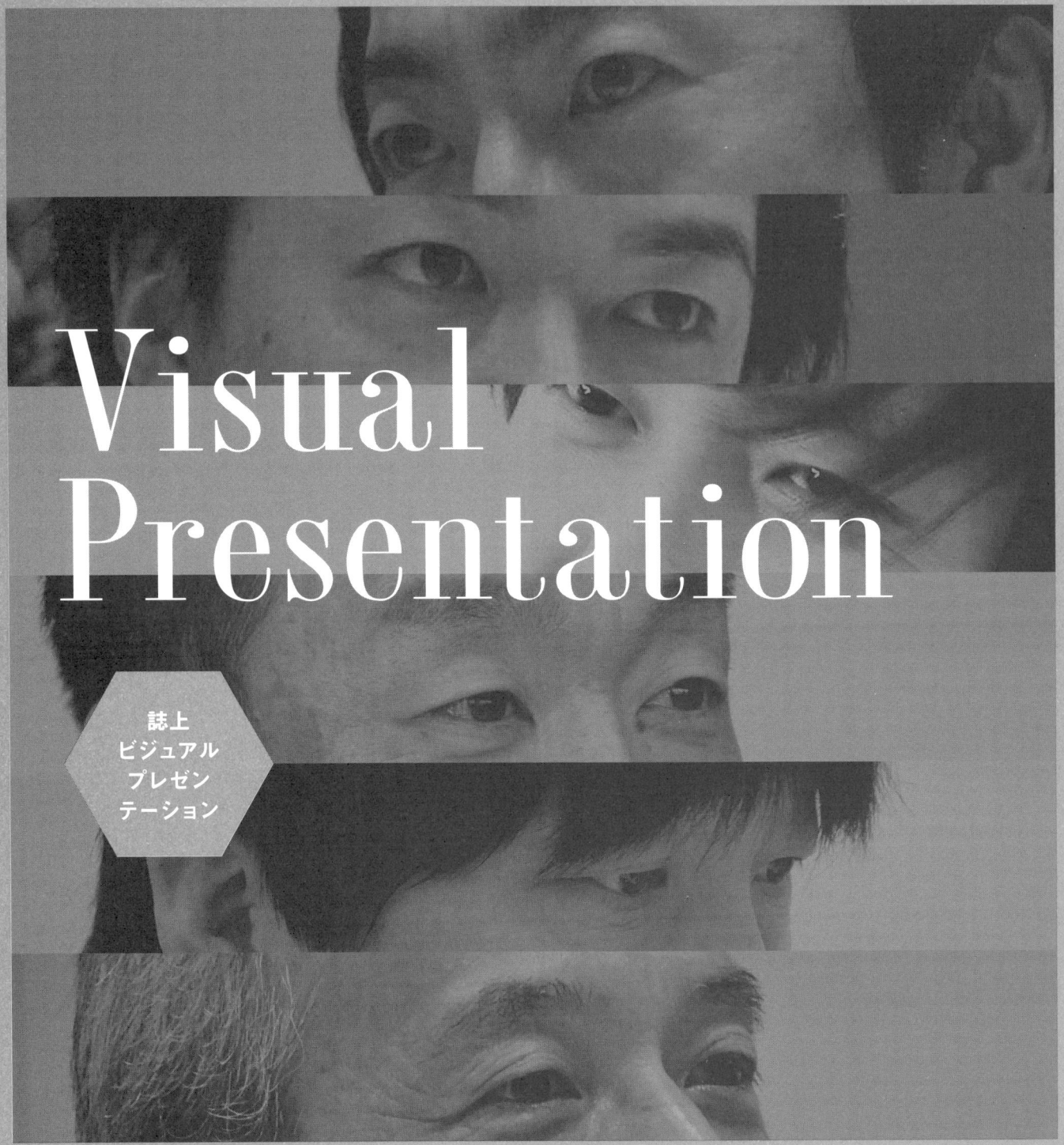

Visual Presentation

誌上
ビジュアル
プレゼン
テーション

私たちはいつもこんなプレゼンをしています
「ビジネス系ホテルの革新戦略&アイデア」

これまでいくつものホテルプロジェクトに携わってきた建築家やインテリアデザイナーは、日頃、
どんな資料や言葉を使って、クライアントにデザインを提案しているのだろうか。
ホテルプロジェクトを多く抱える5組の設計者に、「最近のコンペやプレゼンテーションで使った資料をもとに、
今考えていることを教えてください」と依頼し、誌面上でプレゼンテーションしてもらった。

文責／月刊商店建築 編集部

Presentation 1

自然環境と都市環境に働きかけるホテルをつくろう

日本設計
浅野一行 Kazuyuki Asano

Agenda
1. 屋上スペースを有効活用する
2. 省エネルギー技術を導入する
3. ボイドスラブがホテルを変える
4. ビジネスホテルも街へ開こう

あさの・かずゆき
1961年東京都出身。85年横浜国立大学工学部建築学科卒業、87年同大学院終了後、日本設計入社。国内外のホテル、ホスピタリティー系施設の建築設計を多く手掛ける。ホテルの設計においても、環境におけるあり方、環境配慮を常に念頭において計画するのがポリシー。

こ こ数年、私たちのチームは、ホテルの設計やプロポーザルの場面で、建築的な視点から次の四つのことを提案しています。「屋上スペースの有効活用」「省エネルギー技術の導入」「新しい構造システムの採用」「街へ開かれたホテル」。この四つです。
ある宿泊施設で提案した具体例を通して、ご説明しましょう。その計画では、3層の宿泊フロアの上部に大浴場があり、その大浴場に面して、大きな屋上テラスを提案しました。屋上を生かし、気持ちのいいコミュニケーションスペースをつくろうと考えたのです。今までホテルの設計では、屋上があまり上手く使われてこなかったように感じますが、ホテルに新しい価値を生むスペースとして屋上は大いに可能性を持っています。

次 に、「エコ、省エネルギー技術の導入」です。
この宿泊施設の計画では、敷地の前面に公園が広がり、背後に高速道路が走っていました。そこで、2種類の「皮膜」を建物の外壁に設置して、環境をコントロールすることを提案しました。開放的な公園側の立面には、ランダムにルーバーを設置しました。これは、ホテルから公園へのビューを確保しつつ、西日を遮蔽します。熱負荷を軽減する効果もあります。私たちはこれを「エコベール」と名づけました。エコベールが一つ目の皮膜とすれば、もう一つの皮膜は、高速道路側に設けた「バリアウォール」です。これは、外側に設けたルーバーと乳白色のガラス壁からなり、影を落として熱負荷を抑えつつ、間接光を取り入れ、高速道路の騒音をシャットアウトします。これらは、日本建築の簾と同じような発想です。

更に、自然換気ができるような空間構成を提案しました。1階のパブリックエリアから空気を取り入れ、吹き抜けを通して、建物の上階から空気を抜く。これで、中間期（春と秋）の2、3カ月ずつは、パブリックスペースをエアコンなしで使えると試算しました。こうした皮膜や自然換気は、プリミティブな仕組みですから、さほど大きなコストは掛かりません。新築のホテルの場合でしたら、建築設計の段階で組み込めば、大いに実現可能な手法だと言えます。

もし、更に投資する余裕があれば、これからの時代は、最新の技術を用いた省エネ設備を組み込んでもよいのではないでしょうか。

その他にも、このプロジェクトで太陽熱の集熱パネルを屋上に設置しています。これは「真空管式太陽熱集熱パネル」という技術で、太陽熱を高効率で熱に変換し、高温のお湯をつくる仕組みです。既に病院建築などでも導入されています。試算したところ、これでお湯を沸かすことにより、ホテル内の給湯の30％をまかなえる計算になりました。ホテルでは、たくさんお湯を使いますから、とても有効な手法と言えます。

そして、このとき提案したもう一つの省エネ技術が、「地中熱利用システム」です。建物を建設する際に、杭が必要となるケースは多いのですが、その杭に「採熱管」と呼ばれる熱を採取する管を埋め込みます。地中の温度は年間を通してほぼ一定ですから、夏は冷水を、冬は温水を得ることができます。こうした技術によって総エネルギー使用料の約30％を削減できます、と提案しました。これからの時代は、こうした環境配慮へのアイデア提案や技術提案が重要になってくるだろうと考えています。

続 いて、構造システムに関する提案です。ある都心のビジネスホテルのプロポー

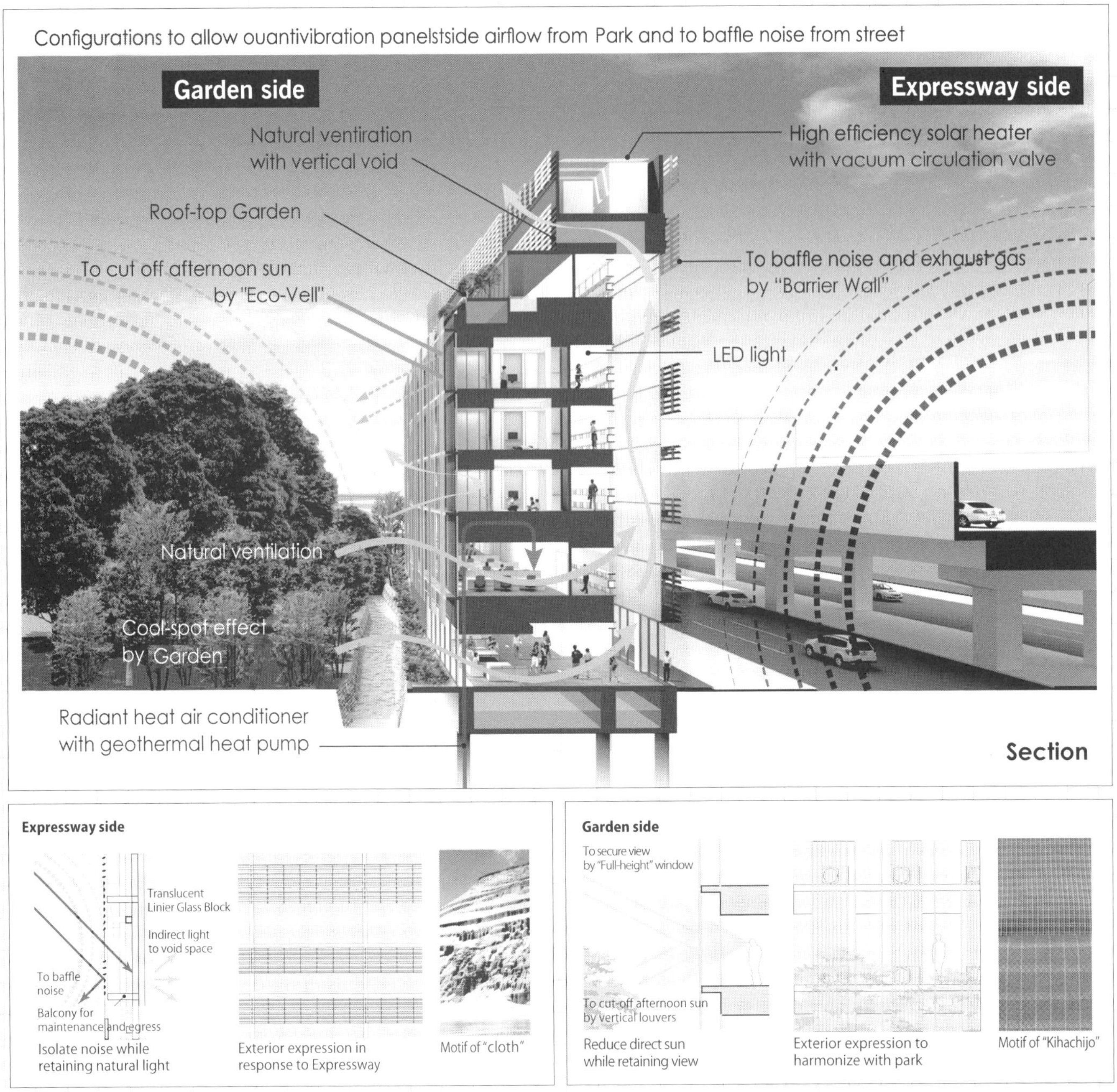

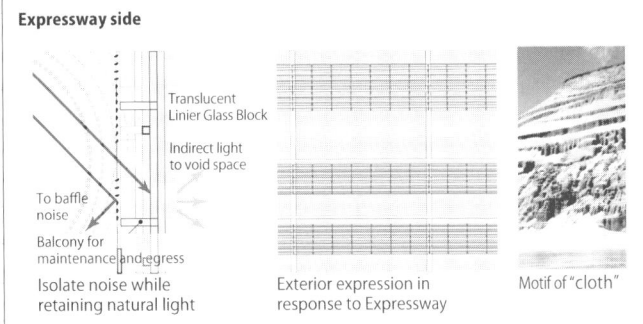

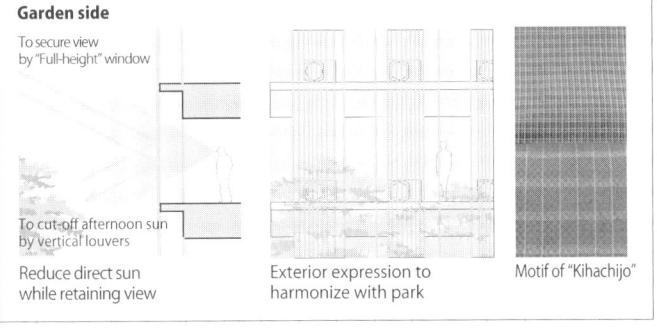

コンペ時に提案した「皮膜」と周辺環境の概念図

真空管式太陽熱集熱パネル。宿泊施設は全体の消費エネルギーに対する給湯負荷の割合が大きいので、熱変換の効率が良い太陽熱パネルは適している

ザルで、「構造が変わればホテルが変わる」というアイデアを提案しました。通常、ビジネスホテルの建築というのは、柱梁によるラーメン構造で設計されています。その柱と梁の制約から少しでも解放されたいという思いで、私たちは、「ボイドスラブ」を用いるという構造を提案しました。これは、従来の小梁を無くし、小さな梁が分厚いスラブを支える構造です。もちろんスラブ自体は300〜350mmと厚くはなりますが、天井高を高く確保することができるとともに、上下階の遮音性能が向上するという効果もあ

ります。

ボイドスラブによってホテルのデザイン的な可能性が大きく広がることは確かです。ここでは窓際の梁が小さくなることで、大きな開口部を確保しました（右のパース参照）。開放感や眺望が大きく違ってきます。既に大震災を経て、今後、免震構造のホテルは当然増えるだろうと思いますが、それだけでなく、このように従来の構造システムを見直すことで、インテリアデザインの可能性をも広げていけると考えています。

最後に、ビジネスホテルと街との関係性についてです。

これまで、多くのビジネスホテルは、エントランスだけが道路に接していて、館内に入れば、あとはエレベーターで客室に上がるだけという構成がほとんどでした。つまり、街との接点がなかった。ニーズがなかったといえばそれまでですが、ようやくここ数年、積極的に街に開かれたレストランやギャラリーなどを設けるホテルが増えてきました。今後、ビジネスホテルも、社会と関係を持つようなビルディングタイプになっていくだろうと感じています。言わば、地域のコミュニティーの核になるような施設です。先述のプロポーザルでは、1階に、イベントを開催できる展示スペースを設けました。可動間仕切りを開くと、展示スペースとレストランが一体の空間になります。

ホテルを街へ開くということは、パブリックスペースを充実させていくことでもあります。宿泊機能を主体にしたホテルにおいても、これまでの「客室しか居場所のないホテル」から、「もう一つの居場所を持つホテル」へと変化していくと思います。冒頭でお話した屋上テラスもその試みの一つです。以前に設計した「ホテルリソルトリニティ札幌」（商店建築2008年10月号掲載）でも、ロビーラウンジの一角に暖炉を設け、「2時間、本を読んでいられる場所」をイメージしてパブリックスペースを設計しました。

ビジネスホテルのプロジェクトでは、資金が潤沢にあるというケースは稀かもしれませんが、そんな中でも今後、こうした数々の建築的な視点から、新しいホテル像を提案していきたいと考えています。〈談〉

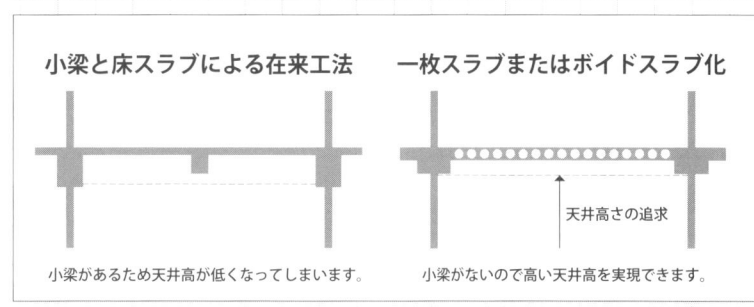

上／ボイドスラブが実現した場合の客室の開口イメージ。天井付近まである大開口が可能となる　下／ボイドスラブの概略図

左／浅野さんが設計を手掛けたホテルリソルトリニティ札幌。「客室以外のもう一つの居場所」として暖炉のあるラウンジを設けた（撮影／新津写真）　右／国内外でホテルに泊まるたびに浅野さんが描き溜めてきたスケッチ

Presentation 2

あえて「付帯特化」でアクティブな個性を出す

日建スペースデザイン
永合貴之 Takayuki Nagou
橋口幸平 Kouhei Hashiguchi

Agenda
1. 広さを感じさせる小さなアイデアを盛り込もう
2. 客室に機能を付加する
3. 「宿泊特化」から「付帯特化」へ

はしぐち・こうへい（下）
1980年和歌山県生まれ。2003年京都市立芸術大学美術学部デザイン科卒業、05年東京芸術大学美術研究科デザイン専攻修了後、日建スペースデザイン入社。現在、同社東京設計室デザイナー。ソラリア西鉄ホテル銀座、ホテルメッツ渋谷の他、オフィスやラウンジの設計にも携わる。

なごう・たかゆき（上）
1979年三重県生まれ。2002年愛知県立芸術大学美術学部デザイン科卒業後、日建スペースデザイン入社。現在、同社東京設計室デザイナー。ホテル東急ビズフォート神戸元町、赤坂エクセルホテル東急、ホテルトヨタキャッスルなどホテルプロジェクトを中心に、飲食店やショールームの設計にも携わる。

　私たちは、毎年何件もホテルの実務設計を手掛けていますので、そうした日々の設計を通して提案しているアイデア、特に、比較的すぐ導入できる実現性の高いアイデアを中心にお話したいと思います。まず何と言っても、ビジネス系のホテルを設計する際に考えなくてはならないのが、「機能性を満たした上で、非常に限られた客室面積をいかに広く見せるか」です。おそらく多くのホテルデザイナーの方々も腐心されていると思いますが、やはりこの課題が最大のポイントです。

　具体的にどう部屋を広く見せるか。まずは、ある要素を減らす、あるいは、複数の要素を兼用します。

　例えば、通常、ビジネス系のホテルですと、大きなデスクとイスがあり、更に余裕があれば安楽イスやコーヒーテーブルが置いてあるわけですが、多くのお客様は、大きなデスクの機能を必要としているでしょうか。出張時なら、コンパクトなノートパソコンを持っていくケースが多いでしょうから、さほど大きなデスクでなくてもいい。そんな近年のワークスタイルを考えると、せいぜい女性がお化粧に使うくらいのデスクスペースがあれば良いのではないでしょうか。ならば、いっそのことこれらの機能をベッドに盛り込んで集約してしまえば、客室をより広く見せることができます。ベッドがリクライニングして、ソファ代わりに使え、サイドテーブルで軽食やアルコールも楽しめる。ただ、病室みたいな雰囲気になってはいけませんから、ベッドまわりのデザインが重要になります。

　他には、ユニットバスです。一部のホテルを除いて、ビジネス系のホテルでは、洗面、風呂、トイレの「3点ユニットバス」がまだまだ主流です。しかし、「ホテル東急ビズフォート神戸元町」（P.50）を設計した際には、一部の部屋で、バスタブではなくシャワーブースを採用し、「洗面＋トイレ」は、在来で設置しました。洗面扉の位置を工夫することによって、「通路の床の一部が水まわりの床に見える」というデザインを実現しています。つまり、扉の開け閉めにより入口通路部分の面積を洗面空間に取り込んだことになります。3点ユニットバスの限られたスペースでなく、通路部分まで含めた洗面室という発想を取り入れ、面積の有効活用を考えました。

　また「ソラリア西鉄ホテル銀座」（P.7、100）を設計した際には、洗面シンクとトイレを客室側に配置し、浴槽とシャワーのみを「浴室」として一室に収めました。すると、浴室面積を小さく抑えられますから、その分、寝室側の面積を物理的に広げると同時に、水まわり空間のグレードも上がります。この発想を更に進めて理想を言えば、「水まわり」と呼ばれる機能をどんどん寝室側に出して、究極的には、室内に仕切りが一つもないという、最大限広く見せる手法も考えられます。もちろん、「トイレやバスタブが剥き出しでは……」と多くの人が思うはずですが、シングルルームに一人で泊まっている状況を考えれば、さほど問題にはならないと思います。

　さて、客室の要素を「引き算」や「兼用」するという方向性がある一方で、逆に、機能を付加することでホテルの価値を上げていくというアイデアも、日頃から提案しています。

　例えば、システム面で言うと、照明や音響設備、アロマなどを連動させて、起床時間になると、徐々に照明が明るくなり、BGMで小鳥のさえずりが聞こえてくる演出などです。更にその照明や音響と連動し、爽快な香りが微かに漂う。そんな気持ちいい目覚めを提供するシステムをインテリアに組み込んでみたいと考えています。また、一般にビジネスホテルでは、空調、音楽、照明な

日建スペースデザインが考える
ビジネスホテルの変革アイデア集

客室の機能やデザインについて

①部屋は狭いが最小スペースで
最大の機能を盛り込んだデザイン
- ベッドの差別化(リクライニングベッドなど)。ベッドにすべての機能を取り込む(ベッド用サイドテーブルなど)。
- ソファや安楽椅子を置かない。必須機能以外を最小限にし、広く見せる。
- 「3点セットから2点セットへ」。洗面は寝室側に盛り込み、寝室側を広く取る。※その際、洗面廻りのデザイン性を高める。水まわりは、「トイレ用」と「飲み水用」を分ける。それにより、「女性用化粧台、姿見、ミニバー」を1箇所に集約する。

②照明や音響システムを取り入れ、
快眠、心地よい目覚めを提供するデザイン
- 照明シーン(夜のシーン、目覚ましアラームと連動した照明シーンなどを設定)
- タブレット端末に客室のコントロールを集約する(調光、空調、音響など)。

③客室にて朝食をサービスする(オペレーション面の提案)
- ランチボックスでサービス。朝食コーナーが不要となり床面積を効率利用。

④日本人のニーズ「靴を脱ぎたい」に応える
- 靴を脱いで上がるフローリングフロアにする。低く座りやすいベッドをソファとしても利用。

⑤植栽をふんだんに取り入れる(「目に見える癒やし」の提供)

⑥上下階とうまく入れ子構造にしてメゾネット客室をつくる
- ツインルームの差別化、同性宿泊、カップル仕様として。(その分、部屋数は減るが、ホテル全体のイメージアップとしての効果がある)

付帯施設(ラウンジ、カフェ、大浴場など)と共用スペースについて

①宿泊客専用テラス
- 共用スペースに気持ち良い屋外テラスを設ける。(各客室にもあれば尚良い。宿泊者専用ラウンジでも可)

②ジム、プール
- シティーホテルなどに付帯しているが、宿泊特化型の場合も、シングルユーザーが多いので、ニーズが高いのではないか。

③シアター、シアタールーム(5.1chサラウンド)
- 大画面、音響設備、パーティールームなどの設置で、エンターテインメント性を高め、ホテルの個性を打ち出す。

④スポーツバー
- 宿泊者はもちろんのこと、それ以外の人も気軽に入ることができ、ビジネス系ホテルにこれまでなかった「コミュニケーション空間」「にぎわいの空間」を設ける。

数年先の未来へ向けたビジョン

①「寝る機能」だけではなく、「ホテルで楽しむ」をウリにする。
ビジネスホテルの概念を変える。(今、宿泊特化し過ぎの感がある)
- 各ホテルの個性や特徴が求められる。(デザイン、サービス共に)
- 立地と環境は重要だが、「足を伸ばしても泊まりたくなる」施設を目指し、宿泊特化ホテルのステータスを高める。
- ホテルの楽しみを増やす付帯施設を取り入れる。(「宿泊特化から付帯特化へ」)
- 朝食サービスをなくした分、話題性のあるバーなどを設ける。(夜、ホテル内で楽しい時間を過ごす)
- 多種多様な客室を用意。(オールマイティーな客室でなく、自分に合った客室をチョイスできる)

②客室完結型ホテル
- テナントレストランやロビーは無し。(食事サービスも室内へデリバリー)
- 必要なサービスを各自で購入。(まず基本機能のみを低価格で提供し、アメニティーなど必要に応じて、購入してもらうシステム)

どが個別の系統で設置されていますが、そうした設備システム全体を、iPadなど一つの機器で操作できるようにならないかと考えています。館内の案内やサービスメニューも、紙のパンフレットで置くのではなく、備え付けのiPad1台に集約すれば、部屋は断然スッキリします。既に、香港などのホテルに泊まると、そうした例が出始めています。もっとインテリアに関する視点で言えば、植栽を客室に導入してみたいと考えています。今の主流のミニマルなデザインに逆行するかもしれませんが、グリーンのように目に見えるアイテムによって、「あっ、このホテルはサービスいいな」と視覚的に感じてもらうことができます。当然、メンテナンスの問題はありますが、思い切って、グリーンが好きなお客さんには植栽に水やりをしてもらい、むしろ「参加型」にしていくという発想の転換も考えられます。オペレーションやデザインの工夫次第で、実現可能だと思います。

あとは、テラスもいいでしょう。新築であれば、フロアによっては、客室にテラスを設けておくと、他のホテルにない高い快適性を実現できます。既に、コンペでは私たちも客室にバルコニーや縁側のような空間を提案して、室内のフローリングから連続性を持たせたデザインにして、広がりを感じさせる提案をしています。

オペレーションに関して価値を付加するなら、「客室で朝食をサービスする」という選択肢もあると考えています。ビジネスマンはだいたい前夜にお酒を飲んで、朝はギリギリまで寝ていたい。女性なら、わざわざレストランフロアに下りていくためにお化粧をしなくてはならないのは煩わしい。ならば、ヘ

 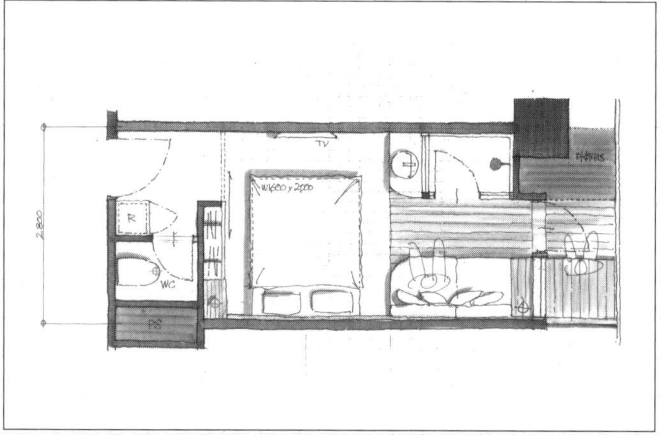

奥にシャワーブースを設置した客室プラン。ソファの置かれたフローリングがベランダへと連続し、空間に開放感を持たせる提案。トイレ以外の機能を、ほとんど一つの大きな空間におさめるイメージ

ルシーなお弁当のような朝食パックを部屋にデリバリーする方が、宿泊客のニーズに応えられるのではないでしょうか。

　こまでは、客室に機能を付加するという提案をしてきましたが、もう一方で、パブリックスペースに機能を付け加えていくという提案もしています。宿泊特化型のホテルでは、本来、付帯施設を削っていくわけですが、むしろ逆に付帯施設を充実させる。ソラリア西鉄ホテル銀座でも、ゆったりしたラウンジ（P.7、100）を設けて、「足を延ばしてでも泊まりたくなる個性あるホテル」や「お金を出してでも泊まりたくなる特徴的なホテル」をデザインしようと考えました。

私たちは、それを「宿泊特化から付帯特化へ」と呼んで、オーナーさんに説明しています。「付帯特化」と言っても、旧来のような宴会場やレストランをつくるわけではありません。重要なのは、「宿泊客にとってホテルの楽しみを増すような仕掛けを盛り込む」という発想です。ビジネス系のホテルの場合、付帯設備としてジムやプールがあれば、それだけで大きな個性が出ます。今、若いビジネスパーソンたちは日常的に健康に気を使って、日頃からジムやプールに通ったりジョギングをしたりしていますから、彼らに訴求できるでしょう。

それ以外にも、付帯施設としてシアターやスポーツバーといった、にぎやかな「コミュニケーション空間」があれば、それがホテルの強い個性につながり、また地域のコミュニティーも生まれます。シングルルームに泊まっているお客様は、夜になると、お酒を飲む以外に、あまりやることがない。部屋で静かにテレビを見て、そのまま寝てしまうのが大半です。けれど、そうではなく、例えばジムやスポーツバーのようなアクティブな空間を用意して、お客様に楽しんでもらってはどうでしょうか。スポーツバーと言っても、特別な飲食施設である必要はありません。特別な空間をつくると、ホテル側の負担が増えてしまう。もっと気軽に考えれば、1階のロビースペースにスポーツを放映する大型ビジョンと軽くお酒を飲めるスペースを設けておいて、ワールドカップなどの重要な試合がある時は、宿泊中のお客さんが何となく自然に集まってくる。それだけで、ホテルの体験が大きく変わってきます。

単に宿泊するためだけのビジネスホテルではなく、これからは、「ホテルから発信する場の提供」が必要となってくるのではないでしょうか。

今後も、立地、規模、客層などを勘案しながら、そうした「他人と共有するスペース」を充実させていくような空間も積極的に提案し、宿泊特化型ホテルの新しいイメージを提案していきます。　〈談〉

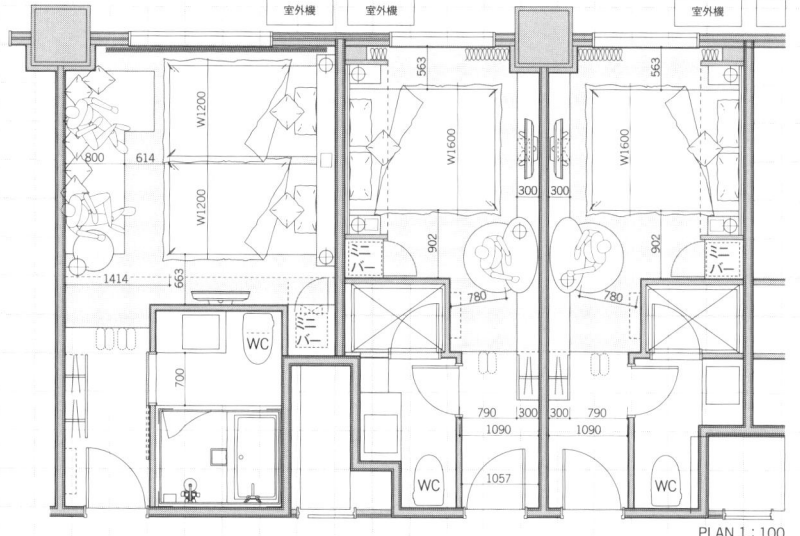

実際にあったコンペで、永合さんらが提案した初期プラン。靴を脱いで上がる客室で、自宅のようにくつろぐことができる

Presentation 3

「バトラー付き」と「ユニクロ型」の二極化でデザインを考えよう

メック・デザイン・インターナショナル
寺本昌志 Masashi Teramoto

Agenda
1. 朝食を客室デリバリーにしてみよう
2. バトラーサービスをつけたらどうか
3. 思いっきりデザイン性の高い「3000円ホテル」
4. 宿泊に何か一つプラスアルファ

てらもと・まさし
1953年生まれ。76年多摩美術大学デザイン学科卒業後、83年メック・デザイン・インターナショナル入社。現在、取締役常務執行役員、環境デザイン部長。横浜ロイヤルパークホテル、丸ノ内ホテル、帝国ホテル大阪、ロイヤルパークホテル・ザ・福岡の他、昭和大学北部病院、大阪なだ万、客船飛鳥Ⅱなど、商業施設や病院のデザインも幅広く手掛ける。

私たちの主要業務は空間デザインですが、ここ数年、ビジネス系のホテルの潮流を見ていると、もはや表面的なデザインでは差別化やブレイクスルーができない状況になっています。そこで私たちは、ホテルオーナーの方々にプレゼンテーションをする時、「デザイン以前に、サービスの提供の仕方から考え直していきましょう」と提案しています。中でも、「朝食をどうするか」「マーケットの二極化にどう対応するか」、この二つが大きなポイントです。

まず、「朝食」について考えてみましょう。今まで私たちが設計した事例でも、宿泊特化型ホテルの場合、通常1階など低層部に朝食用レストランを設計してきました。全国の多くのホテルも同様だと思います。しかし考えてみると、この朝食用レストランの存在が、実際にはホテルの経営負担になっているケースが多く見られます。朝食利用を想定して設けたはずが、現実には、昼や夜の収益も考えざるを得ない。固定費だって掛かるし、スタッフや備品も用意しなくてはなりません。ところが、ビジネスホテルのレストランをディナータイムに使う人は稀でしょう。まして、東京、大阪、京都のような都市では、ホテルのまわりに個性的で魅力的な料亭や美味しくてリーズナブルなレストランがいくらでもあります。

そこで、私たちが提案したいのが、「朝食サービスは提供するけれど、そのハード（レストラン）はつくらない」という方法です。一見、大胆に聞こえるかもしれませんが、不可能ではありません。

では、朝食をどう提供するのか。客室にデリバリーするのです。すごく高級なメニューにしてもいいし、簡単なメニューにしてもいい。この朝食で、ホテルの個性を出します。事前に宿泊客の希望さえ聞いておけば、その人に合わせたメニューを提供することもできます。宿泊客も、1階に朝食を食べに降りていくためにシャワーを浴びたり着替えたりしなくて済みます。実はもう、デリバリー用のワゴンのデザインもスケッチしています（P.35右上スケッチ参照）。これなら、ドアを開けなくても、しっかりしたワゴンを廊下から客室側に届けられます。このワゴンに温かいコーヒーとおいしいサンドイッチと新聞がセッティングされていたら、かなり嬉しいんじゃないでしょうか。何よりも、ホテル経営の面で考えれば、固定費が低く抑えられることが魅力です。あとは、スタッフのサービス力で、「あなたのために特別なメニューを用意しました」という気持ちを演出できれば、上質なサービスになります。

次に、「マーケットの二極化」にどう対応していくか。

日頃私たちのチームは、マンション関連のデザインプロジェクトも手掛けていますが、今売れているマンションは、1億円以上の高額物件か、3000万円くらいのリーズナブルな物件が多い。この二極化の動きは、あらゆる分野の消費者動向と共通しています。航空会社の「LCC（ローコストキャリア）」もその例でしょう。

とすれば、ビジネスホテルも、経営戦略として、エグゼクティブなラインか、「ユニクロ」のようなリーズナブルなラインかをはっきり二極化させて出店していく方策が考えられます。その際、極論すれば、「エグゼクティブ」と「リーズナブル」を分ける要因は、ハードやモノではありません。例えば、コーヒーを飲む場合、街の喫茶店とホテルのラウンジで、コーヒーの質自体が大きく変わるでしょうか。実際に価格を左右している要因は、「どんなサービスで提供するか」です。宿泊特化型ホテルも同様で、サービスのクオリティーによって二極化に対応しましょう。

具体的には、エグゼクティブな宿泊特化型ホテルなら、「バトラーサービス」の導入が考えられます。外資系のファイブスターホテルのように、バトラーが客室やフロアの専属になって、宿泊者へサービスします。もちろん人件費は掛かります。バトラーのスキルも重要になります。ですが、お客様にとって非常に高級で温かさを感じるサービスだったという印象を与え、他とは違う特別なホテルとして実感してもらうことができます。お客様からあらかじめ聞いておいた到着時間には、バトラーたちがエントランスに並んで、「ようこそ、寺本様、お待ちしていました」なんて迎えてくれたら、かなり嬉しいですよね。人件費が掛かる分、フロントはなくして、チェックインは客室でします。先ほどお話したレストランをつくらないなどの方法で採算を合わせていきます。つまり、外資系ファイブスターホテルと違って、「客室に特化する」からこそ、バトラーサービスができるわけです。大変ではあるけれど、その分、客単価が取れると考えています。「1泊4万円から5万円」で、50〜100室くらいの規模をイメージしています。

こうした「バトラー」と「レストラン廃止」を実現する代わりに、ホテルが付近の三ッ星レストランと提携するとよいと考えています。もし宿泊客からランチやディナーの要望があれば、そのレストランからケータリングします。それをバトラーが部屋まで運ぶ。ここまで考えると、ようやく客室のデザインが変わってきます。おそらくケータリングされたメーンディッシュをバトラーが温めるために、客室にミニキッチンが必要になります。更に、そうした高級ケータリングサービスを目玉にするなら、客室内のインテリアデザインを上質なダイニングルーム風の空間にする必要も出てきます。
こんなふうに、オペレーションの内部から大きく変革していかないと、今後は空間デザインが抜本的に変わることはないだろうと考えています。

こうした高級化の路線とは反対に、徹底的に設備を削ぎ落として、1泊3000円クラスで、ものすごく満足できるホテルをつくることも、「二極化時代」の生き残り策だと思います。ただ安いだけではいけない。行っても恥ずかしくないような、ファストファッションのような、安くてスタイリッシュというホテルをデザインしたいと考えています。客室数250室くらいで、部屋をコンパクトにして、高い稼働率でまわす。チェックインも完全に機械化して、朝食の「要／不要」ボタンなんかも用意しておく。
ここで重要なのが、「デザイン」と「ブランド構築」です。客室からアメニティー、コップ、ペンまで、安価でもいいから、徹底的にデザインします。徹底したデザイン化によって、「ユニクロ」のような強いブランドイメージを構築します。そうしたホテルを全国につくって、スケールメリットで低価格化を実現しましょう。

さて、ハイクラスかリーズナブルかの「二極」を明確に打ち出す方法の他に、私たちは、宿泊に何か一つプラスアルファする差別化も提案しています。先ほどの三ッ星レストランとの提携もそうですが、宿泊機能に何か一つ大きなポイントを足してみる手法です。例えば、男性客を想定すれば、ゲームや映像ソフトを思いっきり楽しめる大画面とゲーム機が設置された部屋とか、女性客を想定すれば、エステの施術を部屋でやってくれる、まるでエステルームの中に宿泊しているような部屋とか、そうした「一点特化」の方向性を考えています。
実際の例では、まるで飛行機のファーストクラスのイスのような、コンパクトだけど、そこで何でもできる高級感あるオリジナルソファを提案しました。そのソファは電動式でフルフラットになる。仕事もそこでできるし、オーディオまで組み込まれています。
また、あるコンペでは、その地域に関連のあ

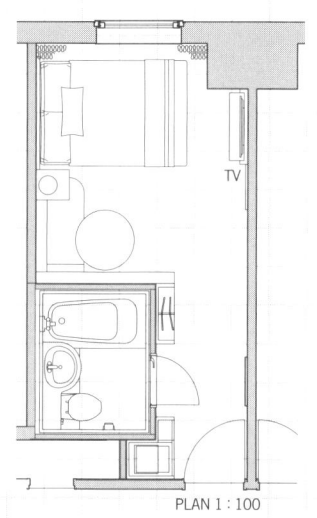

名古屋でのホテルコンペで提案した客室イメージ。ミニマムな面積のため、あえてライティングデスクは設けず、ソファと円形テーブルを設置し、居心地の良さを高めた。このくらいのテーブルがあれば、ノートPCでの作業などは十分できるだろう

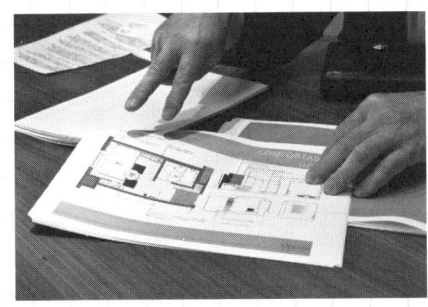

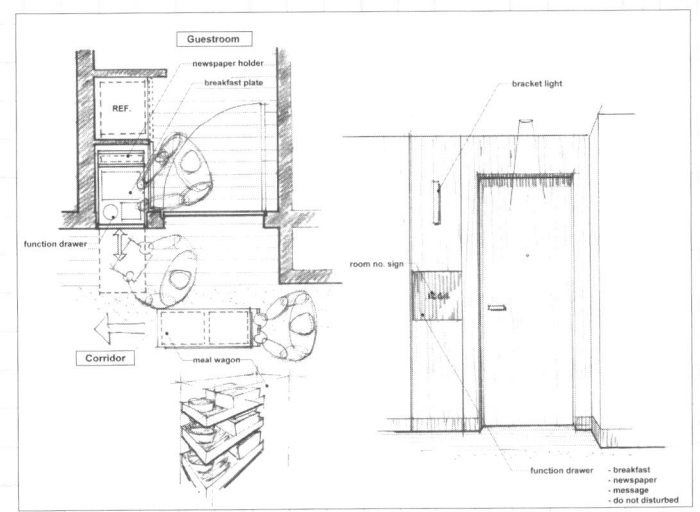

る色（慣れ色）を基調カラーとして使い、地域観光に密着した施設をイメージしたグラフィックを多用し、ローカリティーをデフォルメして内装デザインにした例もあります。これも、プラスアルファによる差別化です（右の図参照）。

今回は主に、「朝食デリバリー」「バトラーサービス」「一点特化型」など、サービスを足したり引いたりするアイデアをお話ししましたが、提案したいことは他にもまだまだあります。いずれにしても、オペレーションやサービス内容の刷新は決して簡単なことではありませんが、これからは、そうしたソフトの刷新なくして、ハードのデザインのみが刷新されていくことはないだろうと考えています。そんなことをホテルオーナーの方々に提案しながら、一緒に次世代の宿泊特化型ホテルを構築していきたいと考えています。〈談〉

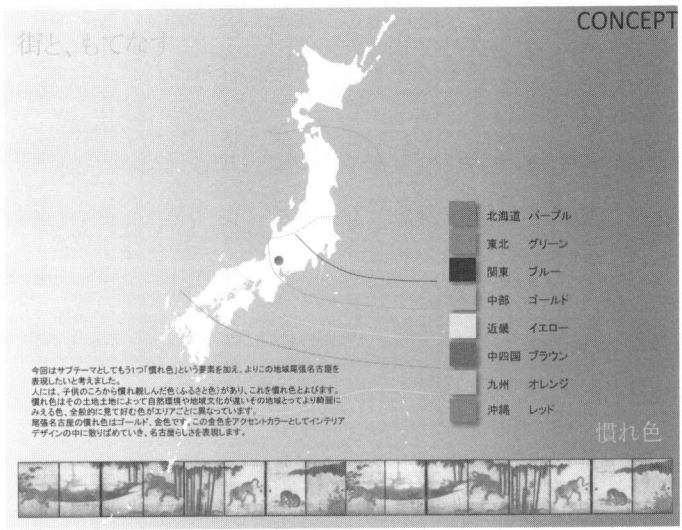

上／寺本さんが描いた朝食デリバリーシステムのイメージスケッチ。客室扉の横に小窓があり、そこから客室内にサンドイッチや新聞の載ったトレーを差し込むことができる
下／名古屋のホテルコンペでは、「慣れ色（日本の国土を8分割するイメージカラー）」をヒントにして、地域性をデザインに取り入れた

EV内　全館案内サイン

フロア案内サイン

ロビー共用部サイン

客室室名表示＋ハンドル

オリジナルフォント

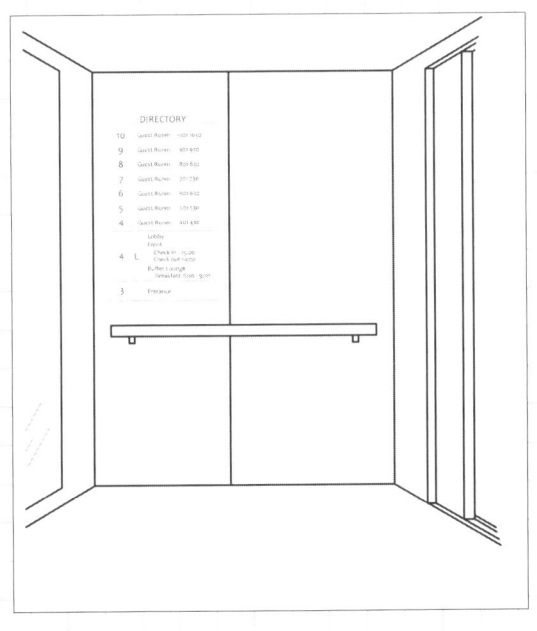

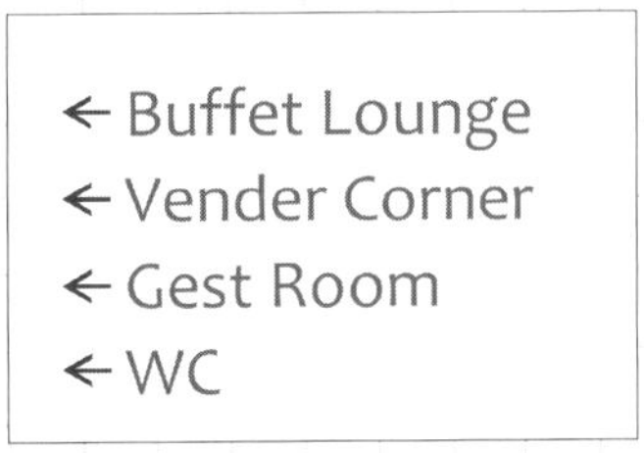

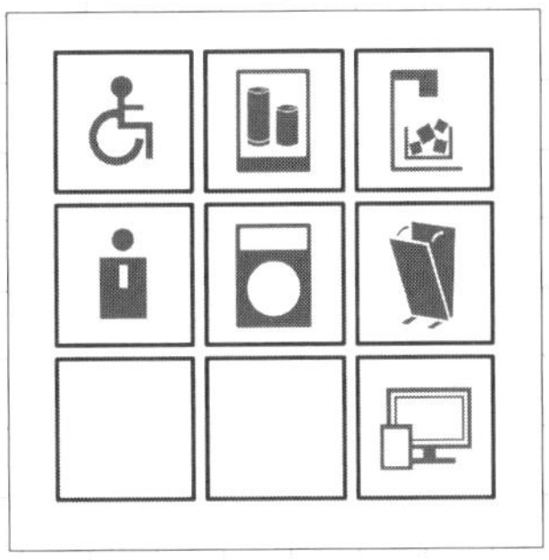

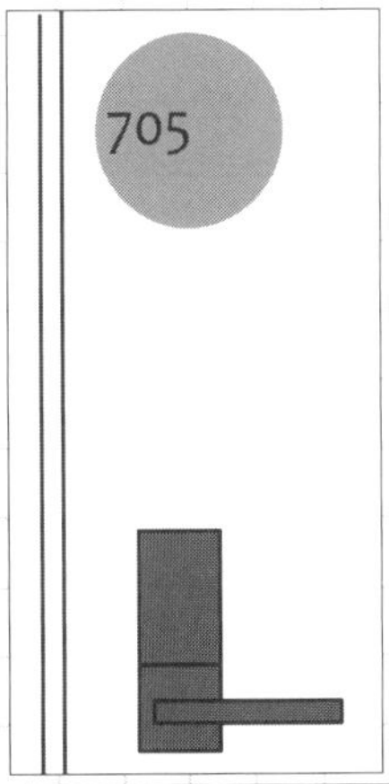

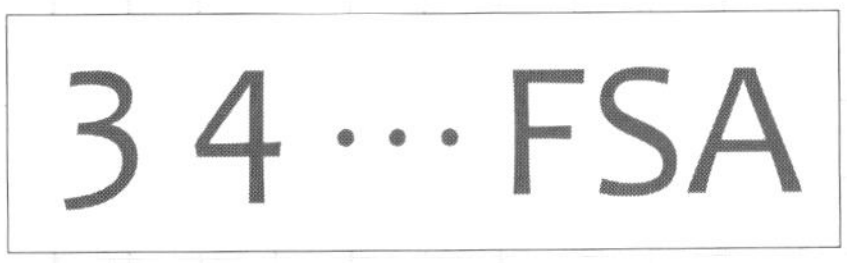

ビジネス系ホテルのコンペでは、インテリアデザインだけでなく、サイン計画まで一貫したデザインで提案した

Presentation 4

「見せ部屋」と
ローカリティーで
今までにないホテルをつくろう

UDS
中原典人 Norito Nakahara

Agenda
1. 一つの個性に特化してみよう
2. 「見せ部屋」をつくろう
3. ローカルな要素を入れる

なかはら・のりと
1968年生まれ。和設計事務所を経て、99年都市デザインシステム（現UDS）入社。コーポラティブハウス、賃貸住宅などの住宅をはじめ、ホテル、商業施設、オフィスなどの新築やリノベーションで設計を手掛ける。東京建築賞奨励賞、グッドデザイン賞、まちなみ100選優秀賞など受賞。

ビジネス系のホテルや宿泊特化型のホテルって、どこに泊まってもだいたい似ていませんか？ 最近、そんな印象を強く持っています。それを乗り越えるため、何かの機能に特化して、見たことのない新鮮な空間をクライアントやホテルのお客様に提供していきたい。そう考えていたところ、先日、オランダ・アムステルダムで面白いホテルを見かけました。客室が、コンセプチュアルで工夫されています。おそらく13㎡前後で、間口が2.6mくらい。決して広くはない。しかし、部屋の奥に部屋の幅いっぱいにキングサイズのベッドが置かれていたんです。部屋の入り口側には、円形のブースでシャワーやトイレなど水まわりがあり、シンプルにカーテンやガラスの引き戸で仕切られ、パーティションを開けば部屋が一体の空間に感じられる。全体をシンプルにして、「ベッドを広く見せる」「寝心地を優先する」という点に特化しているわけです。

すべての機能を優先してしまうと、他と変わらない印象のホテルになってしまいます。そこで私たちも、コンパクトながらも、ある機能に最大限に特化して、快適でコンセプチュアルな空間を追求したいと考えています。例えば、私たちが提案してみたいと思っているのは、音響システムをすごく充実させて、音楽を高音質でガンガン聴きながら仕事ができるビジネスホテルとか、映画を観たい人のニーズに応えて、「シアター」に特化して、大画面が壁面に埋めこまれている客室などです。その大画面で、パワーポイントのプレゼン資料なんかもつくれて、プレゼンのリハーサルまでできてしまう。そのくらい思い切った宿泊特化型のホテルがあったら、お客さんに新しい価値を提供できます。

もちろんビジネスホテルにあまり初期投資をし過ぎると事業が成立しなくなるという問題はありますので、そうした目玉となる客室と通常の客室をミックスして構成することを提案します。私たちは、そんな目玉のある部屋を「見せ部屋」と呼んでいます。クライアントの方々には「何室か見せ部屋をつくりましょう」と提案しています。例えば、私たちUDSが設計した「渋谷グランベルホテル」（P.38写真右下。設計担当はUDS寶田陵氏。商店建築2006年12月号掲載）では、小さな部屋もたくさんありますが、いくつかの部屋をスイートルームとして、二層吹き抜けにしたり、広いビューバスを設けたりして、「見せ部屋」として大胆に

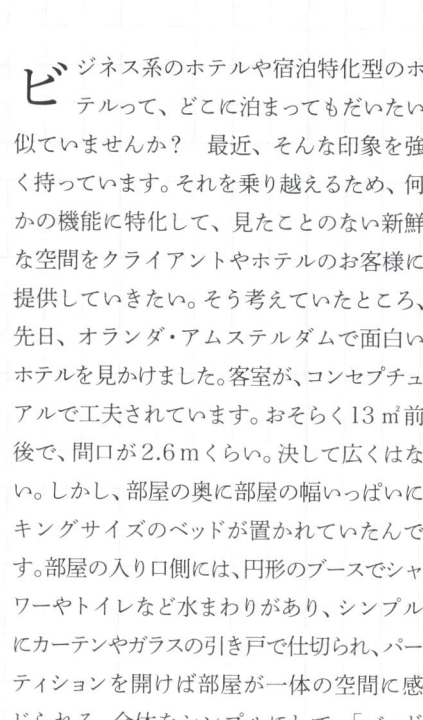

デザインしています。すると、ビジネス系のホテルでも、全体として、ありきたりなビジネスホテルっぽいイメージに見えません。ウェブサイトでも、そういう部屋をきちんとアピールする。そうすると、お客さんも「これだけ素敵な部屋があるのだから、小さな部屋もきっと素敵だろう」と感じてくれるので、ホテル全体の価値が上がる。こうした全体としての見せ方がますます重要になるでしょう。先日、上海で泊まったホテルでは、ベッドの脇に大きなバスタブがありました。仕切りすらないのです。日本でこれをやったら保健所から指導が入るでしょうが、でも、こんな大胆なアイデアがホテルの付加価値につながります。つまり、「他のビジネスホテルには絶対にないもの」を、空間デザインとしていかに実現できるか。それによって、いかにお客さんを飽きさせないかがポイントです。「見せ部屋」と言っても、なにも空間だけで追求する必要はないんです。アメニティーが最高に充実している部屋だっていい。徹夜で仕事して翌朝出かけようとした時、肌がカサカサしているとイヤですけれど、そこで最高級のアメニティーが揃っていて、全身に塗ると肌がしっとりして、最高にテンションを上げて1日をスタートできる。そ

上、下左／北京のホテルコンペでの客室CGパース。レンガや鉄パイプが地域環境を反映し、黒いガラス壁面に埋め込まれた大型モニターが日本製テクノロジーを宿泊客に提供する　下右／国内のホテルプロジェクトで提案した客室。ライティングデスクを廃し、窓際にゆったりしたソファを設置した（パース制作／UDS 石井雄太）

んな体感的なインパクトだって、十分にホテルの個性につながります。

「見せ部屋」以外にも、均質化しがちなホテルに個性を与える方法があります。私たちはいつもホテルの設計をする際に「地域性」を意識します。その地域の歴史や特性を、コンセプトやデザインに反映します。それによって、「どこに泊まっても同じ」という感覚を払拭できます。

最近参加した北京でのホテルコンペでも、そういう案を提出しました。このプロジェクトは、火力発電所の跡地に、事務所だった建物をコンバージョンしてホテルをつくろうという計画でした。敷地を見に行くと、敷地の周囲には、錆びたタンクやレンガ造りの建物が残っていました。パイプからシューとスチームが出ていたりする。でも、近くにはデザイン事務所なども点在していて、新しいイメージも生まれつつある。そんなエリアでした。この「らしさ」をどうホテル空間に盛り込むかと考えました。客室は17㎡くらいで、さほど広くなかったので、客室のレイアウトとしては、入り口に近い側にベッドを置いて、奥に水まわりを置きました。部屋を広く見せるためです（上のパース参照）。まだ中国ではこの構成は少ないんです。け

れども、扉を開けてすぐベッドという構成は、寝る時に少し落ち着かない。扉とベッドの間に何かワンクッションないと居心地が悪いと思い、スチールのパイプでパーティションをつくり、そのスチールを鉄錆び系のイメージにして、この地域性を取り入れました。照明器具は、上下運動するタンクの機構をモチーフにして、鉄錆び風の鉄板を使って制作しました。壁面にはレンガを貼り、オレンジ色の光を当てています。こうして地域のイメージを随所に引用しました。

また同時に、同じ客室の中で、ブラックの大型ミラーの中に大型ディスプレイを埋め込んで、通常はミラーですが、スイッチを入れると壁面にテレビの映像が浮かび上がるというデザインを用いて、「新しさ」も盛り込んでいます。中国のお客さんは新しいものが好きで、日本の最先端技術を敏感に楽しんでくれます。そうしたニーズも、一種の地域性として掬い上げて、デザインに取り入れています。

このプロジェクトはまだ実現に至っていませんが、ここで考えた「地域性」という点は、今後も大事にしたいと考えています。「地域性」をもう少し発展させて、「コミュニティー」と考えてもいいでしょう。おそらく今後、日本で宿泊特化型ホテルのニーズはいっそう高まっていくと思いますが、その中で、「地域性」や「コミュニティー」を、どうホテルの空間で具現化していくかは、核になる課題だと考えています。私たちUDSの強みが特に生かせる部分でもあります。

今まで私たちが手掛けてきた街づくりやコーポラティブハウスのプロジェクトでは、単なる空間デザインではなく、まさに地域性やコミュニティーをいかに生み出し、いかに育てていくかという手腕が問われました。そこで培ったノウハウを、これからはホテルづくりにも生かしたいと考えています。実際に、設計と運営を我々が手掛けているホテルアンテルーム京都（P.5、94）では、アートやカルチャーの発信拠点として、地域に根差したコミュニケーションの場となるようなホテルの空間を構想しました。オープン後も、ホテルアンテルーム京都やホテルカンラ京都（P.5、90）の運営を通して、私たちはそうした場をつくるノウハウを蓄積しているところです。

これからも、「見せ部屋」のような高い付加価値のある客室機能と同時に、「コミュニティー」「地域性」といった観点でホテル全体をどうデザインし、運営していくかを皆さんに提案していきたいと考えています。〈談〉

左／アムステルダムで見つけたビジネス系ホテル。コンパクトな面積ながら、奥に幅広のベッドがある　右／UDSが設計を手掛けた「渋谷グランベルホテル」の最上階「ビューバススイート」。客室内に吹き抜けがあり、上階は渋谷の街を見下ろせるガラス張りの浴室。中原さんの言う「見せ部屋」の典型例だ（撮影／牛尾幹太）

Presentation 5

「硬質な仕上げ」で
ホテルの価値観を
大転換する

乃村工藝社
桐岡 栄 Sakae Kirioka

Agenda
1. 一杯飲める飲食スペース
2. 硬質な仕上げ材を導入してみよう
3. ホテル設計のノウハウが生かされる新しいフィールド

きりおか・さかえ
1959年生まれ。89年乃村工藝社入社。ホテルグレイスリー田町（商店建築2009年8月号）、秋葉原ワシントンホテル、CONVIVION（婚礼施設）、箱根プリンスホテルKAEDEスパなどのインテリアデザインの他、箱根の森高原教会（ホテルグリーンプラザ箱根）、セント・コニファーチャペル（富士急ハイランドリゾート）、美術館、博物館などの建築設計も多数手掛ける。

ここ2年くらい（2010～11年頃）、実感として、ビジネスホテルの新規案件が減っている印象を受けます。設計依頼をいただく場合でも、既に展開しているホテルブランドのオーナーさんから、「ちょっとイメージを変えたいので提案してくれないか」という依頼を受け、私たちがファサードの考え方、サインの出し方、カラーリング計画などを提案するというケースが増えています。いわば、設計というより、イメージを変えるためのマニュアルやデザインガイドづくりに近いかもしれません。期間や資金をなるべく掛けないで実現できる「競争力のある量産型デザイン」が求められているわけです。

こうしたコストパフォーマンスの意識を高く持っているのは、ホテルオーナーさんだけではありません。お客さんの側もそうです。ホテルに限らず、飲食店もそうですが、今の時代、「価格に対する価値」という評価基準が最重要視されています。高いか安いかではありません。「価格より、自分が感じられる価値が上回っていたかどうか」。それが、お客さんがリピーターになってくれるかどうかを左右します。1泊3000円のホテルでも5万円のホテルでも、泊まってみて金額以上の価値を体験できれば、リピートしてくれます。ですから、「3000円プラスアルファ」「5万円プラスアルファ」といった価値の上乗せをどう空間で実現するかを常に考えています。

良い意味での「裏切り」、あるいは「プラスアルファ」をどう実現できるか。例えば、私が設計に携わった「秋葉原ワシントンホテル」では、鉄道ファン向けのコンセプトルームがあり、これが大人気です。先まで予約が埋まっています。このホテルのコンペ時には、マンガの原画を壁面に使ったり、ロビーラウンジにショーケースを置いてフィギュアを入れたりといったアイデアも提案しました（P.40模型写真）。このようなコンテンツも「プラスアルファの価値」につながると考えています。

ところで、「コストパフォーマンス」と「付加価値」が強く求められる時代ですが、では、レストランやショップデのザインで培ってきた乃村工藝社としてのノウハウをどうホテルに生かせるのか。例えば、ホテルの朝食はビュッフェばかりでやや均質化の傾向がありますが、逆にメニューを絞り、最高においしい焼き立てパンとコーヒーだけで迎えるとか、ビュッフェではない朝食があってもいいと考えています。また、最近プレゼンテーションの際に提案したのが、「カジュアルで、運営負担も少なく、集客できる飲食スペース」です。「立ち飲みプラスアルファ」くらいの飲食空間がホテルの1階にあったらどうかという提案です。実際、ビジネスホテルの宿泊客は、コンビニで缶ビールとおつまみを買って客室に戻るというパターンが多いでしょう。私自身もけっこうやるんです。でも、その代わりとなる、寝る前にちょっとそこへ立ち寄って一杯飲んで、感じのいいスタッフの人やお店のお客さんと少ししゃべってから、部屋に戻るといったような、そんなスペースがビジネス系のホテルの1階にあったら、それだけで大きく印象が変わるはずです。空間デザインも変わってきます。もちろんオペレーションに人件費を掛けた

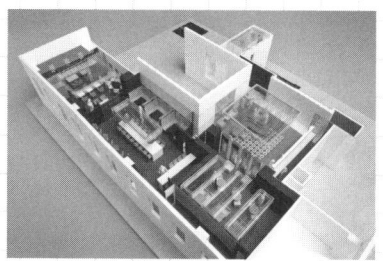

左、右上／秋葉原でのホテルプロジェクトの際に桐岡さんのチームで提案した共用スペースの模型。フィギュアなどを陳列できるガラスケースを随所に設置し、秋葉原のカルチャーを表現できるスペースを考案した　右下／桐岡さんのプレゼン資料

ら経営の負担になりますから、スタッフ一人でできるくらいのサービスで十分です。調理も必要ないかもしれない。原価に近いくらいの価格でビールとワインを出して、ちょっとおしゃれなオイルサーディンか何かの缶詰と、輸入モノのチップスなどが置いてあるだけでいい。その案をもう少し進めて、簡単な鍋の店なんかもビジネスホテルに提案しました。大きな鍋を小さな店の真ん中に置いて、それをアイキャッチにする。

こうしたシンプルな飲食スペースをつくる場合、ポイントになるのは「人」です。ホテルマン然としたオジサンではなく、飲食店でのコミュニケーションがしっかりできる、気さくで感じの良いお兄さんやお姉さんがいるといい。自社運営でなくても、テナントでいいわけです。オールデイダイニングの一般的な業態よりは、ずっとホテルの個性につながります。そんな提案をしていくために、私たち設計者も、飲食店ディレクターの方々と組んで、運営面までフォローして提案していく必要があると考えています。

　こうした飲食スペースの提案はソフトに関するアイデアですが、ハードに関して言えば、素材についての提案をしたいと考えています。具体的には、新しいホテル空間を求めているオーナーさんに、「硬質な素材」を使って空間デザインをしてはどうかという提案です。一般に宿泊特化型のホテルでは、床にカーペットを貼り、壁にビニルクロスを貼るといったお決まりの仕上げです。ところが今、若いお客さんたちのデザイン感覚が磨かれていて、ハリボテのようなデザインでは見抜かれてしまう。ですから、素材に関してもっと工夫したいと考えています。例えば、ヨーロッパに行くと、ドミトリーや修道院みたいな宿泊施設があって、ものすごく簡素なんだけれど、その空間に身を置くと、とても豊かな気持ちになる。そんな空間が実際にあります。おそらくコストはさほど掛かりませんから、宿泊特化型ホテルで実現してみたい。そのために、石などの硬質な素材を使ったらどうかと考えています。以前に内装設計を担当した、「グレイスリー田町」（P.1下、78）でも、そんなことを考えながら、エントランスロビーの壁面に石のパネルを用いました。

もちろん、客室の床や壁に石を貼るとなれば、クリアすべき課題は多い。音が響いてはいけませんし、メンテナンス性も必要です。なるべく短かい期間で施工できるような施工性も必要ですし、それなりにコストも掛かる。しかし、難しさの一方で、最近、明るい兆しも感じています。というのは、時代が変わってきたせいか、徐々にですが、プロジェクトの初期段階から声を掛けてもらえるケースが増えてきたのです。以前なら、建物の設計がほとんど完了した段階で、「内装だけつくってください」と依頼されることが多かったのですが、最近では、建築の設計段階から「設計が始まったんだけれど、インテリアも同時並行で考えてくれないか」と依頼してもらえることが増えました。そうすると、建築設計者の方とも相談しながら、水まわりの位置を決めたり、工法を工夫して開口部を大きく設けたりといった案が検討できるようになります。ならば、「硬質な素材」も可能かもしれません。更には、仕上げをしないという選択肢だってあります。打ち放しで、シンプルで堅牢で硬質だけれど、豊かな素材感がある。そんな空間が考えられます。更に言えば、電化製品を減らしていく方向にも進んでいけます。非常に上質な旅館に泊まった時は、「今夜はテレビなんか見たくない」と思うでしょう。その方向をビジネスホテル業界にも取り入れたい。今は、ビジネスホテルは「機能が詰め込まれてい

左2点／桐岡さんが設計を手掛けた高齢者向けの居住施設。最近、老人ホームの設計依頼が増えたが、そこにホテル設計で蓄積した設計ノウハウが活用できるという。下／ホテルグレイスリー田町のプレゼンテーション時に作成したエントランスロビーのパース。左手壁面には重厚な石が描かれている。竣工した空間（P.1下写真）にもこうした石材が貼られている

ることの貧しさ」をひた走り続けているように見えますが、私自身、その流れに関して、デザイナーとしての懐疑と反省を感じている部分があります。なんとかそこを変えていきたい。

最後に、少し話は逸れますが、ここ数年、こうして蓄積したホテル設計のノウハウが、別のフィールドでも求められるようになってきました。別のフィールドというのは、高級老人ホームです。高級老人ホームのインテリアの設計依頼が増えてきました。ホテルとは異なる部分もありますが、共通点も多い。どちらも、日常性と非日常性の混在する居住スペースですし、施設構成も似ています。エントランスがあり、コンシェルジュデスクがあり、ロビーラウンジや飲食スペースがあって、居室がある。ホテルと同様に、老人ホームの分野も、各地域での競争が激化しつつあり、デザイン性や機能性での差別化が求められています。団塊世代あたりの方々はいろいろなものを見てきていますし、デザインへの感度も高い。そういう方々が、老人ホームや高齢者マンションを利用する世代になりつつあり、ホテルの分野でも旅行者のボリュームゾーンになりつつあります。

自分が設計していて言うのもなんですが、やはり出張で泊まろうと思ってホテルを検索すると、多くのビジネス系ホテルは似通っていますよね。利便性と値段くらいしか選ぶ決め手がない。そんな現状を、今回お話したような「カジュアルな飲食スペースの工夫」や「硬質な素材」で変えつつ、ホテルオーナーやコラボレーターの方々と案を練り出して、均質化や価格競争を超える別の軸を提案していきたいと思っています。〈談〉

Interview

中川誠一さん（ネクスト・エム代表）に聞く

なぜ今、デザインプロデュースが必要なのか

建築とインテリア、そして関連するさまざまな要素を
有機的に結合していくプロデュース機能があってこそ、
商業建築はより存在感を発揮できる。そんな意見をよく聞く。
「総合デザインプロデューサー」を標榜する中川誠一さんに、
ホテル建築のあるべき方向性を聞いた。

ポートレート撮影／大越邦生

インテリアから建築を発想する

ホテルは事業形態が複雑なことが多く、事業主体があり、経営会社があり、運営会社があるという具合で、それぞれに施設に対する思惑があります。そのニーズを設計デザインにしっかりと反映させ、マーケティングの訴求力を高めていくというのは、なかなか大変な作業です。設計者やデザイナーのみなさんも、そのことは日頃から痛感しているのではないでしょうか。

ビジネス系ホテルは、開発ブームで新しいブランドが増え、デザインもかなり多彩になってきました。競争激化で、とにかく差別化しないことには生き残れない。だからこそ「ゲストの五感に直接訴えるインテリア」からホテルのあり方を発想するスキームが大切になっていると思います。そこで重要になるのが、デザインプロデューサーという職能ではないかと考えています。

デザインプロデュースとして参画した「レム」

通常は入り口付近に設置される水まわりを窓側に出すという革新で先鞭をつけた「レム」（P.56、66）。事業者側が「新しいコンセプトホテル」をメーンテーマに掲げ、出店計画の具体化以前から広告代理店などをからめてコンセプトメイキングに勤しんだ画期的なホテルです。

そのコンセプトが固まり、東京・秋葉原、日比谷と出店地が決定し、建築設計が進んだ段階から、当社はインテリアのデザインプロデュースという形で参画しました。

具体的な業務としては「心地良い眠り」という基本コンセプトや、新しい水まわりスペースの提案、そうした与件に対する具体的デザインディレクションを担当しました。客室のモックアップもつくって、全体のデザイン品質、そして大きなテーマとなった水まわり

のレイアウト、照明などを詰めていったわけです。

客室空間から発想された「アワーズイン阪急」

そして、東京・大井町の「アワーズイン阪急」(P.103)。複合商業施設・阪急大井町ガーデンの1期として2011年3月開業した、1100室のバジェット型メガホテルです。13㎡弱のオールシングルで一泊5500円という均一料金で、ポジショニングが非常にはっきりしています。このプロジェクトでも、当社がプロデュースで参加し、客室のスパン割りから検討を始めました。客室をできるだけ広く見せるという命題を突き詰めていくと、構造の柱や梁の出っ張りがどうしても邪魔になる。そこで、建築設計者と相談して柱の出ない構造を採用してもらいました。こういう恵まれたケースは大変珍しく、一般的には、建築設計がすっかり固まった段階でインテリアデザイナーが入りますから、どうしてもインテリアデザイナーの仕事は表面的なものになってしまう。けれど、それでは商品にインテリアとしての主張を強く反映させることができません。

現実的には難しいかもしれませんが、やはりインテリアから建築を発想していくというのが理想と言えます。

ところが、そんな理想的な体制でのプロジェクトが、現在進行しています。アワーズイン阪急の2期部分として2014年に開業予定の別棟のホテルです。これは、1期のビジネス客主体のオールシングルとは異なり、300室程度のオールツイン。カップルやファミリーをメーンターゲットとして、ビジネス客も獲得していくという性格のホテルです。このホテルについては大林組が基本設計と実施設計を担当していますが、まずうちの会社が施主側とホテルコンセプトを煮詰め、提出したプランに基づいて建築設計が進められました。客室形状とスパン割りも、こちらからいくつかのプランを提示して、そこから建築設計が進められたわけです。これこそインテリアから設計が構築されていった、まれなケースではないかと思います。

専門スキルを集めて情報発信力強化

最近は、インテリア分野の中でも役割の細分化が進んでいます。照明デザイナー、アート＆サイン関連、カラーセラピスト、香りのセラピストといった具合です。そうした人たちが入ることによって、マーケティング上の情報発信力が上がります。ビジネス系ホテルでもミドルやアッパーミドルというカテゴリーでは、情報発信のための装置や物語性はますます必要となっています。

デザインプロデュースとは、上流工程では建築との調整をやる一方で、下流工程のインテリア分野ではそうした専門家たちをオーガナイズしていくという役割を担います。アワーズイン阪急（1期）でも客室数が多いため、フロアや客室のカラースキームでどう変化をつけるかということがデザインテーマの一つとなりました。そこでカラーセラピストに参加してもらいました。

デザイナーは、カラースキームの決定に際しても施主に明快な説明を求められます。重厚とか、軽快とか、安らぐとか。どうしてその色なのかを説明しなくてはならない。カラーセラピストという専門家に入ってもらうことで、そうした細部のロジックやアイデアが明確になります。もっとも、いろいろな専門家をオーガナイズすることは、予算的に簡単ではありませんから、デザイナーがすべて自分でやってしまうケースも多いのが実情です。

一方、デザイナーは、職業柄、自分のデザインにどんどん入り込んでいく傾向があります。それによって仕事の質は先鋭化していきますが、ホテルの場合は、パブリックスペースと客室でデザイン（雰囲気）を意識的に使い分けるといったような戦略が必要です。そのとき、全体を俯瞰して、運営コンセプトに合致するデザインへと導いていく人間が必要になる。つまり、プロデュース機能が重要になってくるわけです。

施主が海外のデザイナーを入れることを希望する場合も、プロデュース機能が介在したほうがいいと考えています。ホテルは西洋の文化だから、やはりヨーロッパのデザイナーの発想には尊重すべきものがあると感じています。ただ、文化の違いから使い勝手など落差やズレが生じる可能性がありますから、「デザインの翻訳」という作業がどうしても必要になってきます。そのため、これからはデザインプロデュースの役割がますます求められるのではないかと実感しています。「デザインの翻訳」「予算管理」「費用対効果の実現」、これらを統括できる人材が、今後のビジネス系ホテルを大きく前進させていくはずです。

一歩上のニーズが増える

最後に、「これからの宿泊特化型ホテルがどのような方向に進んでいくか」について、一言だけお話したいと思います。

現在、いわゆる「宿泊特化型」「客室主体型」と呼ばれるホテルは、「バジェットホテル」というカテゴリーでひたすら低価格で提供するための競争をしています。しかしこれからは、航空機にエコノミー、プレミアムエコノミー、ビジネスクラスとクラス分けがあるのと同様に、宿泊特化型のホテルにおいても、一歩上のクラスを望む客層が増えるのではないでしょうか。そのようなニーズにいかに応えて、ホテルづくりをしていくか。それが、私たちプロデューサーやデザイナーに求められる課題だと思っています。

〈談〉

なかがわ・せいいち
1968年松田平田坂本設計事務所（現松田平田設計）入所。2003年よりNEXT/m（ネクスト・エム）代表取締役。ホテルJALシティ、レム（日比谷、秋葉原）をはじめとする阪急阪神第一ホテルグループのデザインプロデュース、コンサルティングなど、ホテル設計において総合プロデューサーとして活動する。日本インテリアプランナー協会顧問。

第2章

13の切り口で考える
「コンパクト&コンフォートホテル」の
マーケティングと空間計画

前章では、ホテルデザイナーが日々考えている課題とアイデアを、デザイナーの言葉で存分に語ってもらった。もはや「ビジネス」という言葉でくくることのできない「新たなビジネス系ホテル＝"コンパクト&コンフォートホテル"」を考えるヒントに満ちていたのではないだろうか。
では実際、全国にどんな事例があるのか。この10数年ほどの間に、各地で多くの「コンパクト&コンフォートホテル」が建設されてきた。本章では、それらの実例を通して、ホテルジャーナリストの永宮和美氏が、マーケティングと空間計画のポイントをあぶり出す。
「水まわり」「コンバージョン」「法令」など13の切り口で、発想の枠組みを整理した。

chapter 2 / 1

Special Feature Hotel
三井ガーデンホテル銀座プレミア
所在地／東京都中央区銀座8-13-1
開業／2005年
設計／松田平田設計
　　　リッソーニ アソシアティ
　　　ケイアンドカンパニー
部屋数／361室
※商店建築2006年1月号掲載

リッチモンドホテルプレミア仙台駅前
所在地／宮城県仙台市青葉区中央2-1-1
開業／2008年
設計／竹中工務店
部屋数／184室

都市開発とホテル

コンプレックス化という流れ

バブルが弾けて平成不況に突入するまで、都市開発（再開発）に付随するホテル案件といえば、それはほとんどの場合「高級シティーホテル」を意味していた。不況突入からは、大規模宴会施設や高級レストランをつくっても維持できないという判断になった。そして現在。都市開発のホテル誘致は、話題性のある大規模開発案件を除けば、商売の堅いビジネス系のホテルということになっている。

総合型のシティーホテルは施設規模が大きく誘致条件も限られるが、宿泊に特化したビジネス系ホテルであれば、初期投資も比較的少なく、どんな開発計画にもフィットする。更に経済変動の影響も受けにくい。

そして、ビジネスホテルも最近はホテル単体での開発の次元を超え、オフィスや飲食・流通店舗とのコンプレックス（複合施設）化が珍しくなくなってきた。つまり、ホテルにするか、オフィスビルにするか、他の商業用途とするかという選択肢だけでなく、そのいずれもが複合の可能性を持つという時代になっているのだ。更には、センスの豊かな進化系のビジネスホテル（コンパクト＆コンフォートホテル）との組み合わせは、不動産のバリューアップ戦略の一環として位置づけられている。

そうした事例2件を見てみよう。一つは「三井ガーデンホテル銀座プレミア」、もう一つは「リッチモンドホテルプレミア仙台駅前」だ。開業からだいぶ経ったが、どちらも、ビジネス系ホテルの事業者がこれまでにベンチマークとすることが多かったホテルで、大都市中心部でオフィスとのコンプレックス施設として開発された案件である。そして前者は『ミシュランガイド東京』でたびたび「非常に快適なホテル」に選ばれ、後者も「価格帯別ホテル宿泊客満足度調査」（J.D.パワー／アジアパシフィック社）などで評価が高いチェーンの中軸ホテルだ。

アッパーミドルのベンチマーク
三井ガーデンホテル銀座プレミア

三井不動産のホテル直営事業である三井ガーデンホテル。その旗艦ホテルの「三井ガーデンホテル銀座プレミア」は、老舗ホテルだった「銀座第一ホテル」の跡地再開発プロジェクトとなった銀座三井ビルディングの上層部16〜25階にある（低層部オフィス階にはリコーが入居）。土地・建物を三井不動産が所有していた銀座第一ホテルは、賃貸借契約満了（2002年）に伴って営業終了となった。

800室の大型ホテルだった銀座第一ホテルの敷地（約1200坪）は、幹線道路の昭和通りに面した汐留に近い場所ではあるが、銀座地区では希少な大型区画。再開発にあたっ

てはホテル単体、オフィス単体のほか、それらと賃貸住宅との複合化などさまざまな可能性が検討されたが、最終的にホテル+オフィスのコンプレックス施設が選択された。この開発では東京都中央区の「特定街区」の適用を受け、敷地の半分近い外周部分を公開空地とし、施設駐車場に加えて交通事情改善のための公的な集約駐車場を設置するなどしたことで、銀座エリアでは例外的な超高層化が実現。この当時で「銀座で唯一の超高層ホテル」が誕生することになったわけだ。

「マンダリンオリエンタル東京」や「ザ・リッツ・カールトン東京」といった超高級外資系ホテルを都心大型プロジェクトでテナント誘致する一方、帝国ホテルの筆頭株主となるなど、ホテル業界の地殻変動の主役に躍り出ている三井不動産グループ。

しかし、それ以前からの直営のガーデンホテル事業は、1984年の初出店（大阪淀屋橋）から宿泊主体型と宴会場を持つ総合型ホテルが混在し、ブランドイメージがだいぶ曖昧だった。その転換を目指して宿泊主体型への集約に舵を切ったのが、ちょうど銀座が開業したころだ。

「ガーデンホテル事業がスタートしてから20年以上経ち、宿泊主体型のカテゴリーでの競合激化もあって、ブランド力アップが急務となっていました。そこでアッパーミドルのカテゴリーでのイメージリーダーとなるべきホテルとして、銀座が企画されました」（ホテル事業部）

このホテルは、後続のアッパーミドルカテゴリーでのホテル開発でベンチマークとなり、他のホテル事業者による見学が相次ぐことになった。

眺望の良さで女性客増加

レストラン&バー、ビジネスセンターを持つだけの宿泊主体型だが、高級シティーホテル並みかそれ以上のグレード感を与える。それがこのホテルの基本コンセプトとなった。ピエロ・リッソーニ率いるリッソーニ・アソシアティがインテリアや家具のプロデュースを担当してグレード感を表現し、総ガラス張りのロビー空間は、自由に使えるソファーやテーブル席を贅沢に配置した。このロビーのくつろぎ感は、ソファーを取り払うことで有料ラウンジへと客を誘導するケチな営業が目立つ最近のシティーホテルより、よほど良心的である。

ロビーやレストラン、そして客室からは、南側には浜離宮から臨海副都心と東京湾、北側には銀座の街並みから丸の内の高層ビル街や皇居までを望むことができる。各駅からはちょっとばかり距離がある銀座の外れのロケーションだが、その眺望上の利点は何ものにも代え難い。浴室から外を眺めることができる「ビューバス」（ダブル以上の一部客室で設定）はこのホテルのセールスポイントで、設置客室は予約が集中している。

開業当初は「ビジネスエグゼクティブ」を主たるターゲットとしていたが、現在では女性客を中心とする都心観光客が増加し、そうした客層向けの宿泊プラン設定にも積極的に取り組んでいる。

三井ガーデンホテルは2009年以降、東京・四谷、上野、仙台、札幌が加わり陣容を一気に拡大した。ちなみに「プレミア」の名が与えられているのは今のところこの銀座だけだが「プレミアは大都市部での開発案件に高い付加価値を与えるという位置づけのもので、案件によって付与するかどうか判断していく」（ホテル事業部）という。

大通りの交差点に面して立つリッチモンドホテルプレミア仙台駅前の全景。ホテルは5〜13階に入っている

杜の都のランドマーク

杜の都・仙台。この街ほどさまざまな環境変化に激しく揺さぶられているところもない。バブル崩壊から長く地域経済が低迷していたが、2006年ごろからは駅周辺再開発が一大ブームとなって国内外の投資マネーが流入。一時は、青葉区中心部の地価が全国トップの伸び率を記録したこともある。しかしリーマンショックからの世界同時不況で、状況はまた一転してしまった。そして東日本大震災の激震。今、仙台は被災地の復旧・復興の拠点として大きな役割を担っている。

さて、「リッチモンドホテルプレミア仙台駅前」が上層階（5〜13階）に入る仙台東宝ビルは、JR仙台駅から徒歩2分、メーンストリートである青葉通りと愛宕上杉通りの角地に位置する絶好のロケーションだ。その開発計画が着手されたのは、仙台再開発ブーム到来の直前だった。

とはいえ、この案件はファンドの投資対象

三井ガーデンホテル銀座プレミアの外観全景。上層部16〜25階に同ホテルが入り、下層部はオフィス（写真提供／三井不動産）

ビューバスから東京の夜景を見下ろす（写真提供／三井不動産）

などではない。直営の映画館を二つ運営し、下層階のオフィスを賃貸していた東宝所有の旧東宝仙台ビルの建て替えである。このビルは長らく仙台市民の映画鑑賞の場として親しまれたランドマーク的存在だった。しかし周辺で大型のシネマコンプレックスが開発されたことで、その役目を終えることとなったのだ。

仙台の街の顔である青葉通りは、かつて高さ制限があった影響で建物の並びがそろっているが、新ビルは「青葉通り再生基本構想」に基づいて公開空地創出と緑化、広告看板の撤去などを行なった先駆けのプロジェクトで、その結果として高層化された。旧ビルは8階建てで敷地いっぱいに建っていたが、新ビルは歩道沿い2面に公開空地を設けて13階建てとなった。

そこで「新たなランドマーク」づくりが構想された。市内一等地のロケーションであるためいろいろな可能性が検討されたが、ここでも効率性の高さからホテル＋オフィスのコンプレックスとなった。なおオフィス階は、旧ビルにも入居していた野村證券がそのまま継続入居した。

プロジェクトを担当した竹中工務店・東北支店は「建物規模からも、ホテルはビジネス業態に絞られましたが、最近はこのカテゴリーでビジネスユースにとどまらない魅力的なスタイルのホテルがどんどん生まれています。リッチモンドホテルは既に市内にリッチモンドホテル仙台（青葉区花京院）がありましたが、稼働状況が良く、2軒目の出店希望にも合致してプロジェクトがスタートしました」と説明する。

ちなみに、事業主の東宝グループは全国に多数の不動産物件を所有するが、ホテル物件も多く、リッチモンドホテル（会社名はアールエヌティーホテルズ）誘致はこの仙台駅前で全国5軒目となった。

新ビルの開発にあたっては、旧ビルがランドマーク的存在だったことを反映し、高層化での訴求力を高めるための設計案が練られた。その結果、建築構成や外装カラースキームで下層のオフィス部と上層のホテル部を明確に分離する一方、角地部分に下から上へ塔をイメージしたモノリスを縦貫させ、LED照明によるラインを仕込んでストリートからの視認性を高めた。

利用動機を演出するフロア戦略

そしてリッチモンドホテルは、市内2軒目であること、ビジネス街の中核ゾーンに位置することから、差別化のため「プレミア」ブランドで出店されることになった。リッチモンドでは、同一営業エリアの出店で客層の重複を避けるため、施設・設備グレードを上げたプレミアブランドを設けている。その開発では、川崎市中原区（神奈川）のJR・東急武蔵小杉駅周辺大規模開発に合わせて出店した「リッチモンドホテルプレミア武蔵小杉」（2008年3月開業）が最初で、仙台が2軒目となった。ホテル客室階は、吹き抜けを囲んで客室が並ぶ回廊スタイルのレイアウトで、このカテゴリーとしては贅沢な構成だ。回廊からは吹き抜けが見渡せる。東北一のビジネス拠点で観光都市、そして学会などが頻繁に開かれる有数のコンベンション都市である仙台は、宿泊客層も多様だ。そのため全般的に、ビジネスホテルでもツインやダブルの客室比率が高いが、このホテルでは更に階層によって客室のカラースキームや家具デザインを変えて、いろい

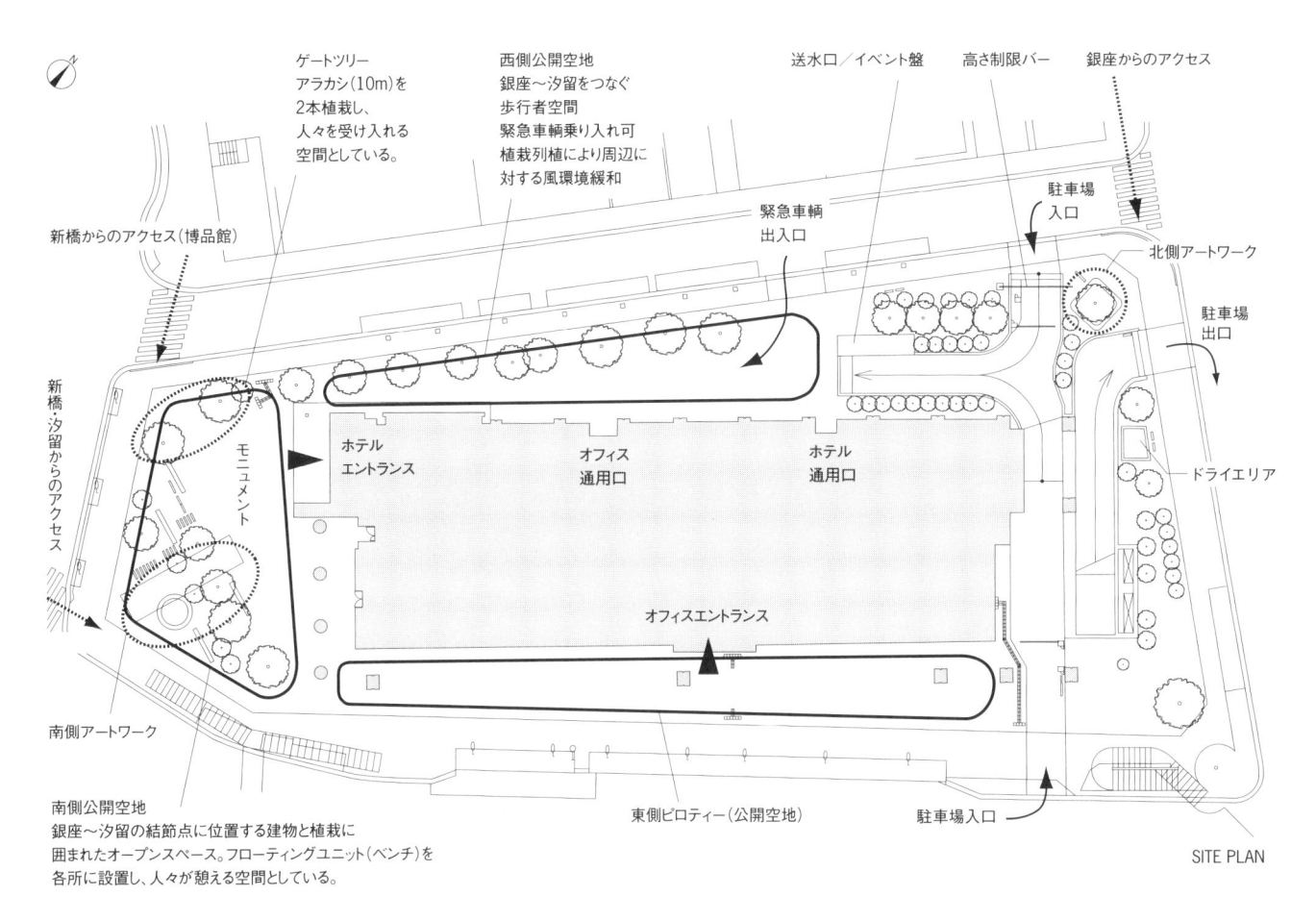

三井ガーデンホテル銀座プレミアの配置図。南側（図面左側）に公開空地を設けた

ろな利用動機を演出している。

6〜8階は落ち着いたダークなカラースキームで大型ワーキングデスクを置く「ビジネス重視」、9〜11階は中間のカラーでライティングデスクを兼ねた円形テーブルとソファを置く「ビジネス＋くつろぎ」、12〜13階は明るいカラーでカウチを置く「くつろぎ重視」というコンセプトで、上階にいくほどレジャー客に向くような構成となっている。利用動機や客層に応じて客室やフロアを多様化させるこうしたフロア戦略は、ビジネスホテルの分野でも最近はいろいろと見受けられるようになった。

また、宿泊客専用ラウンジの設置も最近の進化系ビジネスホテルでは目立ってきた。このホテルでは、朝は朝食ビュッフェ、昼間はティーラウンジとしてどちらも無料利用できる点が特筆ものだ。ビジネスホテルで定着している無料朝食は、以前はその提供スペースも殺風景なものだったが、このところは競合激化で空間のつくり込みも非常に良くなっている。

リッチモンドホテルプレミア仙台駅前の吹き抜けを見上げる。吹き抜けの周囲に客室が配置されている（撮影／今野貴之）

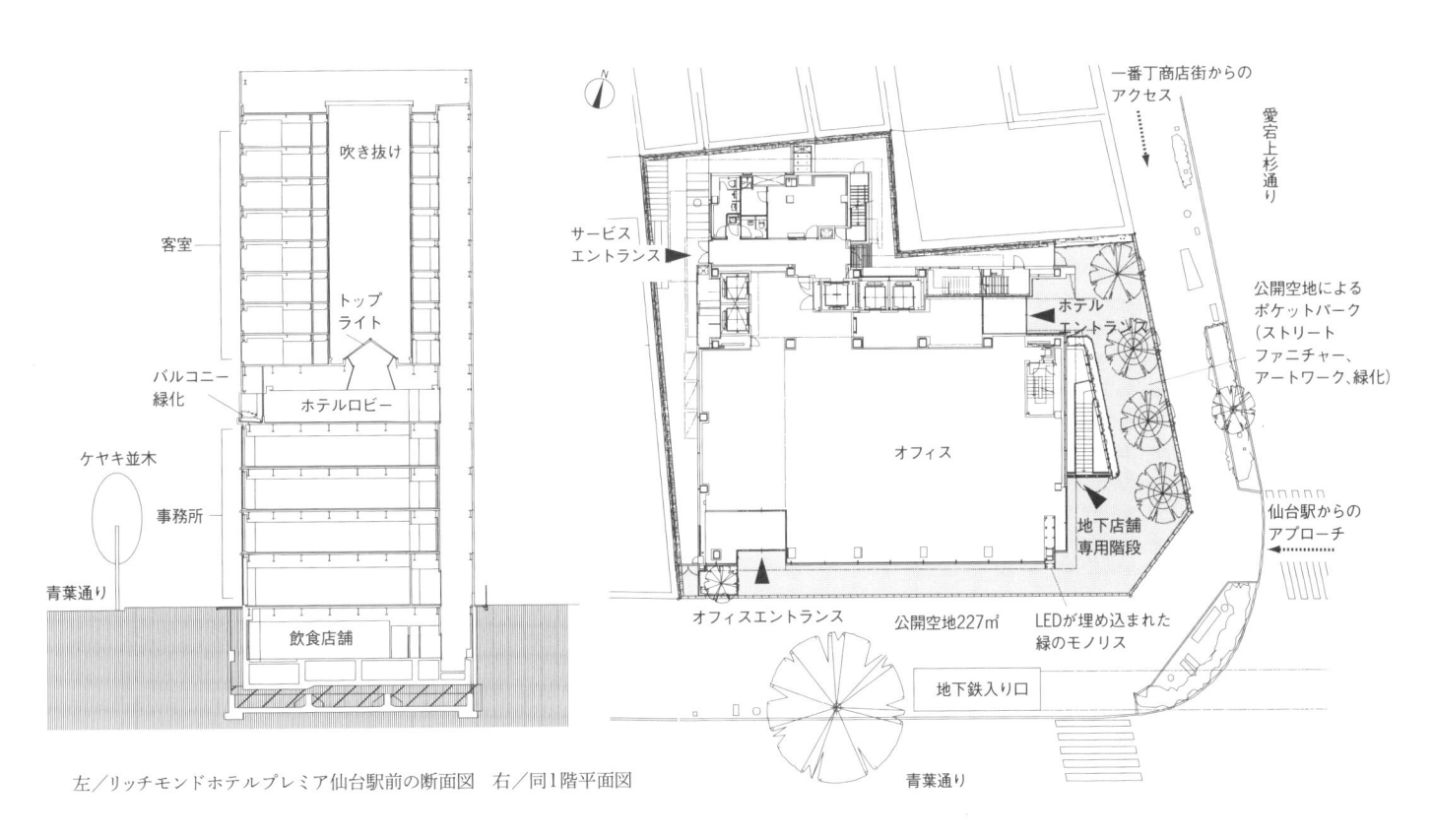

左／リッチモンドホテルプレミア仙台駅前の断面図　右／同1階平面図

chapter
2/2

Special Feature Hotel

ホテルブライトンシティ大阪北浜
所在地／大阪府大阪市中央区伏見町1-1
開業／2008年
設計／長谷工コーポレーション
　　　ヤズデザインインターナショナル
部屋数／234室

ホテルビスタ熊本空港
所在地／熊本県菊池郡大津町室943-1
開業／2008年
設計／リビングコーポレーション
　　　ヤズデザインインターナショナル
部屋数／139室

ホテル東急ビズフォート神戸元町
所在地／兵庫県神戸市中央区栄町通1-2-35
開業／2009年
設計／大建設計
　　　日建スペースデザイン
部屋数／191室

水まわり設備の革新

脱「3点ユニット」

ビジネスホテルの客室設備で、見直しの機運が一番盛んなもの。それは「水まわり」だろう。バス・トイレ・洗面シンクのありきたりな「3点ユニット」、これをどうにか変えて差別化したい——というムーブメントである。

設計者サイドにはかなり以前からあったはずのこの思いは、どうしても無難路線とコストセーブを選択してしまうホテル事業者の心にはなかなか届かなかった。しかしビジネスホテル分野で新規参入が相次ぎ、競争が激化してきたことで、差別化戦術として「水まわり改革」が事業者のサイドでも強く意識されるようになってきた。

ホテルは非日常を売る商売と昔から言われてきた。ウサギ小屋の住宅を脱して、ホテルの洋室に泊まることは庶民の憧れだった。しかし、いつの間にか立場が逆転し、住宅の空間デザインや設備性能の方が中途半端なホテルを上回る状況になった。今では非日常どころか、日常以下というホテルも多い。ましてや老朽化したビジネスホテルの3点ユニットなどは、学生向けワンルームのそれよりひどく、夢も何もあったものではない。

見直しが進んでいると書いたけれども、総体的には、今でも最も革新が遅れているのもまた水まわりである。普及型の3点ユニットならコストも安く、給排水の配管もシンプルで工期を短くできる。それだけ開業前の金利負担も少なくて済む。日常の清掃などのメンテナンスも容易だ。だから無難なユニット導入ということになる。

既存ホテルの客室リニューアルでも、ベッドルームはデザインが一新されるが、水まわりは手つかずというケースは多い。そこに手をつければ改修費が一気に膨れ上がるからだ。そして、その新旧のデザインの落差に今の感度の高い消費者は、ホテル事業者の「ケチ臭さ」を見抜いてしまうことになる。

話を戻そう。水まわり改革の矛先は「3点ユニットの分割」に向かっている。バスルームを独立させ、パウダールーム（トイレと洗面ユニット）を別空間にする。あるいはトイレを独立させる。更には3点すべてを独立とする。そしてバスユニットではバスタブを廃して機能性の高いシャワーブースに替えるケースも目立っている。

バスユニット独立型はアッパーミドルの高価格帯のホテルで採用されていて、面積はともかく、高級シティーホテル並みの質感を備えるところもある。観光客が多い立地のホテルでは、シングルでも幅広のベッド

上／ホテルビスタ熊本空港の客室を奥から見返す。水まわり3点が独立型になっている　下／同客室の水まわりとデスク。連続性を持たせたデザインになっている

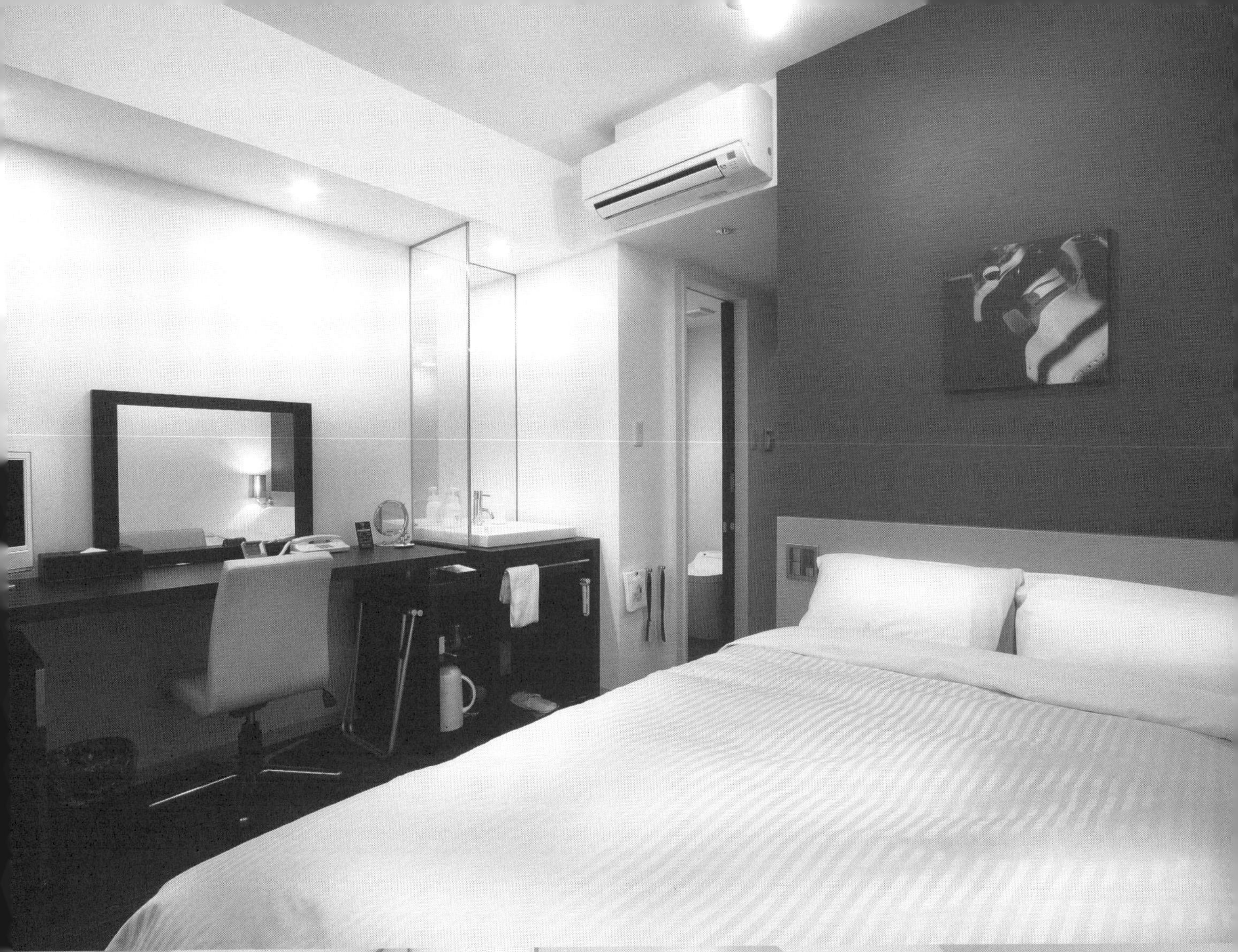

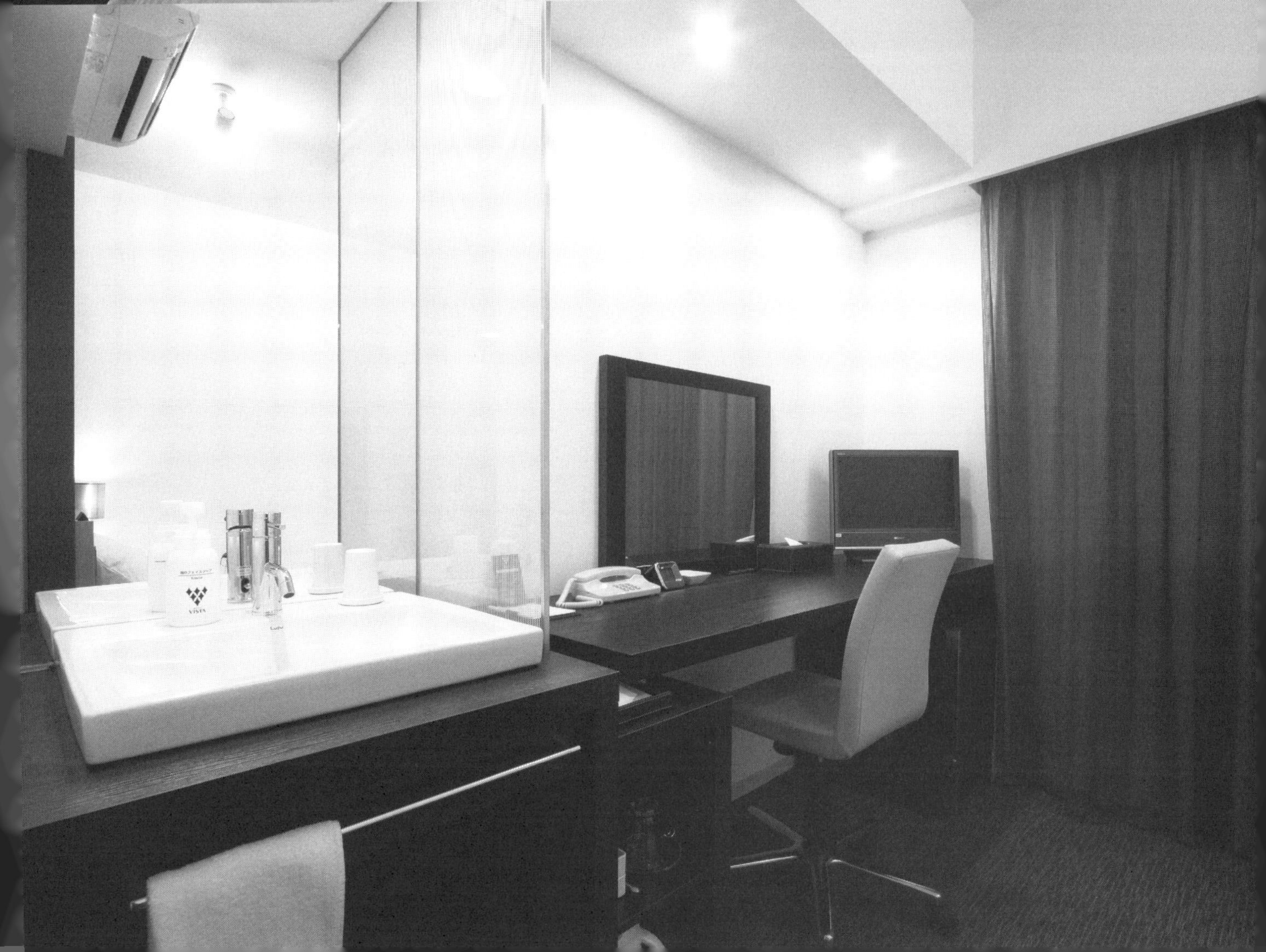

を入れて2人利用させる客室が増えているが、そうしたところではトイレ独立型が採用される例も増えている。恋するカップルも、トイレのプライバシーだけは守りたい。そんなニーズが強いためだ。

バスタブ撤廃＝シャワーブース採用の動きは、比較的若いビジネス利用のユーザーが多いホテルブランドや立地店舗で目立つ。若い世代では日常生活でもシャワーだけという人が少なくない。それならばシャワーブースだけにし、広くなったスペースをパウダースペースなどに有効活用するという発想がそこにはある。

水まわり設備の競争力

「ホテルブライトンシティ大阪北浜」は、ブライトンホテルを運営するブライトンコーポレーションによる初の宿泊特化型ホテル。大阪の金融街である北浜ということで、ビジネスエグゼクティブをターゲットにした高価格帯のアッパーミドル型として2008年4月に開業した。客室は標準シングルでも20㎡もあり、1500mm幅のベッドが入る。そして水まわりは、シャワーブース兼用の洗い場のあるバスユニットを独立させている。シャワーは大型のレインシャワーとハンドシャワーの両方を備える。このユニットと隣り合わせてフローリング床のパウダールームがある。従来は高級シティーホテルでしか採用されなかったような水まわりの構成だ。バスユニットは1416サイズ（1400×1600mm）で、シングルだとクローゼットが内部に押し込まれる分だけ洗い場の面積が欠けるが、単純にシャワーブースと考えれば十分な広さといえる。バスルームのパウダー側壁面は全面ガラス張りで明るく、ベッドルーム側も縦長の窓（半透明のスリット入り）で

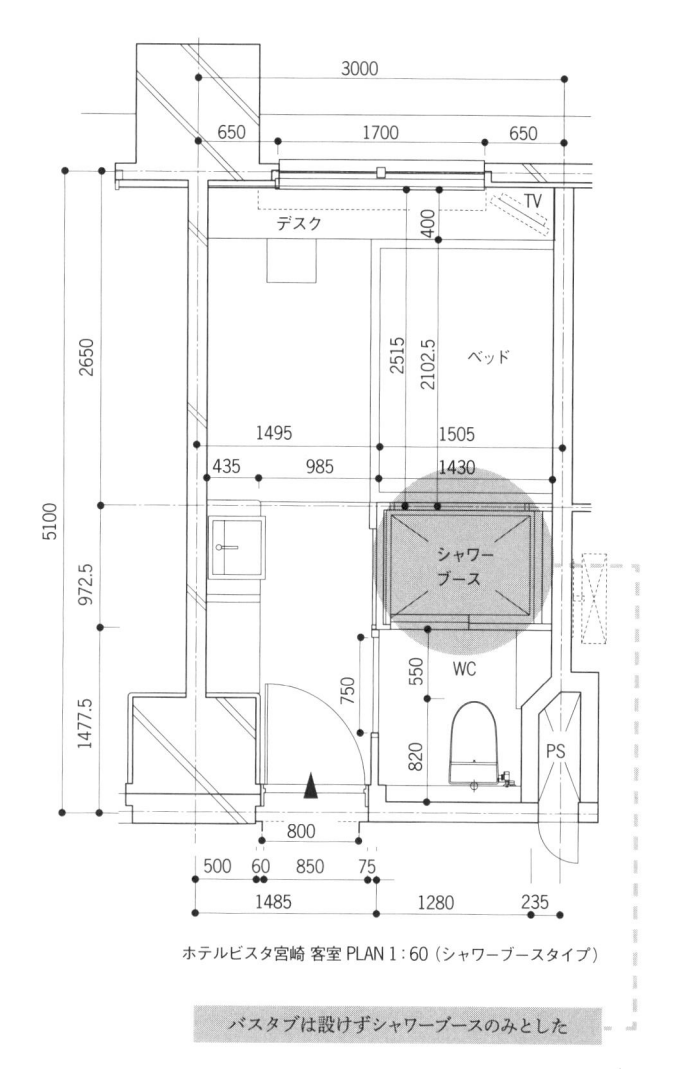

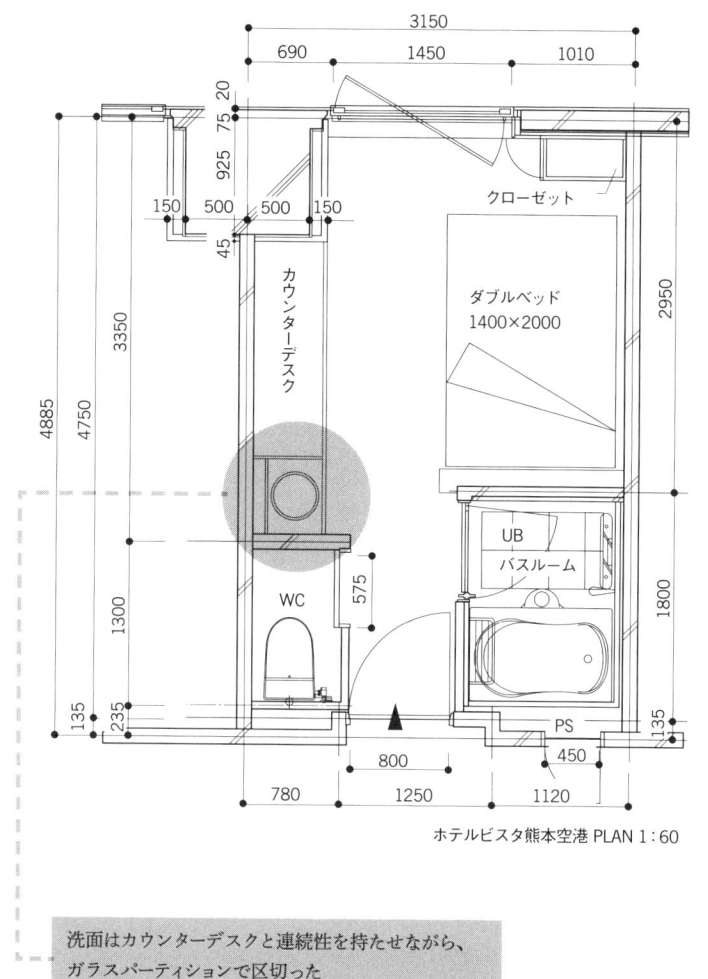

ホテルビスタ宮崎 客室 PLAN 1：60（シャワーブースタイプ）

バスタブは設けずシャワーブースのみとした

ホテルビスタ熊本空港 PLAN 1：60

洗面はカウンターデスクと連続性を持たせながら、ガラスパーティションで区切った

仕切られているので、外光を感じながらの入浴が楽しめる。

「ホテルの開発担当の方に、とにかく水まわりを変えないと競争に勝てないという強い意識がありました。その点は設計する側として非常にありがたかったですね。分離型にすれば3点ユニットを入れるよりコストはかなりアップします。しかし5年後、10年後の競争環境を勝ち抜くための投資として、水まわりの価値向上がホテルではどうしても必要だと痛感しています。問題は、そうした意識をホテル側に共有していただけるかどうかです」

ホテルのインテリア設計を手掛けたデザイナーの深津泰彦さん（ヤズデザインインターナショナル、P.22）はそう話す。

3点それぞれを独立させることで競争力を高め、全国展開を進めているビジネスホテルチェーンもある。

やはり同社がインテリア設計を手掛けたチェーンホテルの「ホテルビスタ」だ。ユニットバスとトイレが独立し、更に洗面ユニットはベッドルーム内に設けるという従来見られなかったレイアウトを採用する。

ホテルビスタを展開しているのは、不動産ファンドの資産運営・管理業務を行なうキャピタルアドバイザーズのホテル運営子会社だ。ホテルビジネス勢力図の変革に加わってきた投資ファンド系スキームの一勢力で、つまり資産効率の最大化こそが企業命題。それだけにホテル施設に対する考え方も既成概念にとらわれないところがある。

チェーンで初のロードサイド型となり観光需要も多い「ホテルビスタ熊本空港」。この例でいえば、テラスまである標準シングルルームは15㎡（テラスを除く）、ベッドサイズは1400mm幅で2人利用も可能。大型ワーキングデスクの横に洗面ユニットがあり、壁面を挟んで入り口側にトイレ、さらに廊下を挟んで1216サイズ（1200×1600mm）のユニットバスがある。洗面とトイレの給排水が壁を挟んで一対となり、廊下の反対側のバスユニットにつながっていくレイアウトだ。

「こうしたレイアウトを採ることの最大の課題、それは建築設計段階からの綿密なすり合わせが必要だということです。それだけに、施主サイドにプロジェクトの最初の段階から水まわりの競争力強化の意識が備わっていることが条件になります。コスト面でも、一般の3点ユニットに比べて単純には1.5〜2倍になります。その差を資材調達の合理化などでどう詰めていくか、そこがわれわれ設計サイドにいま問われている課題です」（深津さん）

ベッドルーム内に洗面ユニットを置くレイアウトは当初、ホテルによっては否定的な反応もあったが、宿泊客には好評で定着したという。デスクで化粧をする時や飲み物のグラスを洗うといった用途では、ベッドルーム側にあった方が便利だからだ。もちろんデスクとの間にはデザイン処理をしたガラス製のパーティションを設けている。

客層ターゲットと設備の連動

この数年で新規開業したホテルで特に目立つこと、それはバスタブ撤廃＝シャワーブース採用の動きだ。しかも格安のエコノミーホテルだけではなく、標準的なビジネスホテルより上のカテゴリーでも見受けられる。その先駆けは、2005年開業の「ザ・ビー赤坂」（イシン・ホテルズ）だろうか。ただしこれは既存ホテルからのリブランド案件。新規ホテルでは、阪急阪神ホテルズの「レム」、藤田観光の「ホテルグレイスリー」、東急ホテルズの「ホテル東急ビズフォート」などが追随した。レインシャワーやボディーマッサージ機能を付加した多機能シャワーブースの採用は、今では水まわり革新の一つのトレンドとなった。

東急ホテルズ初の宿泊特化型ブランド、ビズフォートの2号店として2009年に開業した「ホテル東急ビズフォート神戸元町」。このホテルは、191室のうちシングル154室でシャワーブースを採用し、シャワーブースとパウダールームの空間を分けるレイアウトを採用している。このホテルは、若い旅行者たちの人気スポットである南京街のすぐ横に立地する。

そのせいもあって客層は比較的若い。30〜40歳代の出張のビジネスパーソンを中心ターゲットとしているが、シングルと同じ17.6㎡ながら1600幅のベッドを入れる「ビズスタンダード」（39室）では、2人で利用する20歳代の観光客も少なくない。その客層のあり方からも、シャワーブース採用は合理的というわけだ。

前述したように、若い世代は日常生活でもシャワーだけということが多い。オジサン世代はお湯に浸からないと風呂に入った気がしないが、若い男女はこだわらないようだ。そして、チェックインからチェックアウトまで何度もシャワーを浴びるという過ごし方では、シャワーカーテンが邪魔な狭い3点ユニットよりも、思いっきり湯をほとばしらせることができるシャワーブース独立型の方が使い勝手はいいということになる。

限られた面積でのプライベート感

ビズフォートブランドの開発の以前、東急ホテルズではその種のニーズ調査を行なった経緯がある。1967年開業の「赤坂エクセルホテル東急」。2007年からの3年間でビル全体の構造から手を入れて客室構成も変更したのだが、それに先立ってパイロット版の客室を設け、宿泊客が具体的にどんな客室設備を欲しているかをアンケート調査した。

その結果から、若い客層はバスタブに浸る入浴スタイルよりも、広くて快適なシャワー機能を求めていることがわかった。そこで、若いビジネス旅行者の客層開拓を目指した同ホテルではシャーブースだけの「モデレートダブル」を設置した。シャワーだけといっても、従来型シングルの3点ユニットのほぼ倍の広さを持つ非常に優雅な水まわり環境だ。

ビズフォートの水まわり設備は、それをダウンサイジングした普及型バージョンというわけである。赤坂エクセルのモデレートダブルの設計にも携わり、ビズフォート神戸元町の内装設計全般を担当した日建スペースデザインのデザイナー、永合貴之さん（P.30）は言う。

「神戸元町の基準シングルは18㎡弱。宿泊特化型としては広い方ですが、だからこそここでの設計テーマは『区画ごとのプライベート感の演出』でした。ベッドルームと水まわりを隔てながら、それぞれのスペースをどれだけ広く見せることができるか。そのためにも、多機能シャワーブース＋広いパウダールームという水まわりの組み合わせ

左／「ホテル東急ビズフォート神戸元町」のシャワーブース。TOTOの多機能シャワーバーを採用した　上／同客室。バスタブを省略したことで寝室側にゆとりを持たせた

ホテル東急ビズフォート　シングルルーム　PLAN 1：100

シャワーブースのみとする代わりに多機能シャワーを設置した

扉をこの状態に閉じると、玄関が水まわりの空間と一体化し、水まわりに広さを感じさせる

はベストだと考えました。シャワーだけだと寒いというイメージがあるかもしれませんが、実際は、密閉性が高いシャワーブースは蒸気が立ち込めてすぐに暖かくなるんです」
　ゲストが入室し、カードキーをホルダーに挿入して、照明オン。すると、最初に目に入るのがパウダールームの光景である。普通は廊下の先のベッドルームにまず目がいくのだが、ここでは違う。扉を開けないとベッドルームは見えない。まずはパウダールームに視線を誘導してプライベート感を感じてもらうという演出なのだ。
　そして、そこにある扉を開けるとベッドルームが現れる。ユニークなのは、その一枚がパウダールームとベッドルームを仕切る扉を兼用しているというところだ。ちょっとした工夫なのだが、こんなところの遊び心と省スペース＆省コストの両立の発想は面白い。長い間、固定観念に縛られたままだった水まわり設備は、ここにきて競争力強化の大きなツールとして見直しが進んできた。そのムーブメントが実に興味深いのである。

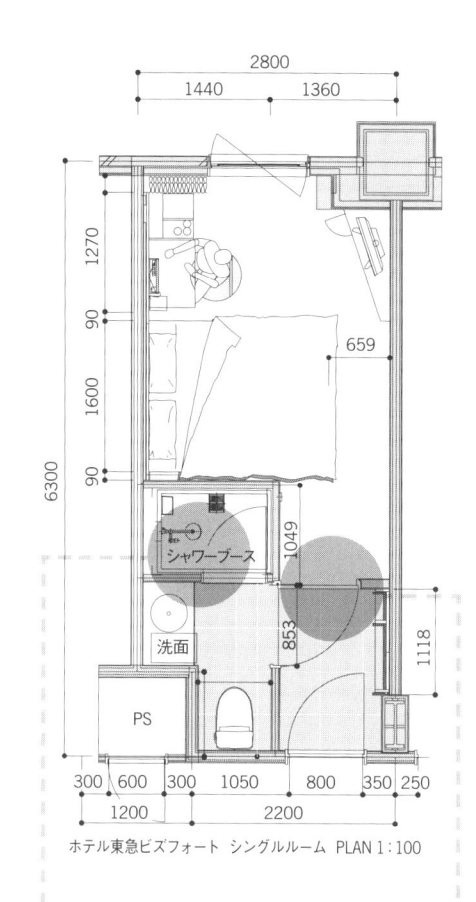

chapter 2/3

Special Feature Hotel

レム秋葉原
所在地／東京都千代田区神田
　　　　佐久間町1-6-5　TX秋葉原阪急ビル
開業／2008年
設計／大成建設一級建築士事務所
　　　ネクスト・エム　240デザインスタジオ
部屋数／260室
※商店建築2008年10月号掲載

ホテルサンルート新橋
所在地／東京都港区新橋4-10-2
開業／2008年
設計／KAJIMA DESIGN　イリア
部屋数／220室

ベッドルームの価値向上

客室は安らぐところ

世界のホテル企業が行なっているさまざまなアンケート調査から窺えることだが、ホテル客室で最も重視される要素といえば、それは「心地良い眠り」と「安らぎのための環境」ということになる。当たり前の結果で面白みには欠けるが、しかし旅行頻度の高いヘビーユーザーほどその希求は強いらしい。

米国スターウッド系のウェスティンホテルが採用し、世界のホテル業界に大きなインパクトを与えた「ヘブンリーベッド」（天国にいるような心地のベッドの意）。あれも、そうした調査結果から導き出されたマーケティングの賜物だった。好評だったこのベッドは、一般家庭への外販も行なわれている。エアラインの世界でも同様である。世界的な航空不況にもかかわらず、ファーストクラスやビジネスクラスで激しく競われている座席の「コンパートメント化」「フルフラット化」の動きは、同様のニーズに基づくもの。昔はフルコースの食事の豪華度が競われていたが、今では「とにかくゆっくり眠りたい」という声の方が多いのだとか。飽食、超多忙。まさにそんな現代のニーズなのである。

さて、近年の進化系ビジネスホテルでも、ベッドルームの価値向上は目覚ましく進んでいる。

ヘブンリーベッドの影響は、日本のホテル業界にも急速に伝わって、米国や日本の有名ベッドメーカーとホテル各社との共同開発も進んだ。その流れは、シティーホテルにとどまらずビジネスホテルの分野にも広がった。むしろ、客室環境の充実にコストを集中できるミドル～アッパーミドルあたりのビジネスホテルの方が、飲食施設などを持たない分、そうした投資がしやすいという側面がある。

リラックスとカラーリング

その流れを最も端的に現しているホテルは「レム」だろう。阪急阪神ホテルズによる高級宿泊主体型ブランドで、東京・日比谷、秋葉原、鹿児島の3軒があり、2012年9月にはJR新大阪駅近くにも新店舗が開業する予定だ。

「眠りのデザイン」をコンセプトに掲げて登場して以来、シングル1万4000円程度（公示料金）と宿泊主体型としては比較的高い価格帯ながら、好調な業績をキープしている。それは客室設備・機能性のグレード感と価格のバランスをユーザーが評価しているからである。

「レム秋葉原」でいえば平均客室単価は1万円強というところ。シングル14.3㎡、ツイン23㎡だから面積は一般的なビジネスホテルの域を出ないのだが、にもかかわらず、この不況期でも1万円を超えているのは評価できる。価格の安さだけに執着しない、若い世代の男女ビジネスピープル。そのターゲットゾーンに明快に訴える空間デザインと、ロゴやサイン類を含めたブランドイメージが支持されているのだろう。

「快眠」というテーマ性の具現化では、高密度のポケットコイル（1400mm幅のシングルベッドで1800個以上）を入れ、頭、腰、脚の部位ごとにスプリング強度を変えたベッドマットを設えている。日本ベッド製造（P.121）と共同開発し「シルキーレム」と名づけたあたりは、ヘブンリーベッドからの流れをとらえたマーケティングだ。更に全客室にマッサージチェア（リビングテクノロジー社製）を置いたところも、ヒーリングブームをうまく取り込んでいる。

この客室プロデュースを担当したのが、ホテル分野での実績を多く持つ中川誠一さん（ネクスト・エム。P.42）。コンセプトを設計に落とし込むプロデュース段階からネクスト・エムは参画した（実施段階での内装・FFE設計者は240デザインスタジオ。P.21）。「ベッドもマッサージチェアも内装設計の範ちゅうではありませんが、それらセールスポイントとなるファンクションをまずは起点にして、『眠りのデザイン』というコンセプトを効果的に表現する客室空間を考えました。コンパクトな客室でありながら、ゆったりと安らげるファンクションやデザインとはどういうものか。高い競争力を持つためのそうしたテーマがいままさにホテルでは真剣に問われていて、固定概念を一度捨

てたところから発想していく必要性を強く感じます」（中川さん）

カラースキームで言えば、「レム日比谷」が東京宝塚劇場に近接したロケーションで、女性のレジャー利用を多く見込んだために暖色系が中心であるのに対し、ビジネス利用中心の「レム秋葉原」では白を基調としたくっきりした配色だ。秋葉原には、赤をアクセントで配した「クールホワイト」と、黒に部分的に黄色を使った「ブラックモダン」の2タイプがある。利用する時の気分で選ぶことができるのは、リピーター層獲得策として有効だ。

また、客室階廊下のドアや壁面のカラースキームを両サイドで変えている点も面白い。客室番号の奇数・偶数で分けているのだが、これは宿泊客の便宜を考えてのことだけではない。

「客室清掃はランダムに行なうが、スタッフは作業する客室が廊下のどちら側か迷うことがあるんです。両サイドでカラーが違えば見当をつけやすい」（中川さん）

快眠を謳い文句とするからには、十分な防音の配慮が必須だ。レムでは全室で32型液晶の壁掛けテレビを採用している。壁掛けとしたのはマッサージチェアやベッドから最も見えやすい位置に設置できるからだ。しかし、壁に直に据えつければ音声の振動が隣室に伝わってしまう。そこで専用のボードを間にかませて振動を緩和している。

また、客室ドアは、カーペットの厚みを吸収するといった目的で一般的に下部に隙間があることが多く、どうしても廊下の雑音が室内に入ってきてしまう。そのため高級ホテルでは、閉めると自動的にドア内部に仕込まれた遮蔽板が下りてくる「ゼロタイト」と呼ばれるタイプのドアが使われているが、レムでもこれを採用している。

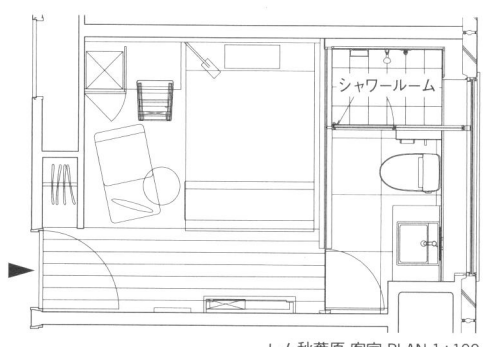

「レム秋葉原」の室内。シャワーブース、トイレ、洗面が窓側に配置されている （撮影／永井泰史）

レム秋葉原 客室 PLAN 1：100

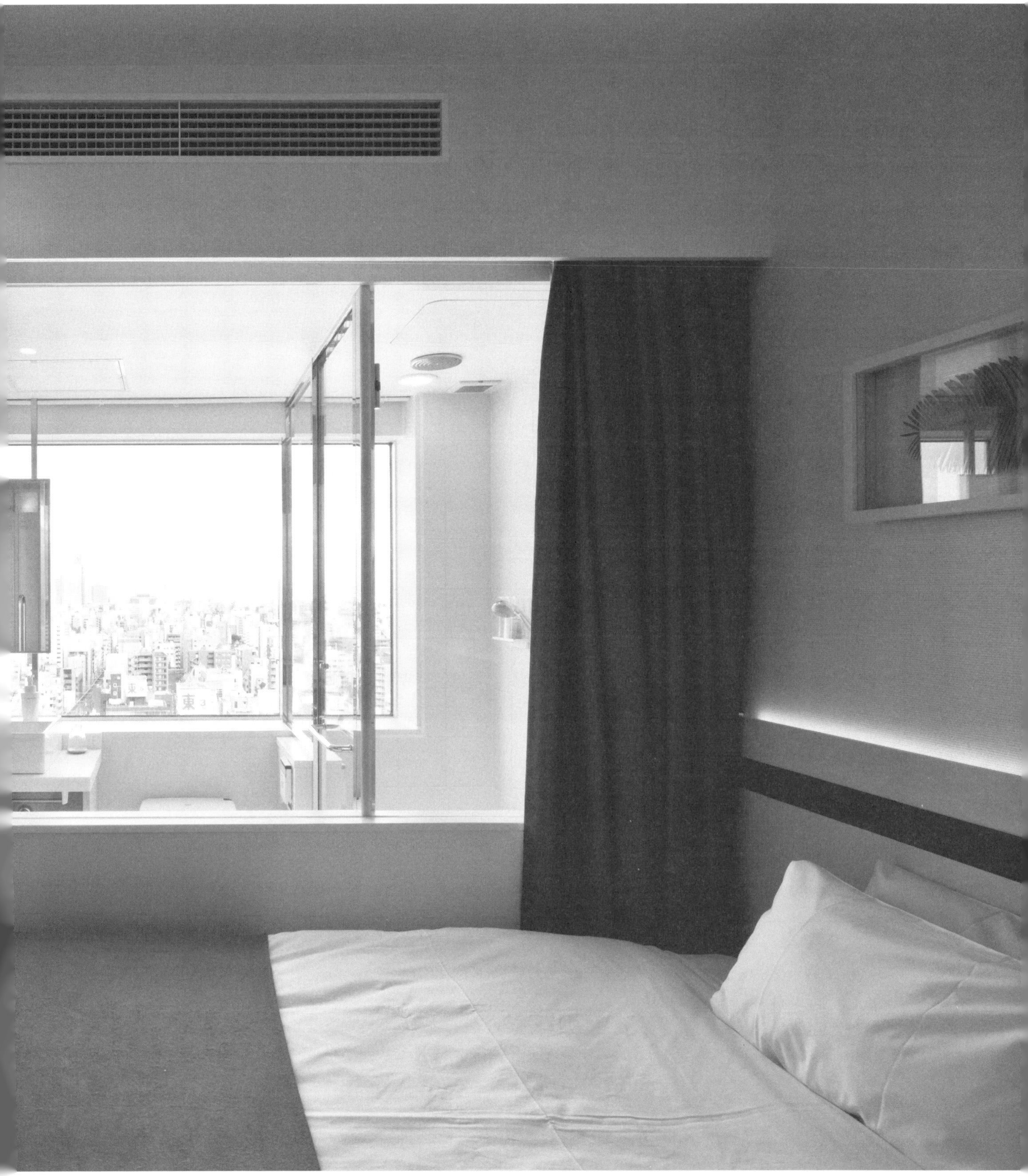

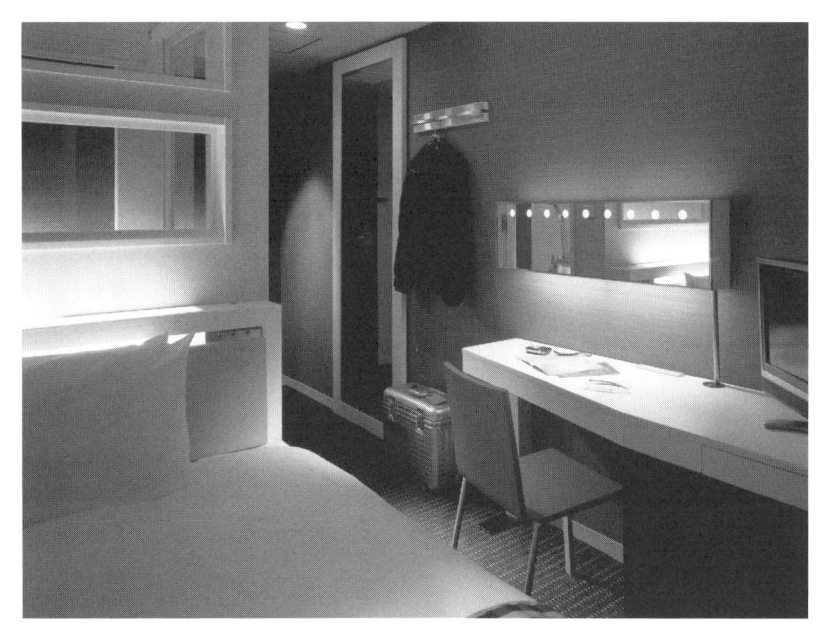

ホテルサンルート新橋の客室。ヘッドボードに電球色の蛍光管を仕込んでいる。バスルームとの仕切り壁には、ガラスをはめ込んだ（撮影／ナカサ＆パートナーズ）

水まわりとの相乗効果

今回のテーマはベッドルームだが、レムの客室デザインの最大の特徴といえば、水まわりのつくりである。

そのため前項の「水まわり設備の革新」で取り上げてもよい事例だったのだが、ここで取り上げるのは、そのつくりがベッドルームの価値向上に大きく貢献しているからだ。「秋葉原」では全室でバスタブを設けず、温浴効果の高い大型レインシャワーのあるシャワーブース（スツールを設置）を設け、洗面とトイレは完全分離のユニットを導入した。しかもベッドルームとの境をガラス張りとし、ほぼ完全なシースルー化を実現している。もちろん、カーテンやブラインドを目隠しとして設けている。

そのため14㎡強とそれほど広くないシングルでもベッドルームに圧迫感がなく、この点は非常に大きなメリットだ。ツインルームと上層階のシングル（223室のうち80室）では窓側に水まわりがレイアウトされているため、特にその効果が高い。外光を感じながらバスタイムを楽しむための演出と、ベッドルームの広がりを感じさせる工夫。水まわりのつくりそのものが、ベッドルームの価値向上を実現している。そうした相乗効果こそが、このレムの最大の特徴なのだ。

ちなみに、水まわりでガラス面を大きくとることは、客室清掃での作業量アップを招き、業務委託費のアップにつながると考えられるところだが、「委託費単価は同じ客室面積の当社グループホテルとほぼ同じ」（阪急阪神ホテルズ・レム事業部）という。

「標準的13㎡」をどうするか

別の事例を見てみよう。東京・新橋に2008年に開業した「ホテルサンルート新橋」。このホテルは、ビジネスホテルのシングルとして標準的ともいえる13㎡のつくり方で、一つのひな型となるケースと言えるのではないか。

このホテルは、車椅子対応のユニバーサルルームを除いて、シングル（12.7〜13.3㎡）とセミダブル（13.7㎡）だけの客室構成。その客室面積はサンルートホテルチェーンとしては狭い部類に入る。753㎡という狭小な敷地に16階を建て、そこに220室を収めて収益性を最大限に高める戦略からだ。

新橋駅周辺は、虎ノ門周辺や汐留など広域のビジネスエリアを背景とし、競合は厳しいが厚い需要が期待できる。だから客室が少々狭くても集客力を確保できるとの判断だ。実際に客室単価9000円程度をキープしており、サンルートの都心店舗でも秀でている。

ちなみに、このホテルはサンルートによる直営（賃貸借方式）で、土地と建物は金融機関の所有だ。サンルートはフランチャイズ主体の古参チェーンだが、この10年ほどは新規参入組への対抗策として直営ホテルで新しい客室モデルをつくり、その提案をフランチャイジーに対して積極的に行なっている。

内装設計を手掛けたイリアの野口義懸さん（インテリアデザイン部）はこう語る。「13㎡というのは、ホテル客室に求められる基本的なファンクションをすべて備えたら使い切ってしまう程度の面積であり、機能性を高めようとすれば造作で非常に細かな調整が必要になる、なかなか難しい面積です。それだけに、設計者としては挑戦し甲斐があります」

客室の建築上の特徴としては、掃きだしの縦長窓がある。面積は限られるものの、足元まで明るく抜けた窓はビジネスホテルでは珍しく、「この窓の形状がインテリアデザイン上でのひとつの出発点となった」という。

このホテルでも、浴室ユニット（1218サイズの3点セット）のシースルー化が図られている。基準タイプのビスタシングルでは、ベッドのヘッドボード上方の壁に二分割の窓が切られ、浴室からベッドルームと窓が見える。逆にベッドルームからは、浴室の照明をつけておくことで客室空間の広がりが感じられる。省エネ、エコロジーに反するという見方もあるかもしれないが、狭い空間で過ごす時間、それくらいの「遊び」は許されていいだろう。

更にこのホテルでも「快眠」が追求されており、米国シモンズ社製（P.119）のベッドマットや、ロフテー社と共同開発した快眠枕が用意されている。その快眠の装備を生かすヘッドボードの造作やファブリックのカラースキームは、客室インテリアのポイントとなっている。

15cm厚のヘッドボードに蛍光灯が仕込まれ、その上辺全体がベッドライトとなって頭上と手許を柔らかく照らす。

白を基調にしたライティングデスクはテレビ台を兼用していて、通りやすさに配慮して踏み込み側を斜めにカットしている。デスク上方には、デスクライト兼用の照明を仕込んだ横長の化粧ミラーが据えつけられているが、これも狭小スペースの有効活用策。丸の穴が一列に並んだデザインがワンポイントとなっている。

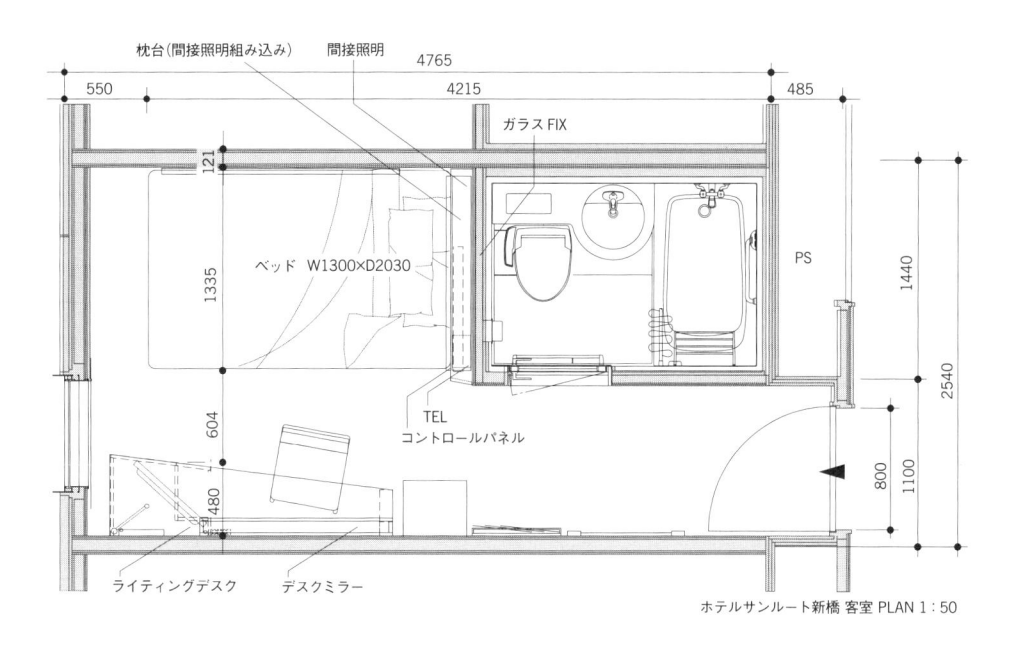

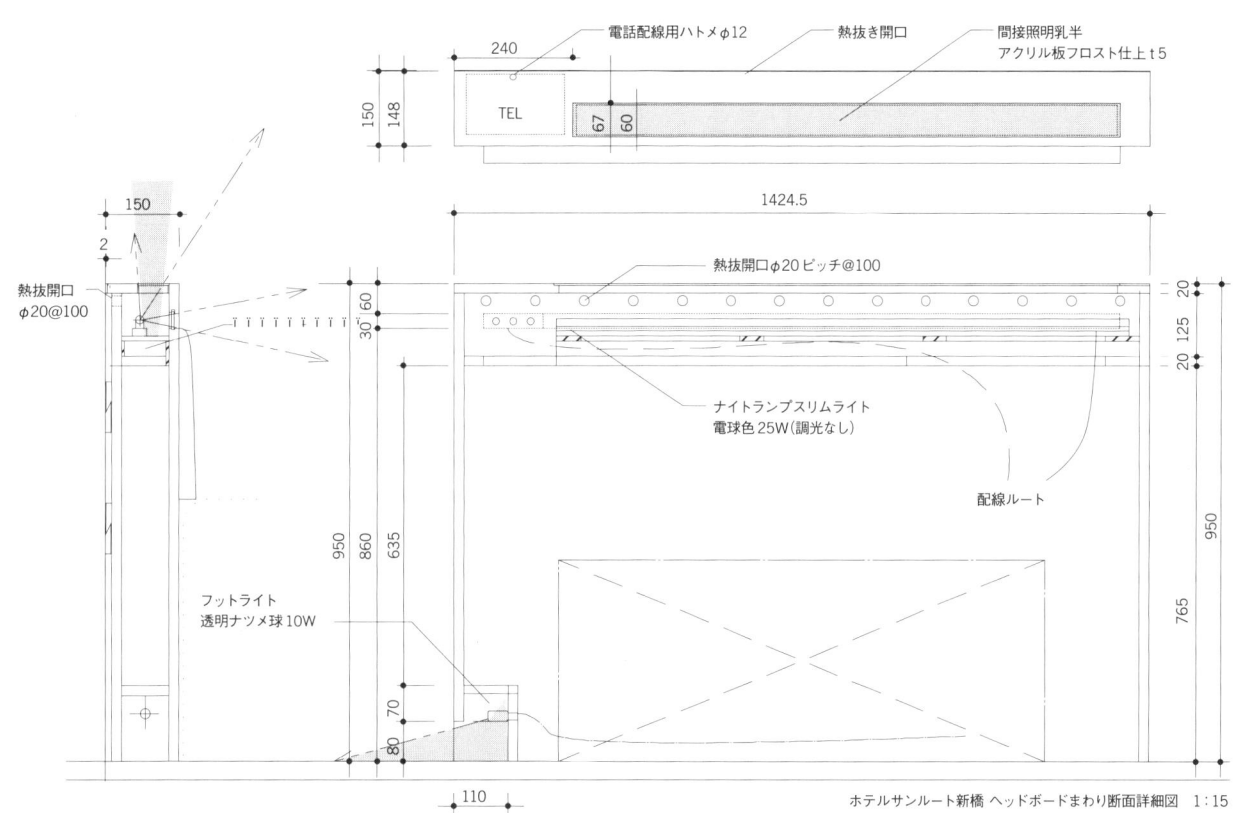

浴室シースルー化の留意点

ところで、今回の事例で共通項となった「浴室ユニットのシースルー化」。この動きは、チェーン系や独立系を問わず、このところビジネスホテルの客室設計で大きなトレンドとなっている。

しかしこのシースルー化で注意しなければいけないのは、自治体によってその可否の判断がまちまちということだ。それは「風俗面への配慮」でもあり、また、周囲の建物との関係で「浴室が外部から見える可能性がある」ことに対する抑止でもある。いかにも古めかしい論理だが、お役所とはそういうものである。

ホテルの開業にあたっては、「旅館業法」にもとづいて管轄する保健所に届け出ることが必要だ。そして客室の構造については、同法施行令「構造設備の基準」があるが、細かな仕様についての言及はなく、関連するところといえば「その他都道府県知事が特に必要があると認めて定める構造設備の基準に適合すること」（第1条11項）くらいのものである。

つまり、客室の設計でどんな箇所が「不適切」と判断されるのかに明確な基準はなく、自治体（管轄保健所）の判断次第ということになる。この点、建築設計の最初の段階から自治体側と事前の打ち合わせを入念に行なっておくことで、仕切り壁のガラス張りなど、客室の快適性を向上させるデザイン的工夫が可能になるだろう。

chapter
2 / 4

Special Feature Hotel
三井ガーデンホテル仙台
所在地／宮城県仙台市青葉区本町2-4-6
開業／2009年
設計／日建設計　丹青社
部屋数／224室

ザ・ビー赤坂
所在地／東京都港区赤坂7-6-13
開業／2005年
内装設計／WDI
部屋数／156室

「女性」という座標軸

女性観光客もビジネスホテルへ

何を食べるか、どこに旅行してどんなところに泊まるか、どんな生活用品を買うか。そうした消費行動の決定権はほぼ女性の手中にある。男は黙って従うまで。そういう時代になって、商業施設開発ではまず「女性の感性」に訴えることがメーンテーマとなった。女性のハートに響いて客足が伸びれば、男も自然とそこに吸い寄せられる。

かつては男性のための施設でしかなかったビジネスホテルも、女性の目を意識せずには成り立たない時代になった。女性の出張旅行者が増えたのに加えて、団塊世代など女性の小グループの観光旅行がボリュームを一気に増し、その受け皿としてビジネスホテルが集客力を高めているからだ。仲良しグループの観光旅行でもプライバシーは優先事項で、高級ホテルの同室よりもビジネスホテルの個室を選択する時代なのである。

ただし女性対象のマーケティングでは、ホテルはまだ「後進国」である。ホテルは意外なほどに保守的な業界だ。意思決定者のほとんどは男性で、女性ニーズの反映といっても「男が考える女性ニーズ」の域をなかなか脱しない。

女性が喜ぶといえば、女性らしいカラースキームであったり、美容関連の備品であったり、ヘルシーな食事という先入観・固定観念に縛られがちである。

「そこが違うんです。女性のためのものを用意することが、女性ニーズを反映することにはならないと思うのです」

そう教えてくれるのは「三井ガーデンホテル仙台」の内装設計を担当した丹青社の万井純さん。男性である。

「肝心なのは、空間や設えなどに感情移入できるかどうか、愛着が持てるかどうか。男性が機能性だけでも満足するのに対し、女性はそういう感情・感性の部分で同調できないと、いくら機能性が高くても満足してはくれないですよ、きっと」

2009年7月、仙台本町三井ビルディングの上層階に開業したこのホテルは、このところデザイン路線に加えて女性客重視路線を鮮明にする三井ガーデンホテルズの東北・北海道エリアでの初店舗。東北の経済拠点、コンベンションシティー、一大観光都市という三つの顔を持つ仙台は、観光客の比率も高く、そのため全224室のうち96室がダブル、52室がツインという構成となっている。当然、女性観光客の利用比率が高い。

プライベート感が大切

女性客を大切にするこのホテルは、レディースフロア＆ルーム（8階）の設定がある。ところがその客室には専用のアメニティーが用意されるくらいで、一般客室とデザイン上の違いはまったくない。女性専用の施設・設備は、最上階にある大浴場「SPA悠月」の女性風呂と、それに付帯するアロマサロン「ラティール」だけだ（これだけでもビジ

右頁上／「三井ガーデンホテル仙台」のロビー空間。曲線のある柔らかいデザイン　右頁下／同バーコーナーからダイニングを見る
（撮影／ナカサ＆パートナーズ）

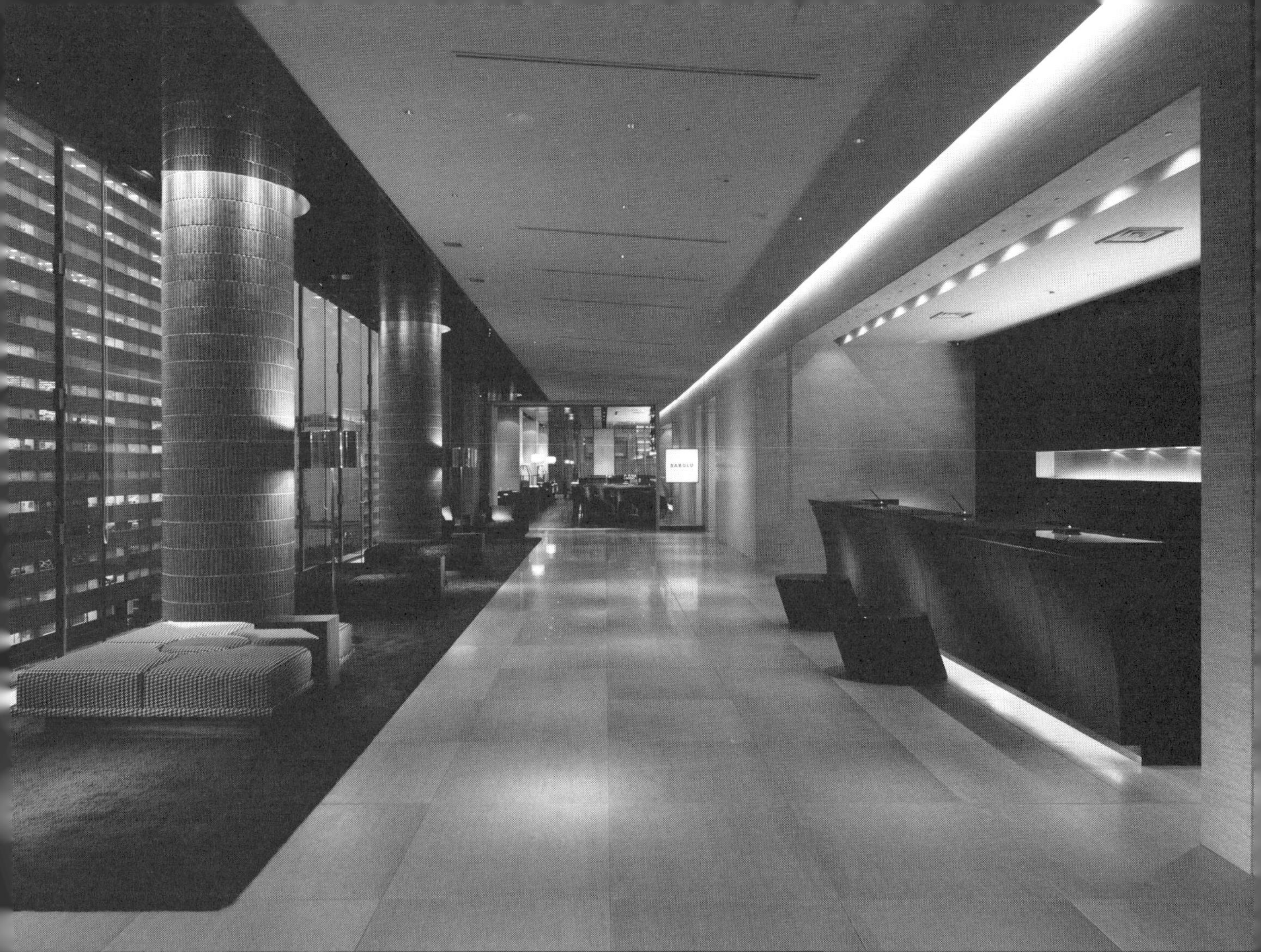
BAROLO

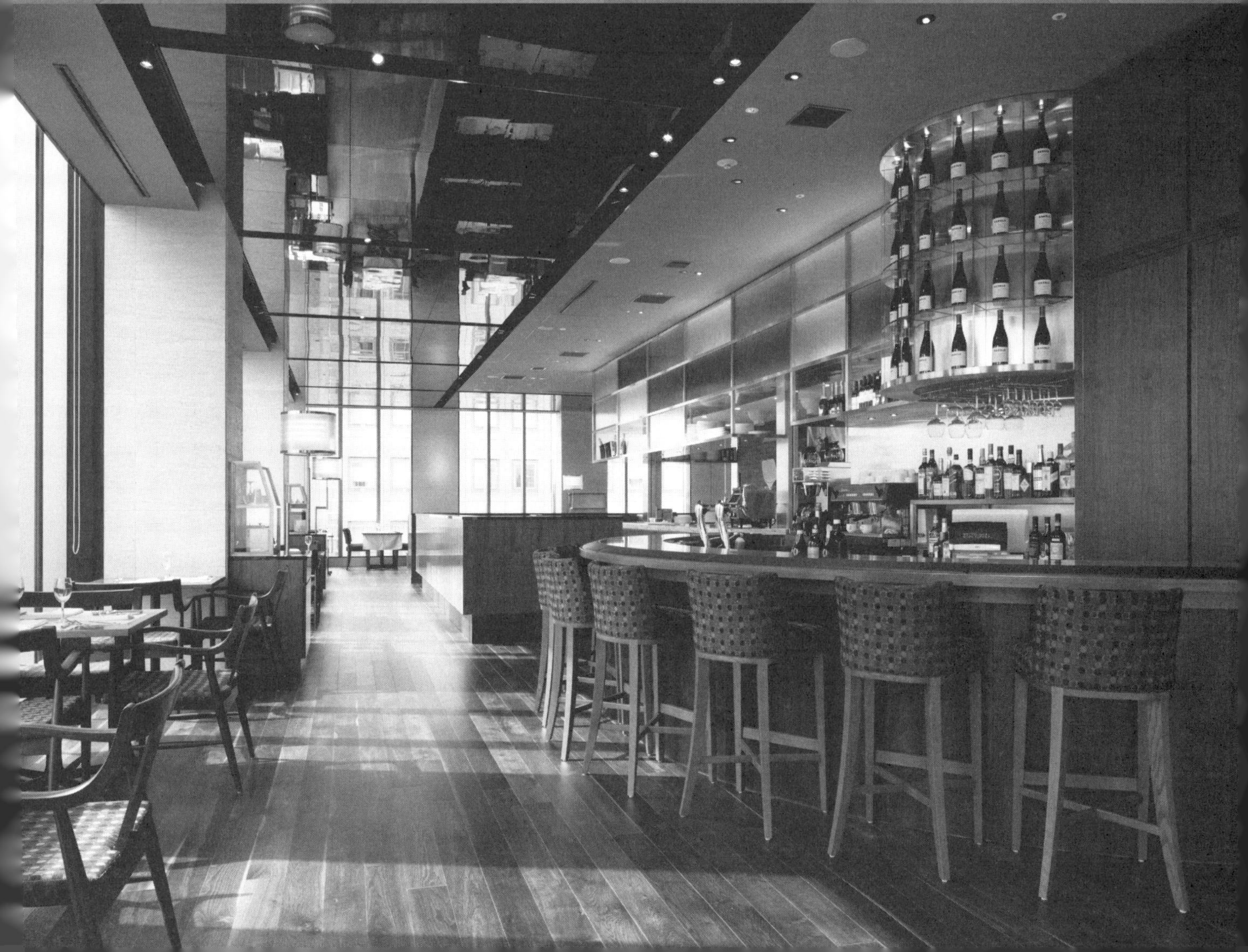

同客室。特に女性客を意識することはないが、ウッディーで温かいデザインとした（撮影／ナカサ＆パートナーズ）

ネス系ホテルの女性向けとしては立派だが）、デザイン上で違いを出さないのは、全館のさまざまな分野で「女性が感情移入できるような空間づくり」を心掛けているからだ。だから、特定の部分でそれを露出する必要がない。内装設計のコンセプトとなったのは「わが家のようなプライベート感と、ホテルらしい非日常性の融合」だったという。
「このカテゴリーのホテルデザインは、高級ホテルが持つ非日常性のディフュージョン（普及版）的な考えではダメです。自分のために用意されたような、身近なくつろぎ感も必要です」（万井さん）

それが表現されれば、特に女性を意識したデザインをしなくても女性は共感してくれる。そして、いまどきの女性が共感する空間であれば、ホテルが開拓を望んでいる若い世代の男性客もまた同調する。そういう方程式である。

客の動線に沿ってその表現の特色をみてみよう。

まずは1階のホテル専用エントランス。杜の都だけに、風除室の奥、エレベーターホールとの境の壁面全体には、大きなトチの無垢板がランダムに貼られる。コストセーブと意外性のある表現の両立といったところだ。

続いて7階のロビーフロア。街路側に面して全面ガラス張りの長いスパンを持つロビーが続き、その奥にはイタリアンレストラン「バローロ」がある。そして、その境界線はあいまいにしてある。「食空間のざわめき、食器の音などがロビー空間に流れ出ることをあえて狙った」ものであって、レストランの入り口に設置されたバーカウンターは、ロビーのソファーのエリアから見通せるレイアウトとなっている。

レストランは、多くの人気業態を擁するスティルフーズがテナントとして運営。テナント工事は飲食施設で実績の多い佐藤一郎さん（エイジ）が設計を担当したが、ロビーを受け持った丹青社との間でその「連続性」の意思統一が綿密に図られることとなった。街場で支持率の高い（つまり女性に受け入れられやすい）レストラン事業者のテナント誘致は、飲食施設を最低一つは備える宿泊主体型ホテルの理想だが、このあたりはショッピングセンター開発や商業ビルの飲食テナント誘致で強大なノウハウを持つ三井不動産グループの強みが生かされた形だ。レストランへの導入部から折れたところに客室階専用エレベーター（1階〜ロビー階とは別）のホールがあり、エレベータードア対面の壁面には書架が設えてある。実際にライブラリーを手に取るゲストはそう多くはあるまいが、こうした景色を用意することが「感情移入できる」要素なのである。

客室。家具などは化粧板を使わず、突き板と一部無垢材で統一して肌触りで上質感を感じさせている。加湿空気清浄機やセーフティーボックスなど備品類は充実しているのだが、それができるだけ目につかないような造作に徹している。ベッドのヘッドボード上部には森の木立をシンプルにイメージしたアートワーク。デザインの要素はあえてミニマムでシンプルである。

自宅のマンションも、こんな内装にしてみたい。そう感じさせるサジ加減が、女性層にアピールするビジネスホテルの空間デザインでは大事なのだろう。それは高級ホテルにあるような、シャンデリアや大理石、ゴールドの水栓金具がふんだんな世界とは明らかに違ったところのものであるはずだ。

そして大浴場の女性風呂に併設されたアロマサロン。この施設では各種トリートメントプログラムを用意していて、それと宿

泊と組み合わせた「アロマレディースプラン」も設定している。この施設に限っては、最大限に女性客にアピールする武器となっているのである。

コンパクトなスパで女性に訴求する

リゾートや高級シティーホテルではすっかり普及したスパ。これを建築規模が限られるビジネスホテルに持ってくるとどうなるのか。そんな試みに最初に挑んだのは、おそらく2005年開業の「ザ・ビー赤坂」だろう。国内で既存ホテルの買収&リニューアルを大規模に繰り広げ、現在では一大ホテル勢力になっているイシン・ホテルズ・グループの宿泊主体型ブランドである。

このホテルは、築20年以上経っていたビジネスホテルを大規模リニューアルしたリブランド店舗で、スパ施設「ザ・ビー赤坂SPA」がある2階のスペースは、以前はバーだった。85㎡の面積は飲食施設などに転用するには狭い。しかしホテルエントランス横に専用外階段を持つ利点がある。そこで考えられたのがコンパクトなスパの導入だった。

「女性も安心して泊まれるホテル」をコンセプトとするザ・ビーのこと、女性の集客ツールとしてのスパ導入は理にかなっている。第1号店舗である「ザ・ビー六本木」も、スパ施設こそないが出張サービスによる「インルーム・トリートメント」プログラムを提供して好評だった。その延長線上に赤坂のスパが誕生した。

施設構成は、レセプション&コンサルテーションサロン、ジャクジーと全身シャワーを備えたトリートメントルーム2室、リラクセーションルーム、男女トイレ。トリートメントルームは可動式のパーティションを取り払うことでカップルルームになる。客室フロアの廊下からはスパに直接アプローチできる動線が確保されている。このスパはホテル直営ではなく、全国でスパ&トリートメント専門店舗のザ・シーズンズなどを展開するスカイゲイト社が運営する。

コンパクトなスパの可能性

「宿泊客以外の外来利用が多くなると想定したこともあり、スパ施設の限られたスペースをいかに広く感じてもらえるか、ということが設計の最大課題でした」と話すのは、リニューアルで内装設計を担当した女性デザイナーの中山朝生さん（WDI）だ。

「本格的なスパでは、サロンへのアプローチから期待感が高まっていくような空間づくりが求められるのですが、ここではそこまで望めない。そこで、レセプションのサイドにR壁をつくり、その間を回り込みながらトリートメントルームに向かうようにしました。少しでもアプローチを長く感じさせる工夫。スパに限らず客室でもそうですが、狭小スペースの有効活用ではそんなアイデアの積み重ねが大切で、だからこそ逆に設計の面白みがありますね」

ビジネスホテル+コンパクトスパ。この組み合わせは、女性客をある程度狙う大都市中心部のホテル開発では有望といえそうだ。高級ホテルのスパはそうそう利用できないが、簡易型のリーズナブルなプログラムであれば気軽に利用できる。街中やショッピングセンターではいたるところ、トリートメント&マッサージ店舗が目につき、過当競争の観もあるが、ホテルという落ち着いた環境の中にあることは強みで、それで差別化できる。

そしてザ・ビー赤坂のようなリブランド物件でも、転用が難しいスペースの有効活用策となる。ただし、外来による需要が相当数見込めるようなバックグラウンド（ビジネス街の立地、大規模なレジャースポットが近隣にあるなど）が必要だし、設計面では、給排水設備やトイレがすでに整っていることが絶対条件となる。

ところで、ザ・ビー赤坂は客室設備の価値転換でも、その後の他社のホテル開発に影響を与えている。その代表例は、使い勝手の悪いバスタブを取り払って多機能型シャワーブースを採用し、洗面&トイレとの分離を実現したこと。3点ユニットの分離が急速に進んでいることは前の項で述べたが、その先駆けとなったわけだ。水まわりユニットの壁面を飾るレモンイエロー色のタイルや、ベッドルームの天井照明をレール式（可

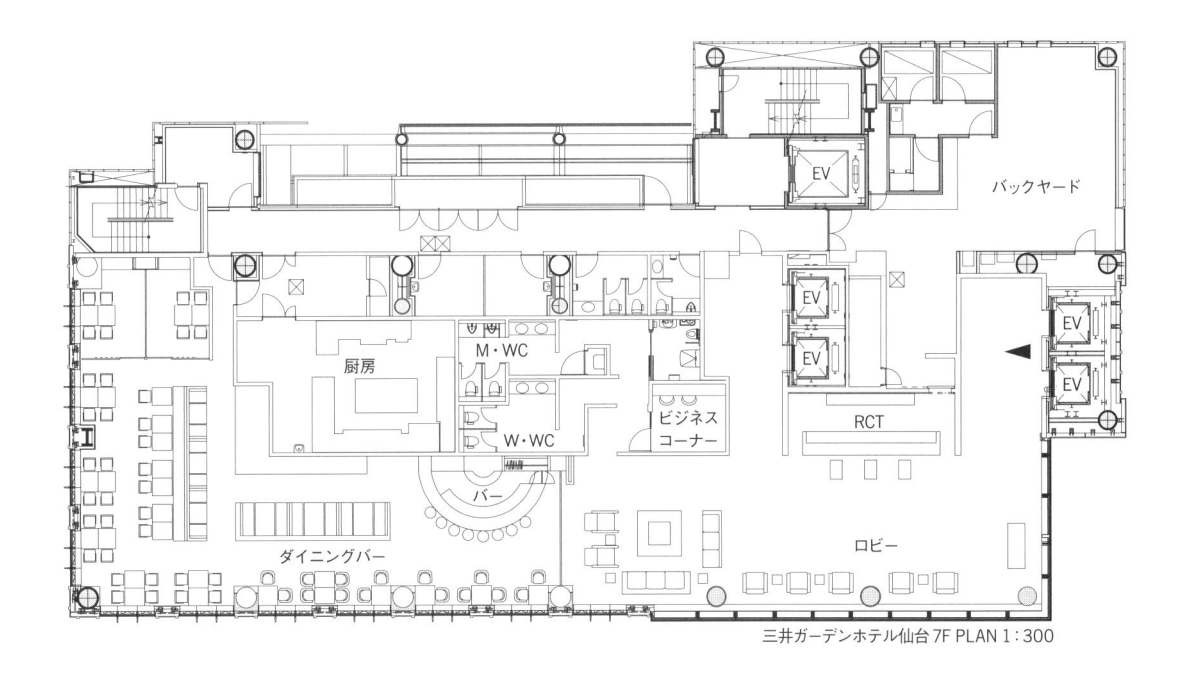

三井ガーデンホテル仙台 7F PLAN 1:300

「ザ・ビー赤坂SPA by IMAGE」のジャグジー。パーティションを開けると2人用として使用できる

動式）とした点も、斬新な試みといえる。
客室プランでユニークなのは、愛犬（小型犬限定）といっしょに宿泊できる「ペットステイプラン」を設けていることだ。リゾートホテルや旅館ではペットOKのところは増えているものの、都市部のホテルではまだ珍しい。宿泊してトリートメントを受けたいが、愛犬をペットホテルなどに預けるのも気が引ける。そんな独身女性の心に響く商品企画といえる。

さて、「女性」という座標軸からホテルの開発を眺めれば、いろいろなことがみえてくる。もう商品企画の次元を超えて、ホテル開発のコンセプト自体が「女性」を前提に設定される時代になっている。けれども、それではホテル空間が女性的になっているかといえば、そうでもない。あえていえば、みんな中性的なところを狙っているのだ。女は男に近づき、男は女に近づいて、どちらも中性化している。そのあたりに軸足を置けば、どちらにもアピールできるという狙いなのだ。

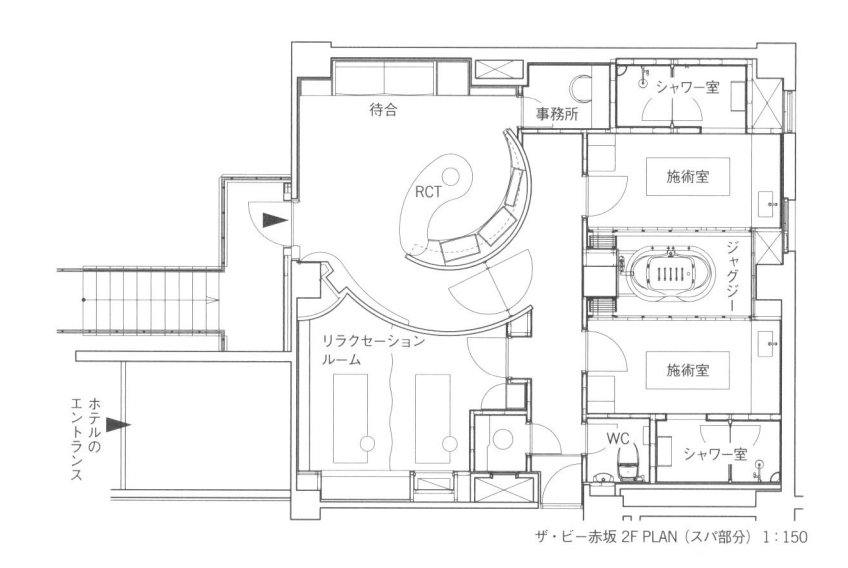

ザ・ビー赤坂 2F PLAN（スパ部分） 1：150

chapter
2 / 5

Special Feature Hotel

レム秋葉原
所在地／東京都千代田区神田
　　　　佐久間町1-6-5　TX秋葉原阪急ビル
開業／2008年
設計／大成建設一級建築士事務所
　　　ネクスト・エム　240デザインスタジオ
部屋数／260室
※商店建築2008年10月号掲載

ホテルJALシティ四谷東京
所在地：東京都新宿区四谷3-14-1
開業：2007年（リニューアルオープン）
内装設計：乃村工藝社
部屋数：185室
※商店建築2007年12月号掲載

デスクや収納の考え方

デスクまわりを整理する

ホテルは保守的な世界である。店舗空間や営業形態が常に進化している飲食や物販が「ウサギ」なら、ホテルは「カメ」。その歩みはあまりにゆっくりだ。客室やレストランのありようを少し変えるにも、長い検討期間が必要になる。
保守的であると同時に固定観念が強いのがホテル。「こうしなければお客様に失礼」という思い込みが強い。金科玉条と信じているものが、時に時代遅れでカビ臭い考え方だったりもする。
その一例が、どんな客室にもあるワーキングデスクだろう。チェックインしたゲストにしてみれば、すぐにモバイルPCを置いたり、ポケットの小物を並べたりしたいのに、机上にはいろいろなものが並んでいる。宿泊約款や便箋を入れた大きなバインダー、レストランの販促物、宿泊アンケート、ペイテレビの案内、提携店舗の営業案内などなど。まるでデスクはそうしたものを置くためのもの、とでもいう具合だ。
ところがホテルは「目がすぐに届く場所に置くこと」が正しいサービスだと考えていて、なかなかそこから脱しようとしない。販促物はホテルの増収につながるものだからゲストの目に触れることが第一条件だが、それにしてもあの景色の悪さはいかんともし難い。このことには多くのゲストが疑問を感じているはずだ。
だが、そうしたところがこの5、6年でだいぶ改まってきた。どうにかできないものかと改善を訴えてきた設計者は多かったはずで、ホテルのマネジメントに携わる人々もやっと理解を示し始めたのだろう。進化系のビジネスホテルがデザイン重視路線をますます強めてきた中での、それは必然だったのかもしれない。
「ホテルの家具類が海外でかなり自由に仕様発注できるようになり、加工技術も向上して、デザインや機能性の高いものが安く調達できるようになりました。宿泊主体・特化型のホテルでも、デザイン力が飛躍的に向上したわけです。だからこそ、その雰囲気を壊してしまう要素が一段と目立ちやすくなったのだと思います」
そう話すのは、西尾敏靖さん（240デザインスタジオ、P.21）。阪急阪神ホテルズが展開するホテル「レム」は、ビジネスホテル開発におけるベンチマーク的存在となっているが、西尾さんはそのインテリアデザインを担当した。

機能集約と省スペース

前々項でも紹介した「レム秋葉原」は、シャワーブースを独立させた全面ガラス張りの水まわりや、オリジナル寝具、マッサージチェアを採用した点が大きな特色となっている。そうしたスペースや機能性を優先した分、他の部分での省スペース化と機能集約が客室の設計上の大命題となった。
選択と集中。その方向性は評価できる。高級シティーホテルならともかく、客室スペースが限られる宿泊主体のホテルで差別化を図るならば、そこに踏み込むことがぜひとも必要だからだ。でなければ、いつまでも変わり映えのしないレイアウトと価値観に甘んじなければならない。
レムの場合、シングル（14.3㎡）では、客室面積のほぼ3分の1を占める贅沢な水まわりと、幅1400㎜サイズのベッド、そしてマッサージチェアにスペースを与えるため、残りのスペースはかなり限定される。

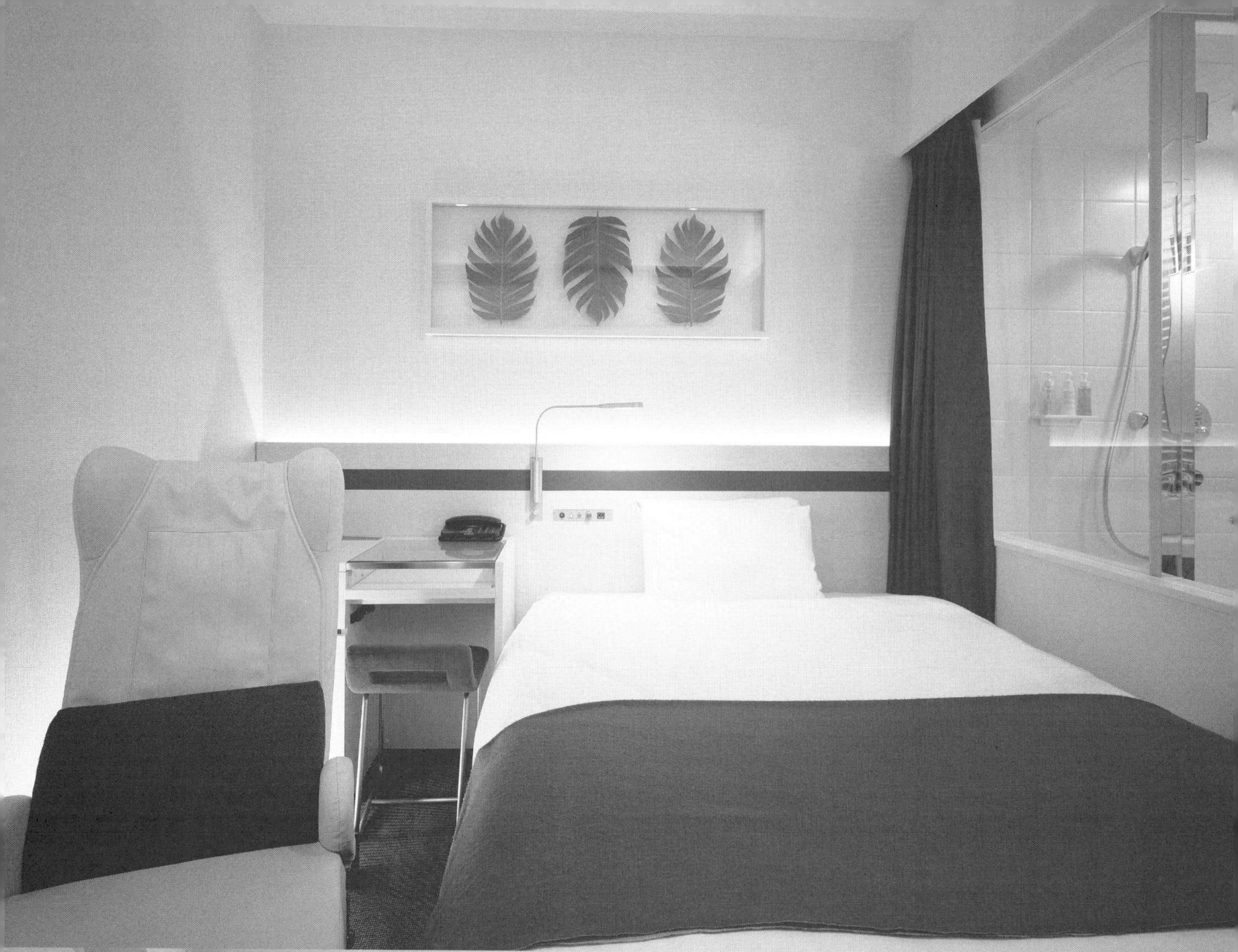

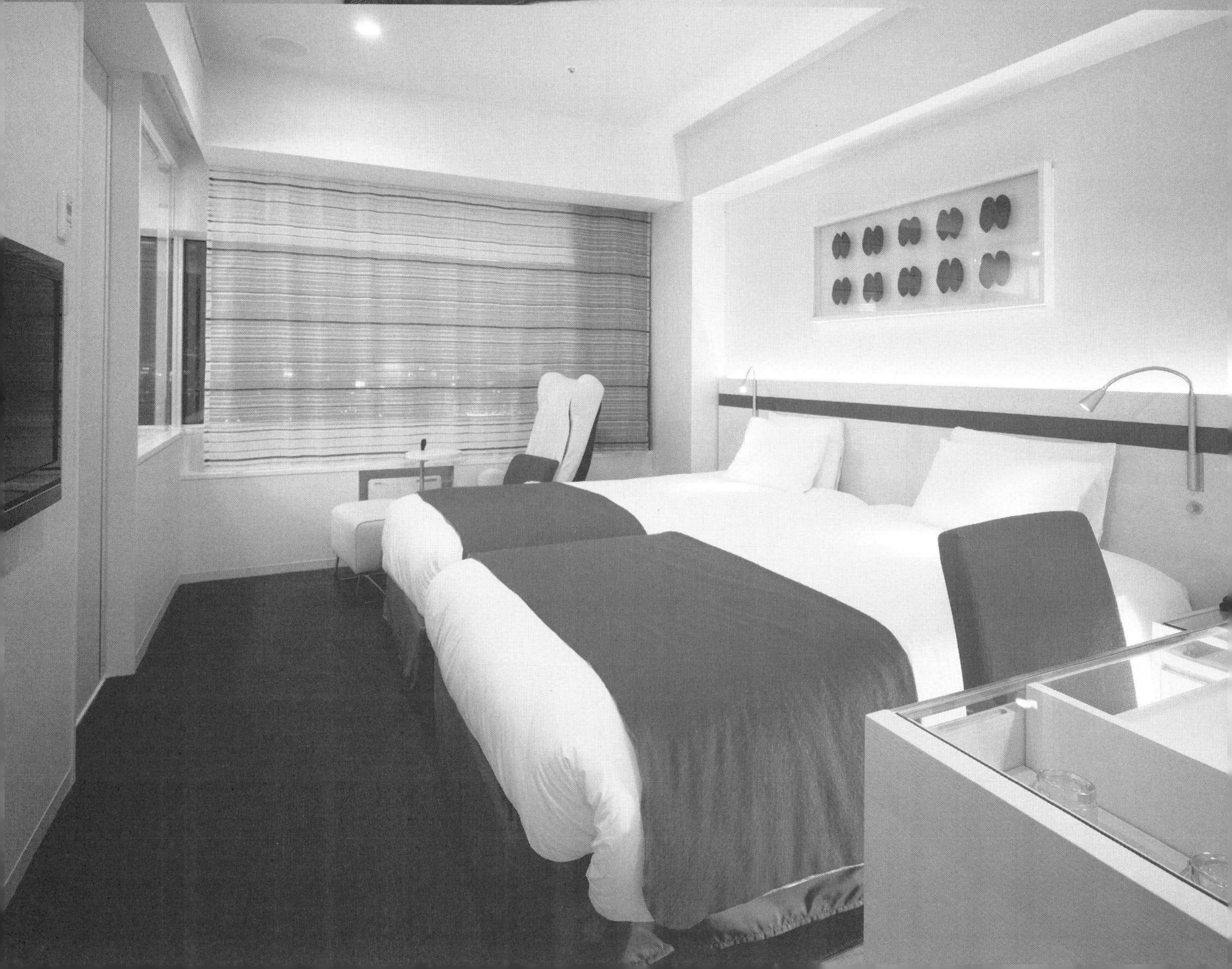

そこでデスクの横幅を960㎜に抑え、その半分に冷蔵庫（下部）とセーフティーボックス（上部）を収め、あとの半分に小型の椅子が入るようにした。かなりコンパクトなデスクスペースだ。

椅子がある側の天板は合わせガラス、その下は引き出しとなっていて、内部にインフォメーションの印刷物が整然と並べられている。インフォメーションキットがそこにあることはすぐにわかるが、机上はすっきり、という提案だ。コンセントやLANジャックなど各種アウトプットもコンパクトな集中パネルに収まっている。

上層階にあるシングルは、水まわりを窓側に持ってきて眺望の良さを最大限生かしているが、このタイプではベッドとデスクが隣り合わせになっていて、デスクはサイドテーブルを兼ねる。そしてヘッドボードに据えつけられ、180度回転する照明はデスクライトとベッドの読書灯を兼用している。機能集約・兼用のちょっとした、しかし効果的な工夫だ。

シングルルームのデスクは狭いといえば狭い。しかし、今のビジネストラベラーは小型軽量のパソコン1台でほとんどの仕事を完結しているはずで、大量の書類を広げることもあまりあるまい。それなら、端末1台と少々の書類を置けるスペースがあればそれほど不自由はないだろう。そもそも、客室でしっかり仕事をする宿泊客は、それほど多くはいないような気がするのだが。

マッサージチェアに体を横たえる、あるいはベッドに横になる。その視線の先には大型液晶テレビを収めた薄型のキャビネットがある。ここにはミニバーのグラス類が収まっているほか、薄型の空気清浄機がビルトインされている。シティー、ビジネスを問わずホテル客室で空気清浄機は急速に普及しているが、存在感をあえてアピールするのか、それともある程度隠すのか、方向性はこれから分かれてくるだろう。

「機能やデザインの集約は、面積が限られるホテル客室では非常に重要なテーマと言えるでしょう。いかにすっきりさせるか。いろんな構造物が関連性なく別個に存在しているという空間は落ち着かないし、野暮ったく感じたりします」

そう強調する西尾さんは、ある宿泊主体型ホテルチェーンのモデル客室も設計している。デスクまわりは、テレビ台やミニバーのキャビネットなど収納と一体化していて長く、客室の一辺を埋めている。トップ素材はストライプ模様のシートをラミネートしたガラスで統一し、やはりデスク部分のガラス面下にインフォメーションキットが置かれるスタイルを採用する。液晶テレビはキャビネット内部から突き出たステー（支柱）に据えつけられている。

デスクをそのまま延伸する、あるいはキャビネットの一部をデスクとする一体化の考え方は、いまの高級ビジネスホテルではしばしば見られる形態となっていて、今後もこのスタイルはバリエーションを変えて普及していくことになりそうだ。

収納ではなく陳列という発想

ワーキングデスクと各種の収納を一体的にとらえたデザインで先鞭をつけたホテルとして、1997年に開業、2007年に大規模リニューアルを行なった「ホテルJALシティ四谷東京」を挙げることができる。

このホテルのエグゼクティブツイン（32㎡）は、ミニバーのキャビネットとデスク、キャスター付きのワゴン、そしてオープンスタイルのクローゼットが連続して一線に並んでいて、各アイテムがナラ材の明るい木目を暗色のエッジで囲むカラーデザインで統一されている。ワゴンはサイドデスクを兼ね、ベッド横に持ってくればサイドテーブルにもなる。引き出しの横の空間にはゴミ箱とティッシュボックスを仕込んである。そうした無粋なものが客室内で露出しないようにとの配慮だ。

興味深いのは、クローゼットのあり方である。リニューアル前は、よく目にする天井まで伸びたミニバーのユニットと、ドアつきの小型クローゼットが合体していた造作だった。それらを取り払い、衣装や荷物、小物を置くための"ステージ"をつくりつけたのだ。壁に木目のパネルが据えつけられ、ハンガーと小物を置く棚がつくりつけられている。そこにスポットライトが当たっている。

「しまっておくためのクローゼットではなくて、見せるためのクローゼットというのがここでのテーマです。客室ではよくバッグをどこに置いていいものか迷うし、身につけている時計やジュエリーの類も、デスクやサイドテーブルに置くと他のものに紛れて忘れてしまう心配がある。衣装とともにそれらをまとめて置いておくスペースということです。しまうのではなく、陳列するとでもいうのでしょうか」

内装設計を担当した乃村工藝社の奥山裕さんは、意図をそう説明する。ブティックなど物販店の展示空間のあり方では膨大なノウハウを持つ同社らしい着眼点といえ

左頁上／「レム秋葉原」シングルルーム。デスクはナイトテーブルを兼用し、デスクライトは読書ライトを兼用する　左頁下／同ダブルルーム（撮影／サラサ 馬場祥光）

る。ちょっとした発想の転換だが、新しい価値をホテル客室に持ち込んだ事例だ。

自身の持ち物を「陳列する」という提案は、着るものにも所持品にもこだわりがあるセンス豊かなトラベラーには支持されるのではないだろうか。そして、連泊することがあまりない日本人のホテル利用状況を考えれば、収納をクローズドとする必要性はそれほどない。身のまわり品をすべてここに置けば、確かに忘れ物をする心配もなくなる。

「見せるクローゼット（スペース）という方向性をもう少し進めて、いかにおしゃれに陳列できるかという視点で考えてもいいかもしれません。それこそブティックのように。お気に入りの装飾品や衣装、靴をまとめて並べて、眺めてみる。そんなことも客室で過ごす時間での楽しみになるのではないでしょうか」（奥山さん）

なるほど、そうかもしれない。そんな目的のおしゃれな造作は「おひとりさま」などと呼ばれ、懐に余裕のある女性客に照準を据えたホテルなどにはいいかもしれない。出版社や流通業者とタイアップして客室にファッション誌やカタログなんかを置く手もある。

デスクを置かないという選択肢

デスクまわりと収納の連続的なデザインは、当然のことだが、どんな客室でも可能なわけではない。

スタンダードなビジネスホテルのシングルルームであれば、部屋はどうしても縦長となり、踏み込みのすぐのところにパイプスペースとの抱き合わせとなる小さなクローゼットと浴室がある。そしてベッド横に冷蔵庫やデスクがあるのが一般的で、自ずとレイアウトは限定されてしまう。だが、その限界を突破するアイデアを設計者にはぜひとも期待したいものだ。

「ホテルの立地によっては、デスクを置かないという選択肢もありでしょう」と奥山さん。ビジネス系のホテルも、今では必ずしもビジネストラベラーが客層の大部分というわけではない。観光都市であればレジャー客の比率が高くなっていて、だからダブルやツインの客室比率が以前よりもかなり増している。

観光客の需要が厚い「ホテルJALシティ四谷東京」も、ダブルの客室にはデスクを置いていない。その代わりに小型のソファとテーブルを窓際に用意している。2人利用なら、結局はもの置きになってしまうデスクよりも、一緒にドリンクでも楽しめるスペースを、というわけだ。

ホテル客室には必ずデスクが必要という考え方は、一度見直してみるべきかもしれない。それを引き算したところに他の価値を持ってくる。そういう考え方が新しい客室の姿を生むはずである。デスクが必要であれば、あるいは、キャスターつきで可動式、更に多目的型のデスクという選択肢もあるだろう。

ビジネスホテルの客室面積は限られている。限られるからこそ、固定観念に縛られ「金太郎アメ」的な画一化を許してきたというところがある。今、そこをブレークスルーしていこうという機運が生まれていることは、とても大事なことだ。小さなこともコツコツ見直しを、である。

レム秋葉原のデスク詳細図

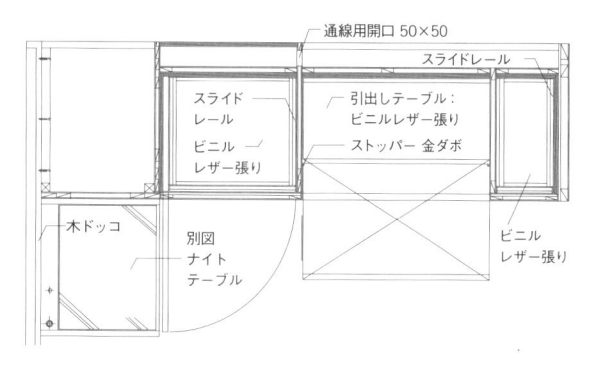

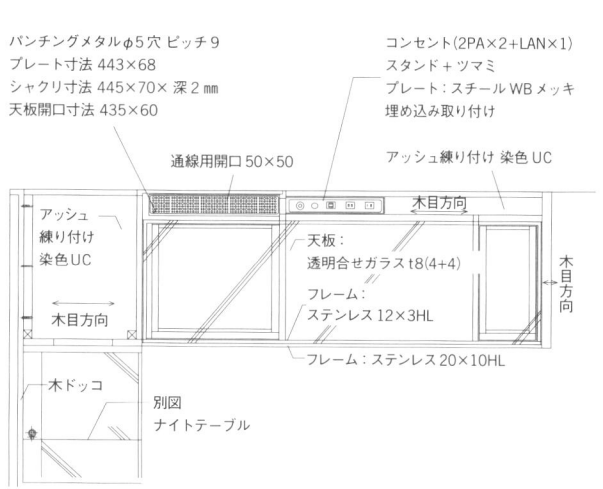

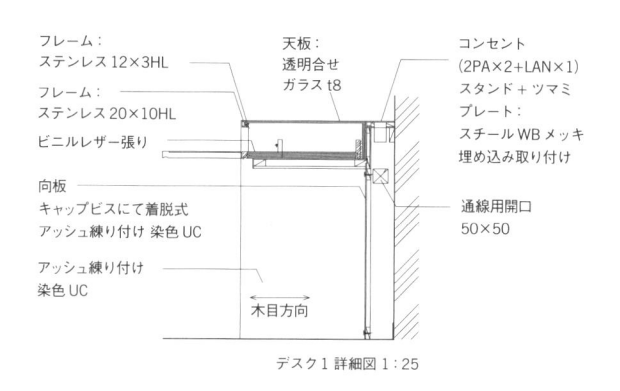

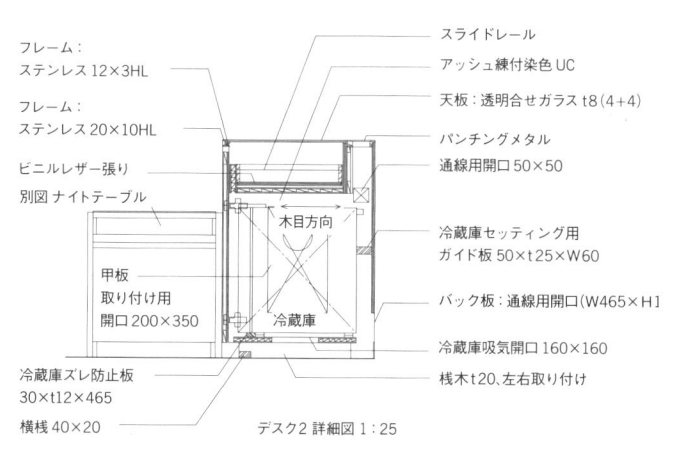

上／「ホテルJALシティ四谷東京」ツインタイプの客室。奥に可動ワゴンと収納ボードが見える（撮影／ナカサ＆パートナーズ）　下／可動ワゴンと収納ボード（提供／ホテルJALシティ）

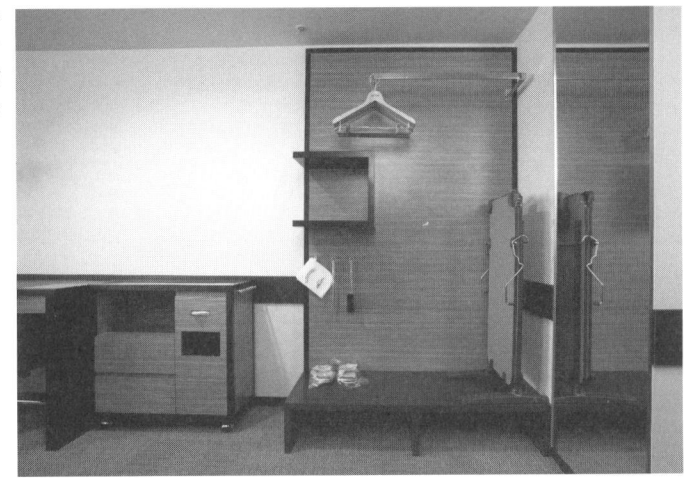

ホテルJALシティ四谷東京のワゴン断面図

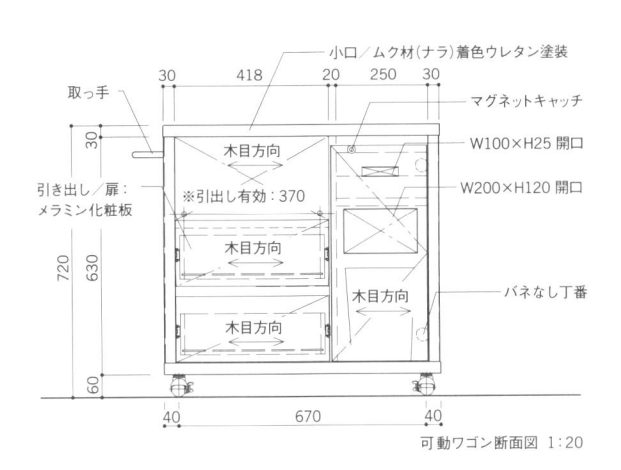

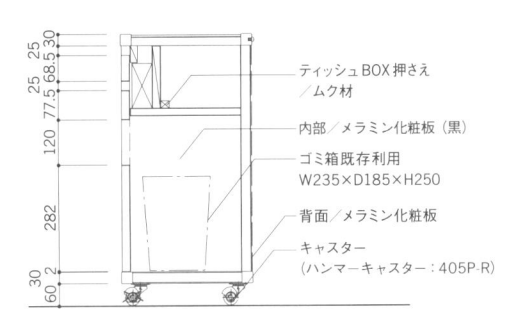

可動ワゴン断面図　1:20

- 取っ手
- 小口／ムク材（ナラ）着色ウレタン塗装
- マグネットキャッチ
- W100×H25 開口
- W200×H120 開口
- 引き出し／扉：メラミン化粧板
- ※引出し有効：370
- 木目方向
- バネなし丁番

可動ワゴン断面図　1:20

- ティッシュBOX押さえ／ムク材
- 内部／メラミン化粧板（黒）
- ゴミ箱既存利用 W235×D185×H250
- 背面／メラミン化粧板
- キャスター（ハンマーキャスター：405P-R）

chapter
2 / 6

Special Feature Hotel

カンデオホテルズ茅野
所在地／長野県茅野市中沖2-7
開業／2008年
設計／カンデオ・ホスピタリティ・マネジメント
部屋数／119室

カンデオホテルズ福山
所在地／広島県福山市御船町2-8-20
開業／2008年
設計／カンデオ・ホスピタリティ・マネジメント
部屋数／164室

ドーミーインプレミアム下関
所在地／山口県下関市細江新町3-40
開業／2010年
設計／遠山デザイン研究所
部屋数／147室

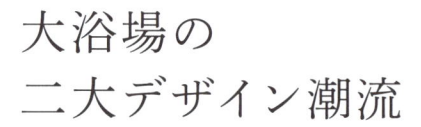

大浴場の二大デザイン潮流

集客装置としての効果

ビジネスホテルのチェーン勢は、都市型、ロードサイド型を問わず「大浴場」の訴求力アップに熱心である。集客装置としての効果がはっきりと実証されてきたからだろう。ホテルルートイン、アパホテルズ、三井ガーデンホテルズ、ホテルモントレ、ドーミーイン、カンデオホテルズ、スーパーホテル、ホテルパコなどなど、その顔ぶれは多彩だ。温泉湧出の確率が非常に高い大阪市内では、ホテル阪神やホテル京阪ユニバーサル・タワーなどシティー系のホテルも天然温泉大浴場を売りものにしている。

大浴場とホテル。この関係は、古くて新しい。高度成長期。駅前旅館の建て替えによって数多く開業した家族経営のビジネスホテルは、旅館の時代と同様に大浴場を設けた。建築費がかさむので全室バスルーム完備とはなかなかいかなかった。東京のホテルニューオータニで初めて導入され（1964年）、その後の客室バスルーム普及に貢献していくユニットバスも、まだまだ高嶺の花だった。その名残だろうか、独立系（家業系）のビジネスホテルでは今でも大浴場を備えているところが多い。インターネットのホテル予約サイトなどで「大浴場のあるビジネスホテル」を検索すると、新しいチェーン系のホテルに混じってそうした古参ホテルがたくさん引っかかる。ただし施設のグレードは「共同浴場」のレベルにとどまることが多い。「客室の狭いユニットバスでは入った気がしない」という馴染み客のための、なくすになくせないサービス施設といったところだ。

その一方で、バブル崩壊からしばらくして急速に勢力を拡大してきたチェーン系ビジネスホテルのなかには、大浴場を明確に集客装置と位置づけて充実に乗りだすところが続出した。クルマで移動する出張旅行者をターゲットとしたホテルルートイン（現在は都市型店舗も増加）や、温泉を売りも

「カンデオホテルズ福山」最上階にある展望露天風呂。この他に、檜風呂や御影石風呂も設置されている（撮影／鳥村鋼一）

のにホテルと分譲マンションを開発してきたアパグループのアパホテルなどはその先駆けだった。

そして今、大浴場施設は進化の枝分かれがはっきりしてきた。天然温泉を売りものにする、沸かし湯であっても眺望の良さや露天風呂の併設で訴求力を高める、温泉旅館のような岩風呂を都市部で再現する——と、バラエティー豊かである。

「展望露天風呂」の競争力

全国で10店舗（2012年4月現在）を運営する「カンデオホテルズ」（カンデオ・ホスピタリティ・マネジメントが運営）。この新興ビジネスホテルチェーンは、展望露天浴場である「スカイスパ」が最大のセールスポイントだ。

高速・自動車道路インターや幹線道路沿いのロードサイドでネットワークを拡大してきたが、そうした場所は周辺が開けたロケーションであるため、建物の最上階に「大浴場＋露天風呂＋サウナ」を設けてチェーンの「看板」としている。現在（2010年夏頃の取材時）のところ、温泉施設はなく全施設が沸かし湯によるものだが、ホテルによっては貸切風呂を加えるなどバリエーションは実に多彩だ。

最上階への浴場設置については、眺望の良さが大きな武器となる一方で、階下の客室階への漏水のリスクもつきまとう。防水関連工事など建設費がアップすることは避けられず、一般的なビジネスホテル（100〜200室）の規模では、数千万円の差が出るといわれる。そのため、大浴場を設けるホテルは急増したものの、その場所は客室階より下の階であることが多い。

それでもカンデオホテルズが最上階設置にこだわるのは、ロードサイド型としても大浴場付帯型としても後発の立場として、施設面で先行組との差別化を図ることこそが勢力拡大のカギと判断しているからだ。もとは不動産投資ファンドのホテル開発・運営関連会社だった出自もあって、そのあたりの投資の考え方ははっきりしている。

「快眠ベッド、健康朝食、展望大浴場。カンデオホテルズではこの3点セットをセールスポイントにしていますが、最も訴求しやすく、集客効果を期待できるのが展望大浴場です。最上階に置くことでコストは上がり、当初は社内でも賛否両論あったのですが、店舗数が増えてきた中で確かな効果を得ています」と話すのは、一級建築士でもあるカンデオ社の花篤洋介さん。

大浴場の面積は男女各施設を合わせて約150坪がスタンダード。建築面積がこれより広ければ、同じ最上階フロアで客室など他の営業施設も併設することになる。内風呂と露天風呂はほぼ半々の面積比率で、男性用がそれぞれ8人ずつの計16人、女性用が計12人というところが平均。女性用のキャパシティーの方が小さい。

「平日の女性宿泊客比率が1割強なのでそうした施設構成になっているのですが、週末の女性の観光客需要が厚いところでは、同等か、逆に女性用の方を大きくすることも検討しています」（花篤さん）

多彩な商品企画

カンデオホテルズが30〜40歳代を主なターゲットとしていることもあり、大浴場施設のデザインは総じて直線的でシャープだ。高級マンションのパブリックスペースを思わせるようなつくり。素材は、基本的に御影石などダークな色彩の石板とタイルの構

「カンデオホテルズ福山」最上階にある展望露天風呂。この他に、檜風呂や御影石風呂も設置されている（撮影／鳥村鋼一）

成で、湯槽の底は明るい色タイルを貼る。店舗によっては壁面などに無垢の木材も取り入れている。
露天風呂の湯槽は外構側を「断ち切り」としているのが特徴で、あふれた湯はその外側の排水溝に流して処理する。落下防止の柵も透明な強化ガラスを採用しているので、視界を妨げることがない。こうした「水際と借景との一体化」を狙った造作は、カンデオの展望露天風呂の大きな特色となっている。
長野県茅野市にある「カンデオホテルズ茅野」の露天風呂は八ヶ岳を一望できるとあって、特に人気が高い。また広島県福山市の「カンデオホテルズ福山」は、男女の展望露天風呂に加えて、ひのき風呂と御影石風呂の二つの展望貸切風呂を設けている。ともに2008年の開業だが、茅野は諏訪湖エリアの産業集積と観光、そして福山は中四国エリアの物流拠点というビジネスのバックグラウンドがあり、そこを狙っての出店だった。
カンデオでは、チェックアウトとチェックインの間のアイドルタイムを中心に、大浴場施設を地元の日帰り客に開放して営業効率を高めているが、面白いのは、それに加えて客室のショートステイをセットした商品を販売している点だ。
「日帰りプレミアムショートステイ」という商品名で、大浴場利用と4〜6時間の客室利用がセットになる。1日5部屋限定の商品で、料金は「1人2900円〜」「2人3900円〜」(ホテルにより異なる)。客室でオンデマンドのビデオが楽しめる「ルームシアタープラン」も設定されている。大浴場とプライベートなエンターテインメント施設の組み合わせだ。こうしたマーケティング展開は「宿泊施設」としての殻を打ち破る試みでもある。

市中の温泉露天風呂

カンデオホテルズとはある意味で対極的な価値観によって大浴場を商品化しているのが、共立メンテナンスが全国主要都市で展開するバジェットホテル「ドーミーイン」だ。
2005年からは毎年5〜6軒というハイペースで店舗開発を続け、現在(2012年初旬)、約50軒に到達している。その大浴場施設は、里山や海辺の温泉旅館の露天風呂を彷彿とさせるつくりが特徴である。
都市中心部を主要立地としながらも、天然温泉を引く店舗が多く、和風で露天風呂があるのがセールスポイントとなっている。しかも建物の最上階に設置する店舗が多い。男女別の「内湯+露天風呂+サウナ」が基本構成で、中には寝湯や足湯を設けているところもある。また、温泉でないホテルでは人工温泉や超軟水風呂を導入するなどしている。ドーミーイン以外でも、今では掘削技術の飛躍的な向上によって都市部で源泉を確保し、温泉浴場を設けているホテルは多いのである。
出店地の風土色を打ちだしていることもドーミーインの露天風呂の特色だ。露天風呂の湯槽は自然石の石組みが基本だが、たとえば北海道では日高山地のかんらん石、中国・四国地方では四国特産のあじ石を採用するといった具合。平均150〜200個の天然石を使うという。露天風呂の周囲に配する植栽も、可能な限りその土地に自生する草

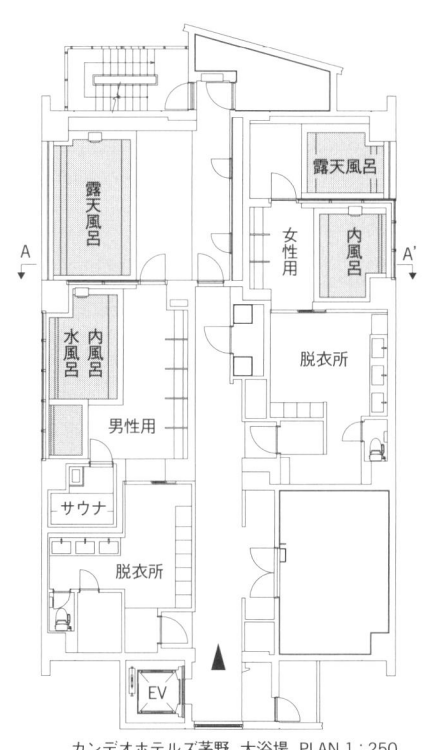

カンデオホテルズ茅野 大浴場 PLAN 1:250

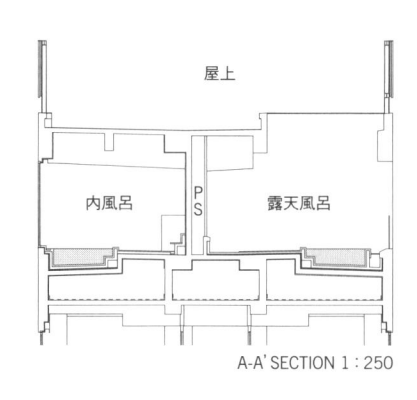

A-A' SECTION 1:250

左／「ドーミーインプレミアム下関」最上階に設置された天然温泉大浴場の露天風呂。地元の天然石を用いた　右／「ドーミーイン秋葉原」大浴場の露天風呂（写真提供／遠山デザイン研究所）

木を持ってきている。

照明も、行灯や提灯などを模した民芸調のものを使っている。内装材など木に見える部材の多くは巧妙な樹脂製のフェイクだが、そうした部分はメンテナンスの都合を考えれば低価格のホテルでは当然だろう。大浴場の面積は男女施設合わせて60～90坪ほどで、収容人数は合計で25人ほどだ。

風情と景色の演出

「都市の真ん中でひなびた温泉宿の風情を感じることができる、という点がドーミーインの最大のセールスポイントです。1泊で2～3回利用されるゲストが多いですね。同じホテルを複数回利用しているリピーターの比率も、地域によっては4～5割というレベルに達しています」と、共立メンテナンスのホテル事業本部。

また、ドーミーインの内装設計全般を担当し、大浴場の設計でもイニシアチブを執っているデザイナーの遠山崇さん（遠山デザイン研究所）はこう話す。

「風情と景色を演出するしつらえ、本物の温泉の匂い、それから湯や水がこぼれて流れる音。そうした五感に訴える要素をどこまで都市の真ん中で再現し、癒やしの効果を高めることができるか。この点は設計者として非常にやりがいのあるテーマです」

流木をくりぬいた穴から水がこぼれ、せせらぎとなって水音を奏でる。遠山さんが設計する露天風呂には、そんな水循環の造形が表現されることが多い。こうした造形にしても露天風呂の石組みにしても、施工や日常的なメンテナンスの手間を考えれば、一般的なビジネスホテルの開発行為の中では「面白いけれど、やめておこう」という結論に達することが多いはず。だが、そこを打破している点が、ドーミーインのユニークなところなのだ。

山口県下関市にある「ドーミーインプレミアム下関」の大浴場は、眺望の良さでとても人気が高い。JR下関駅から徒歩8分の市街地という立地だが、最上階にある露天風呂からは関門海峡が見渡せる。内湯の天井照明に採用されているのは、特産のふぐをイメージした樹脂製のユニークな提灯だ。

ある客層は、そんな"コテコテ"の施設を前に「なにもここまでやらなくても」とネガティブにとらえるかもしれない。しかしある客層は「よくぞここまで」と喜び、ヘビーユーザーになっていく。

はたして、そのどちらに照準を据えるのかというメッセージを、ドーミーインは同業他社に向けて強く発しているように思える。共立メンテナンスは、寮や保養所の企画開発・運営を本業として宿泊業界にも進出した企業。それだけに大浴場施設の企画には熱が入っている。

ビジネスホテルの大浴場開発は切磋琢磨によってどんどん進化し、とても面白い状況を生んでいる。宿泊客にとっても、それがホテル選びの重要なファクターとなっているのだ。シャープなデザインでいくのか、湯宿の雰囲気を強調するのか、温泉にこだわるのか、温泉よりも施設計画の訴求力で勝負するのか——。そうしたポイントの絞り方が、客室のマーケティング以上に重要な意味を持つこともあり得る。

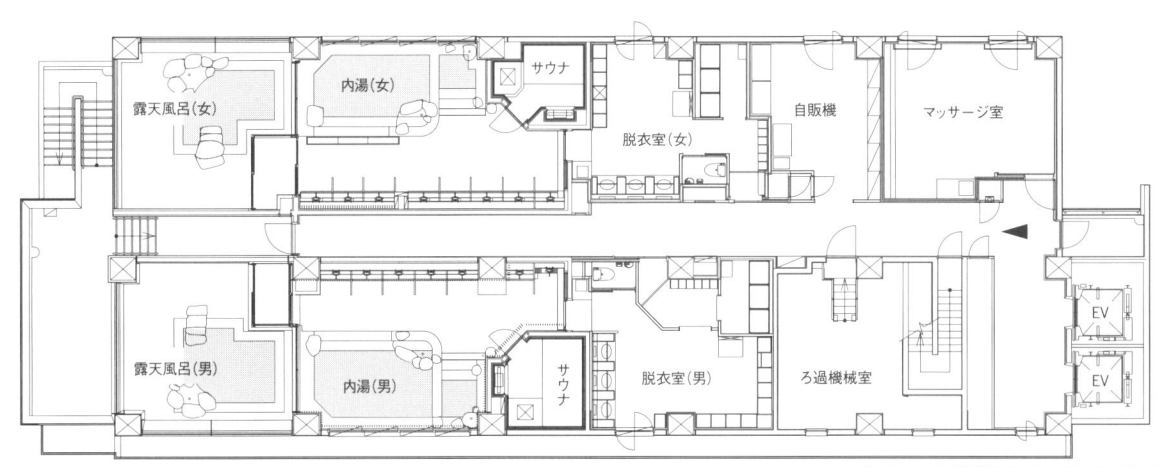

ドーミーイン下関 大浴場フロア PLAN 1：200

chapter
2／7

Special Feature Hotel

庭のホテル 東京
所在地／東京都千代田区三崎町1-1-16
開業／2009年
設計／石井建築事務所
　　　ユニ・プランナーズ（料飲施設）
部屋数／238室
※商店建築2009年8月号掲載

ホテルグレイスリー田町
所在地／東京都港区芝浦3-8-1
開業／2008年
設計／戸田建設設計統括部
　　　日建設計
　　　乃村工藝社
部屋数／216室
※商店建築2009年8月号掲載

「魅せる」パブリックスペース

競争激化で空間が多彩に

客室をいかに多くつくって収益性を高めるか。その命題に縛られ続けたのがビジネスホテルである。営業に結びつかないスペースは最小化し、デザインも最低限。外構はもちろんアプローチ、ロビー、そのいずれもが「見せる＝魅せる」発想に乏しかった。
ところが、今はちがう。シティーホテルに比べれば建築の各エレメントはもちろんローコストだが、スペースの割き方や空間のつくり込みは格段にセンス豊かになっている。それは、すでに何度も述べてきたように、新しいビジネス系ホテルが上位のシティーホテルから顧客奪取することによって市場開拓を図っているのに加えて、新規参入が相次ぎ、競争がかなり激化しているからである。
そういうベクトルによって開発され、ランドスケープやパブリックエリアのつくり方で個性を放つ二つのホテルを取り上げてみたい。一つは、日本庭園など和の様式を随所に表現した「庭のホテル 東京」。もう一つは、再開発による広い空地保全の計画にあって、新しい宿泊主体型の形を体現した「ホテルグレイスリー田町」である。

日本庭園というツール

JR水道橋駅から徒歩3分、学生街のエリアに建つ「庭のホテル」は、その名のとおり日本庭園をイメージリーダーとした「和」がテーマの238室のホテルである。
公示料金が最低2万円弱、レストランが二つ、ラウンジ、会議室、小さいながらもエクササイズルームもある。さて、このホテルをビジネスホテルに分類するのが適当かどうか、意見の分かれるところだろうが、しかしこういうシティーホテルでもなくビジネスホテルでもない、既成のカテゴリーの汽水域にあるようなホテルが、今一番面白い施設づくりを表現していると思えるのだ。
このホテルの前身は「東京グリーンホテル水道橋」で、地方からの出張旅客や後楽園や東京ドームのプロ野球観戦客に愛された典型的なビジネスホテルだ。そしてそのまた前身は、昭和10年に建てられた日本旅館だ。同じオーナー一族の経営で、「旅館→ビジネスホテル→アッパーミドルのホテル」という変遷をたどってきた3代目がこのホテルというわけだ。

ホテルのアイデンティティーとなっている「庭」は、小さいながらも本格的な日本庭園で、このカテゴリーのホテルでこんな庭園を持つところを他に知らない。庭は、グリル＆バー「流」と、日本料理「縁」という二つの飲食施設に挟まれる形で展開する中庭に加えて、エントランスへのアプローチ周辺と街路沿いに展開する前庭によって構成され、その双方が建物脇の路地で結ばれている。
中庭は、中央の石積みから水を植栽の間のせせらぎに流し、循環させている。その水音と、四季それぞれの風情を計算した植栽、それに鳥居の笠石や橋脚の礎石など古色のある石材などが醸し出す景色は、都会の真ん中にいることを忘れさせる。
一方、ロビーの外に面する前庭は、街路に沿って石組と植栽を細長く配列。蛇行させたアプローチは、エントランスまでの短い距離に表情豊かな木立と、水盤や船石などの古石材をレイアウトし、茶室へと向かう露地庭にも似た風情を持たせている。
効率重視の宿泊主体型ホテルと、造作にも維持にもコストが掛かる庭園。この相反する組み合わせは、今のホテル競争激化時代の産物といえる。設計に携わった石井建築

事務所の板倉裕一さんは言う。
「以前は大小のコンベンション施設を持っていたのですが、建て替えに際して、施主サイドの決断で、もう宴会・会議部門を従来のように持つことはやめようということになりました。そのスペースを庭園など空地にして、それによって宿泊棟を15階建てに高層化（建ぺい率約68％）したわけです。そして、新ホテルで和のテーマを独自に追究し、それを最大限に主張することで、東京で新規開発が続いたそれまでのホテル群と差別化しました」

外国メディアへの訴求効果

東京では多くの外資系ホテルが新たに開業し、グローバル化が一気に進んだ。そして観光立国政策に予算が割かれ、日本は訪日外国人旅行の誘致に躍起になっている。そういう状況の中、欧米スタイルの模倣ではなく、日本独自のアイデンティティーを表現することに存在理由を求めた、庭のホテルのデザインは評価に値する。
古参のホテルオークラや、建て替えで取り壊された旧キャピトル東急ホテル（開業時は東京ヒルトンホテル）などはそうした系譜のホテルだが、1970年代からだろうか、日本のホテルは欧米の模倣一辺倒になってしまった。この10年ほどは、その反動もあってか和モダンの要素を配したホテルもどんどん登場してきたが、日本庭園にまで手を出すところはさすがに少ない。
庭のホテルの庭園は、設計を造園家の山田茂雄さんが担当している。山田さんは世界的に知られた造園家の故・中島健さんに師事し、その右腕として活躍してきた。「四季を五感で感じることのできる空間そのものが、都会でのもてなし」（山田さん）という言葉には、茶の湯の精神が反映されている。石井建築事務所による全体設計での庭のレイアウトプラン（平面・立面）を受けて、山田さんが具体的な作庭プランを練り上げるという形で作業は進められた。
課題は、用土の厚みをあまり確保できないという点だった。コスト削減や環境への配慮から前の建物の基礎部分を生かしての建て替えだったことで、土の厚さは中庭の最深部で60〜70cm、前庭の街路側ではわずかに30cm程度。だから植栽は、大木ではなく株立ちのものを中心に組み合わせることとなった。
「庭には必ず正面があり、横合いからの眺めもあるというものですが、ここの中庭の場合は、日本料理レストランとグリルレストラン、そして両施設へのアプローチ部分と、四方向に眺める位置があります。限られたスペースの中で、それぞれの方向からの眺めを計算するというのも難しい作業だったはずです」と板倉さん。
ランドスケープで「和」を演出するのは、庭だけではない。新ホテルは震災への備えと高層化から免震構造を採用したが、そのために建物外周を60cm幅の緩衝ピットが囲んでいる。この部分の有効活用として、ピットに水を循環させてせせらぎを創出しているのだ。せせらぎの水音は、日本庭園の風情にプラス効果を与えている。
前庭のアプローチをたどってくるゲストの目には、ガラス張りのロビーの中に屹立する、行灯を模した大きなモニュメントが飛び込んでくる。エレベーターシャフトの外壁に20cm厚のシェードを巡らせ、下から照明を当てた造作だ。客室に入れば、窓のシェードは障子、カラースキームやファブリック類も和モダンを強く意識したもので、落ち着いている。
こうしたホテル空間は海外のメディアの関心を引いて、写真掲載の機会も増えるはずだ。そのパブリシティー効果は小さくないだろう。グローバル化を意識したホテル空間だからこその、和の原点回帰というところに、このホテルの存在理由がある。

大学跡地の再開発

藤田観光グループのホテルブランドである「ホテルグレイスリー」は、ワシントンホテルの上位ブランドとして開発された。アッパーミドルのカテゴリーで魅力的なホテル開発が進んできた中、同社としてもその市場で戦えるホテルブランドが必要と判断したのだ。
そして、同ブランド3軒目となった「ホテ

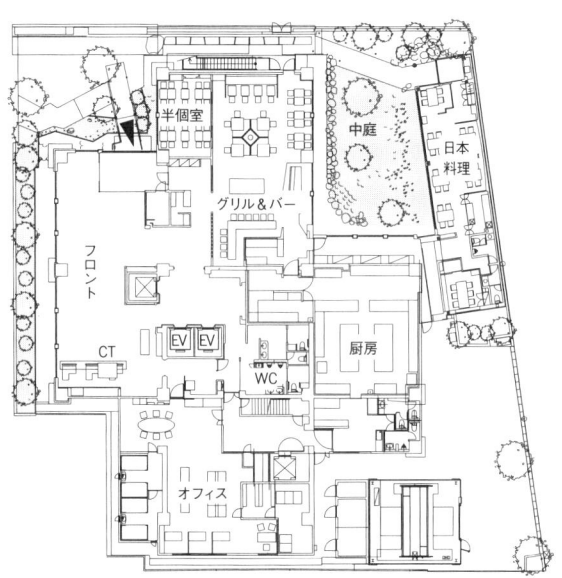

庭のホテル 1F PLAN 1:600

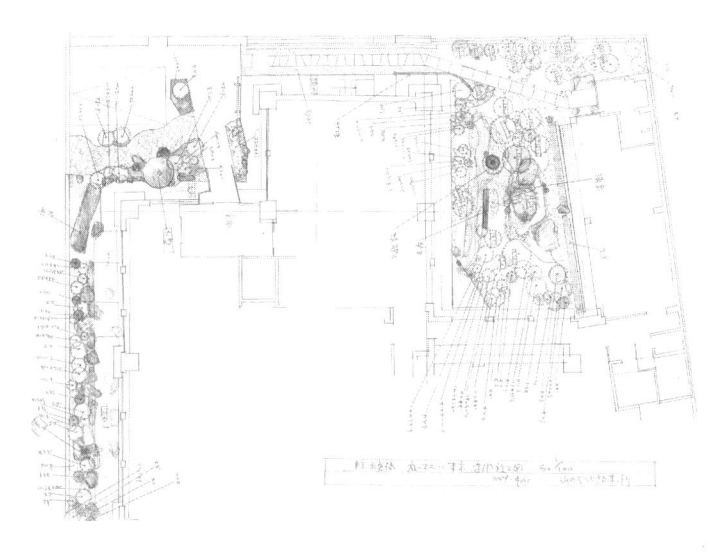

造園家の山田茂雄氏による造園施工図

「庭のホテル 東京」の中庭。エントランスから日本料理店へのアプローチで、右手に中庭が見える（撮影／フォワードストローク）

ルグレイスリー田町」は、既存のワシントンホテルからのリブランドによって先行開発された「札幌」「銀座」と異なり、初の新規開発店舗である。山手線のJR田町駅からほど近い芝浦地区。運河に面した閑静な場所にホテルは建つ。芝浦工業大学のメインキャンパスが江東区豊洲に移転し、その跡地再開発となった「芝浦ルネサイト」の一街区を占める敷地である（他にオフィスタワー、芝浦工大芝浦キャンパスの両街区がある）。

東京都のまちづくりガイドラインに沿った開発のため、非常に広い空地（建ぺい率約40％）を持ち、しかもその4割が緑化されるという、都心立地の宿泊主体・特化型ホテルとしては恵まれた環境にある。運河に面するホテル裏側の護岸部分では、この開発に合わせて港区が親水公園を整備。ホテルのすぐ裏手を東京モノレールが通るところはややウイークポイントだが、ウォーターフロントの利を生かしたオープンな景観がなかなかいい。

「そのランドスケープ特性を最大限に生かすデザイン」というテーマから出発したのが、このホテルの設計だった。縦ラインを強調したファサードデザインや、建物の北側半分の1階部分をピロティーとして、正面をほぼ全面ガラス張りとしたところが、外構での大きな特徴だ。

中央のエントランスを挟んで両サイドに位置取りされたガラス張りのロビーとレストランは、街路からの夜間の眺めが非常に印象的である。山手線駅から徒歩4分という立地ながら商業エリアではないため、街の佇まいはとても落ち着いている。だからこそ1階正面の景観の見せ方が、このホテルのアイデンティティーに深く結びついているのだ。

コンパクト&コージー

内装設計を担当したのは、ホテル分野での受注を意欲的に進める乃村工藝社。プロジェクトでは、エントランスと風除室の位置取りといった建築設計（戸田建設と日建設計

HOTEL GRACERY

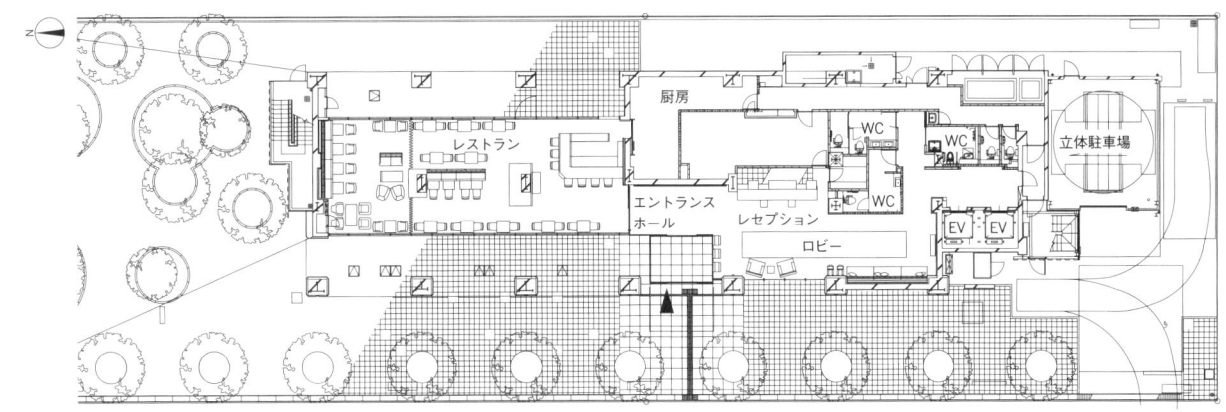

ホテルグレイスリー田町 1F PLAN 1：500

左頁上／「ホテルグレイスリー田町」のアプローチ。右手のチェックインカウンターと左手のカフェは赤や黄色の華やかなカラーリングで、外部からもアイキャッチとして目に入るようデザインされている　左頁下／同2階の宿泊者専用ラウンジ。フリードリンクやネット接続されたパソコンが置かれ、宿泊者の打ち合わせや歓談に使われている
（撮影／ナカサ＆パートナーズ）

が担当）にもかかわる部分からタッチしている。

「ライフスタイルや商品選びのセンスに強いこだわりがある一方で、ビジネスユースでは高級シティーホテルを選択しない堅実さを併せ持つ。そんな層をコアターゲットに据えて、マーケティングと空間計画のすり合わせを入念に行いました。ブランド初の新規開発で後続のひな型となるものですから、それは力が入りました」

乃村工藝社のチーフデザイナー、桐岡栄さん（P. 39）はそう話す。コンセプトは「コンパクト＆コージー」。ラグジュアリーホテルのような大掛かりなデザインはなく、いずれの施設もコンパクトだが、居心地の良さが十分に伝わってくるホテル。そういう意味である。

エントランスを入ると、正面奥の壁面一面にブラジル産のスレート（粘板岩）を組み合わせたパネルが貼られている。錆びたような表情がシブい。

「決して高価なわけでも華やかでもないけれど、質感豊かな本物の素材。全体として内装はそういう素材に徹底的にこだわって仕上げました」と説明するのは、同社インテリアデザイナーの齋藤玲子さん。「出張旅行で追加で何千円か自腹を切っても泊まりたいと思えるようなホテル」を常にイメージしてデザイン作業を進めたという。

エクステリアにおけるホテルの顔、そんな役割も担っている全面ガラス張りの直営レストラン「ボンサルーテ・カフェ」は、創作イタリアン業態。「朝食」「ランチとティータイム」「ディナー」「バータイム」という"4毛作"で営業している。そしてカラースキームや形など家具類の表情がとても豊かなのが印象的だ。決して広くない店舗空間の中で、その表情の違いによって利用動機に応じた区画分けをしているのが特徴だ。

ロビースペースはコンパクトだが、2階には宿泊客専用のラウンジがあり、ソフトドリンクの無料提供がある。ここの家具什器類もまた表情が豊かで、ゆったりとくつろげる雰囲気がある。このラウンジの設置や朝食の客室デリバリーサービスなど、シティーホテル並みのサービスグレードがホテルグレイスリーの特徴である。

さて、今回の二つのホテル事例だが、これだけのランドスケープを確保できるところは、都市中心部の繁華街立地が前提となるビジネスホテルとしては例外的だ。しかし、緑化や街区整備の必要性からも、ホテルグレイスリー田町のような自治体主導による再開発事例はこれからも増えていくはずだ。また庭のホテルのように都市部で緑化に貢献することが、企業イメージの向上につながったり、自治体のインセンティブの対象となったりする可能性はどんどん高くなっている。

chapter
2 / 8

飲食施設をどうする？

Special Feature Hotel

ホテルトラスティ神戸 旧居留地
所在地／兵庫県神戸市中央区浪花町63
開業／2009年
設計／日本設計
部屋数／141室

ロッテシティホテル 錦糸町
所在地／東京都墨田区錦糸4-6-1
開業／2010年
設計／竹中一晃事務所（シャルロッテチョコレートファクトリー部分）
部屋数／213室

※シャルロッテチョコレートファクトリーの内容は取材当時（2010年）のもので、その後、平面レイアウトやオペレーションに多少の変更が加えられています。

飲食サービスの位置づけ

客室に特化した軽装備のホテルが増えているのは、デフレ経済が続く世相もあるが、それ以前にホテル事業者が飲食施設の運営に自信を持てなくなっているからかもしれない。街中には個性の強い飲食店がたくさんあって、競合していくのは大変である。客室は、売れ残っても原価はたかが知れているが、レストランはそうはいかない。人件費も食材原価もかかってきて、客が来なければそれらが無駄になる。だからレストラン施設をつくるにしても、自分のところでやるのではなく、テナントに入ってもらうという選択肢がまずは最初にきてしまう。エコノミータイプのホテルですっかり定着した朝食の無料サービス。あれも、飲食サービスを廃止するための策という側面があった。宿泊客への朝食提供はホテルにとって最低限の務めだが、まともな調理はできないので、その代わりにタダでどうぞ、というわけだ。

ホテルがレストランサービスを放棄することについては、いろいろな意見がある。事業性を高めるには仕方がないという考え方もあれば、レストランのないホテルはホテルではなく、単なる宿泊施設だ、という考え方もある。どちらが正しいということはあるまい。

放棄する動きがあれば、その逆もある。例えば、筆者は気鋭のレストラン経営者に取材することも多いのだが、「ゆくゆくはホテルをやりたい」という思いを抱いている人がかなりいる。魅力的な食空間に宿泊機

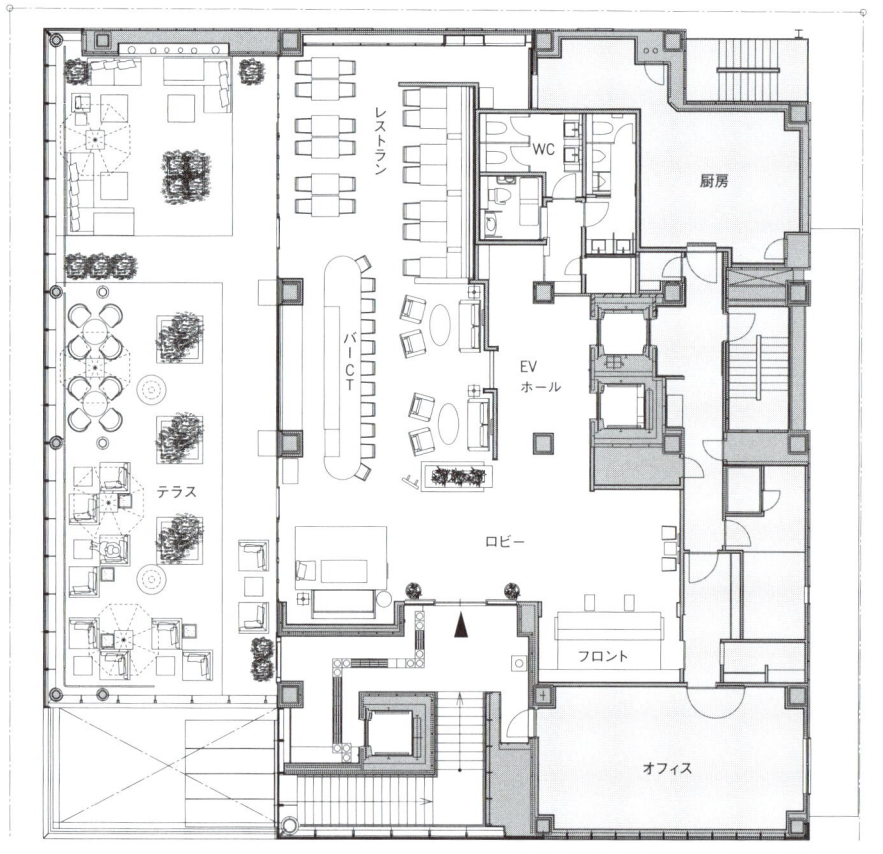

ホテルトラスティ神戸 旧居留地　PLAN 1：200

右頁上／「ホテルトラスティ神戸 旧居留地」レストランのテラス席。ガラスで囲われており、風雨を防ぎながら、眼下の路面からはパラソルなどが視認できるようになっている　右頁下／同フロアのバーカウンター。テラスのにぎわいやグリーンへと視線が抜けるプランニング（2点、写真提供／リゾートトラスト）

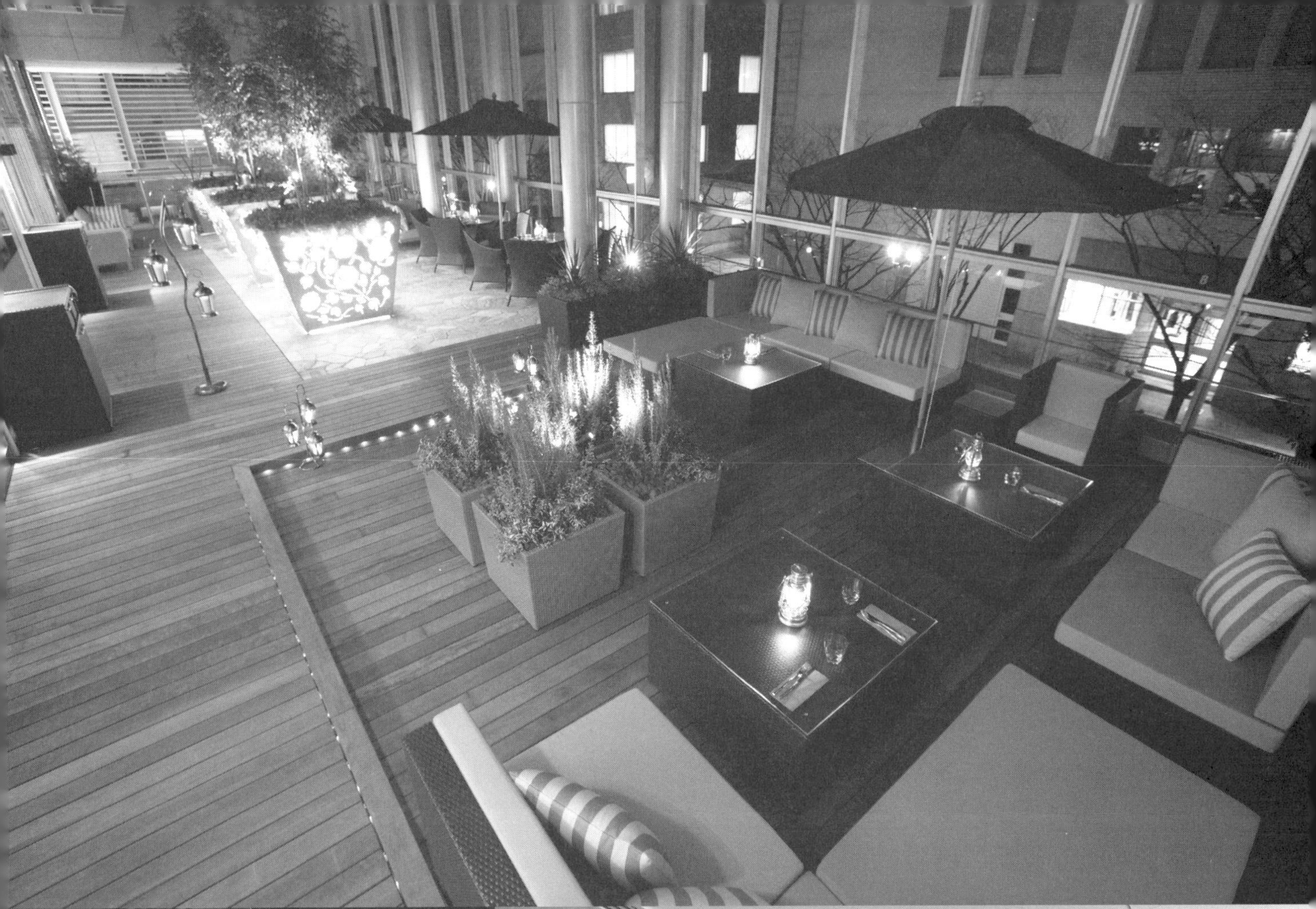

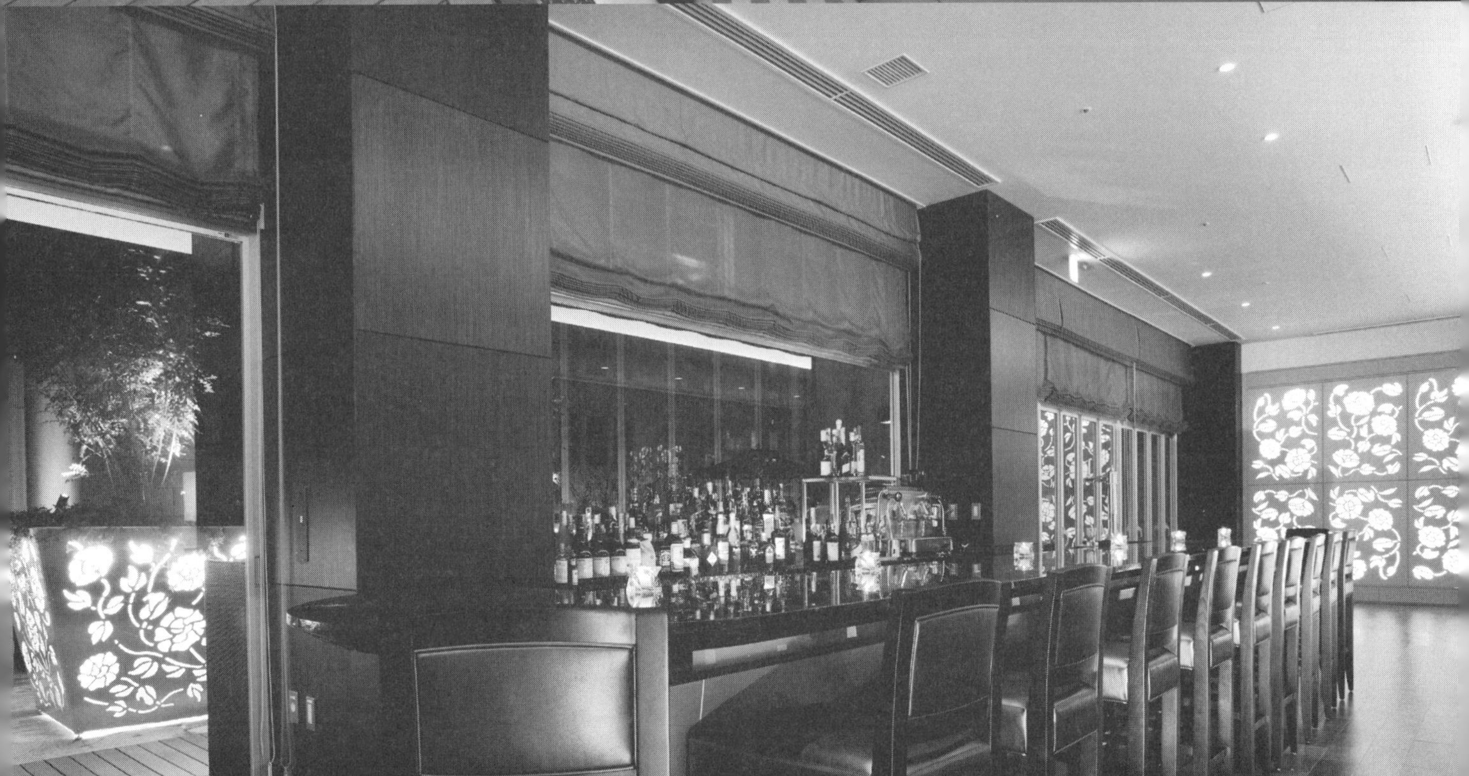

能を合体させるオーベルジュ的な発想からそうした構想を描くのだろうが、そんなアプローチからつくられる小規模ホテルは、きっと説得力を持つに違いない。

景観を生み出す屋外テラス

多くのビジネス系ホテルが自前でのレストラン運営に見切りをつける中、果敢なマーケティングに取り組んでいるホテルもある。「ホテルトラスティ神戸旧居留地」はその一つだ。2009年、高級ブランドショップが居並ぶ旧居留地地区に開業した同ホテルは、会員制リゾート大手のリゾートトラストが展開する宿泊主体型ブランド「トラスティ」の5軒目の店舗である。

「神戸伝統の洋食をアレンジしたモダンビストロ」をメニューコンセプトとするカフェテラス&ビストロバー「マークプレイス」は、このホテル唯一の飲食施設だが、ビジネス系としては立派な雰囲気を持つ。屋内スペースとの連続性を重視した広いテラススペースがセールスポイントで、多様な利用動機に応える。

160㎡弱のゆったりしたテラスには、南国のプールサイドレストランを思わせる防水仕様のソファ席(全28席)やパラソルが設えられ、効果的に配置された植栽も表情豊かだ。ディナータイムでは、テーブル上のキャンドルの明かりや各エレメントのライトアップが印象的である。

このテラスのスペースは、ビル1階のテナント店舗(物販店)の屋上部分にあたる。旧居留地という景観形成の縛りが強い地区で、街路側の2階以上の階層をセットバックすることが求められた結果、こうしたスペースが生まれた。しかも2階部分には屋根を設けないという条件も加えられた。

屋根のないテラス席ではあるが、しかし街路に面した西・南側の2面の壁面が総ガラス張りで、北側がコンクリート壁でカバーされているので風の影響はほとんど受けない。だから真冬や雨の日を除けば、かなり使い勝手がある。

一方、屋内スペースにあるビストロバー(ビストロ34席、バーカウンター11席)は席数こそ多いものの、テラスより面積は小さい。通常ならこちらのスペースの方が優先されるはずだが、それが逆になったところに、このレストラン施設の面白さがある。

「もともと営業施設として計算しにくいスペースだったものを、どう有効活用するかというところから出発して企画したのが、このテラスでした。レストランの利用動機を多様化させながら、パーティーなどの需要にも対応する。そしてホテルロビーやビストロバーからの景観のバリューアップにもつなげる。屋外だけに席の稼働は限定されますが、そういう大事な役割を担っているわけです」

ホテル全般の内装設計を担当した日本設計・インテリア設計部の佐藤正利さんは、テラスの位置づけをそう説明する。

建築設計上のこうした制約は、都市中心部の景観形成の観点から今後も強くなっていくはずだ。つまり同じような「空きスペース」

「ロッテシティホテル 錦糸町」1階のテーマレストラン「シャルロッテチョコレートファクトリー」。カフェ席からカウンターを見る。中央は、チョコレートドリンクディスペンサーが設置されたドリンクカウンター(写真提供/ロッテ)

が生まれる可能性は高くなるわけで、それをどう活用していくかという点は、これからの施設開発で大切なファクターとなりそうである。

テラスを利用したイベントで訴求力アップ

このテラスを中心として、マークプレイスでは「クラス レ デュー」という名称でクラブ形式のイベントを通年開催している。そのプログラムには、ジャズナイト、テラスでのクッキング教室、シングルモルトウィスキーやワインの試飲会、シガーのデモンストレーション、ティーセミナーといったものがある。共通の趣味のもとに人々が集う場、という舞台設定なのだ。

「旧居留地という土地柄を反映させた社交的なイベントを訴求することで、地域の飲食需要を引きつける。そういう狙いです。特にジャズライブは神戸で古くから愛されているもので、その舞台としてテラスは格好のスペースとなっています」とリゾートトラストは言う。

小規模な宿泊主体型としては、なかなかアグレッシブなイベント企画の展開である。整然として閑静でもある旧居留地の夜。ガラスのウオールを通して、ライトアップされたテラスの空間やパラソルが見え、ジャズライブの音色が頭上から流れてくる。街路を行く人たちは、そこになにか楽しげな施設があることを知る。

テラスは、フロアに石英岩の割石を貼った南側スペースと、屋内店舗(フローリング)との連続性を持たせて木材を貼ったデッキの北側スペースから構成される。デッキは、ビストロバーでのディナーの食後酒やコーヒーを、こちらに席を移して楽しむという使い方もある。南側に三つ配置されるグリーンの大型プランターは、フラワーデザインの透かしを内部に仕込んだ照明が浮かび上がらせる。それはバーカウンターからの眺めの演出にもつながっている。

ビルは、街路側の路面全体をテナント店舗のファサードが占めているため、路上からはホテルであることがわかりにくい構造であるのが、ウイークポイントといえばウイークポイント。ホテルエントランスへのアプローチも、そのファサードを回り込んだところに遠慮がちに存在する。だからこそ、そ

同店内のカウンター天板。チョコレート工場で使われているパーツが使用されている(写真提供/ロッテ)

の上部にホテルがあり、楽しげなレストラン施設があることを印象づける仕掛けが必要だった。テラスはそのための装置でもあるのだ。

加えてレストラン施設は、ロビースペースの不足を補う役割も担っている。2階部分にバックオフィスをすべて収容せざるを得なかった事情から、このホテルはアッパーミドル価格帯のホテルにしてはロビースペースがだいぶ小さい。

そのために、ロビーエリアとレストランのバーカウンター周辺への境目をわざとあいまいにして、自然にレストラン側の開けた空間に視線が向くようにレイアウトされている。待ち合わせにはバーで軽く一杯、あるいはその視線の先に広がるテラスでイブニングカクテルを。そんなシチュエーションを演出することによって、収益向上を図っている。ハンデを逆手にとった営業戦術といえる。

チョコレートのテーマレストラン

東京スカイツリーの偉容を間近に望む、東京・錦糸町。JR・地下鉄駅近くにある「ロッテシティホテル錦糸町」は、ロッテが国内で初めて取り組んだホテル事業である。

上層階をホテルとする複合商業施設「ロッテシティ」は、昭和の香り漂う総合レジャー施設だった旧ロッテ会館の建て替え事業によって誕生した。下層階は各種の商業テナントが入るが、1階にある「シャルロッテ チョコレートファクトリー」はホテルと同様にロッテの直営。そしてこの店舗はホテルの付帯レストランの機能も担っていて、宿泊者の朝食対応も行なう。

ロッテの主力商品であるチョコレートをフィーチャーしたテーマレストランで、手づくりのチョコレートや菓子を製造する様子を消費者にダイレクトに見せながら直販する一方、チョコレート(カカオ)を使ったランチ&ディナーメニューなどもフルサービスで提供する。

「アステカ文明ではカカオは不老不死の薬として珍重され、メキシコではその伝統が、カカオとチリを使ったモーレという料理に受け継がれています。アフリカでも同じようなカカオの利用方法が見られるし、フランス料理ではジビエ料理のソースにチョコレートを使ったりもします。もともと世界のいろいろなところでカカオはスパイスとして使われてきました。そういう文化を発信するのも当社の役目と考えています」とロッテ社はこのレストラン開発の経緯を説明する。そういえば日本でも、カレーにコクを加えるのにチョコレート、というのが知られている。

この店舗ではチョコソースを使ったカレー、カカオピザ、チョコレートを練り込んだパテといったアイテムの他、朝食メニュー(ホ

テル宿泊者のみ対応)ではチョコを練り込んだパンにチョコレートスプレッド、チョコレートドリンクなどが登場する。客層は、8〜9割が女性だ。

当初は、ここに本格的なチョコレートの小型工場をつくって見学を受け入れる案もあったが、「製造時の排気(臭気)や、床の耐加重の問題で断念した」という。現店舗では、ロッテの工場から運ばれるブロック原料を溶かして店内でチョコレートを製品化している。

テーマを持つことの必要性

そしてここでは、テーマレストランらしい仕掛けが随所に散りばめられている。

ビルのエスカレーター横の店内通路部分は、カカオ豆の採取からチョコレートがつくられる過程を動くイラストで説明した「ミュージアム」。通路に沿っては、ガラス張りのオープンキッチンならぬオープンラボ「チョコレートラボ」があり、店内で販売するチョコレートの製造過程を見学できる。

喫食スペースの入り口には、チョコレートのコンチング(溶解してなめらかさをだす作業)を見せるディスプレイがある。そこから原料を運ぶ太いパイプが天井を這うが、これは実物ではなくフェイクによる演出だ。外構側のウインドーディスプレイは、100年前のチョコレート工場のイメージ。ロッテのチョコレート工場第1号である浦和工場(さいたま市)で実際に使っていた生産ラインのパーツを持ってきてディスプレイとしている。また、セルフサービス席やカウンター席のテーブルトップに採用されている黄色半透明の樹脂モールドは、マカデミアチョコレートの型枠で、工場で実際に使われているものをそのまま流用している。

「100年前に、100年先を夢見たショコラティエたち。そんなイメージがモチーフとなりました。レトロでありながら近未来的、アンティークでありながらモダン。そういうテーマです」と話すのは、インテリアデザインを担当した竹中一晃さん(竹中一晃事務所)である。

もちろん、こうした特殊なテーマレストランを一般のホテルがつくれるわけはないし、その意味もないだろう。しかしはっきり言えるのは、なんら特色もテーマ性もない無難路線の飲食施設をつくってみても仕方がないということだ。

もう「創作イタリアン」などという打ち出し方だけでは消費者は関心を示してくれない。なにかテーマを決めて、それに沿った食スタイルを提案するというような方向性がないと厳しい。ホテル内レストランは、それでなくてもイメージ的なハンデを負う。ホテルだからおいしいものはなさそう、という先入観だ。そこをブレークスルーするには「わざわざそこに行く」だけのものがどうしても必要なのだ。

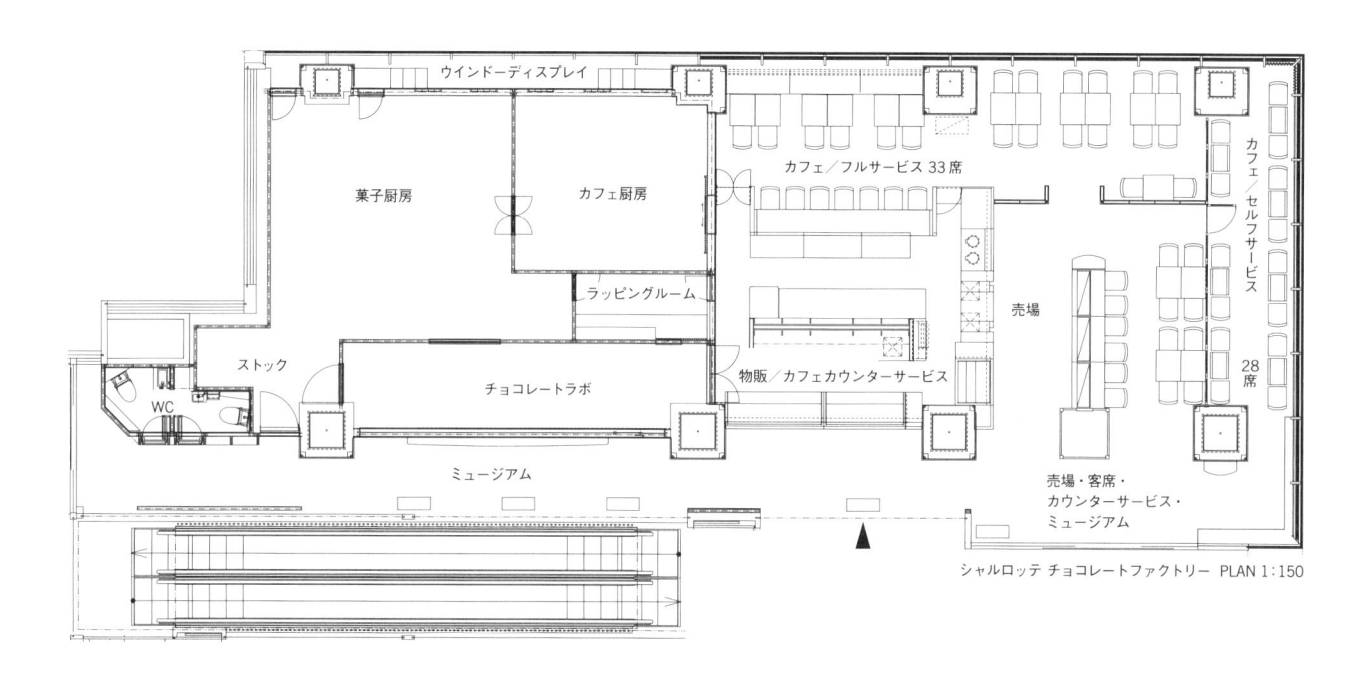

シャルロッテ チョコレートファクトリー PLAN 1:150

※「ホテルの飲食スペースをどうするか」という課題については、第1章「誌上プレゼンテーション」の中で各設計者が論じています。(P.33やP.39)

chapter
2 / 9

Special Feature Hotel

ホテルサードニクス東京
所在地／東京都中央区八丁堀1-13-7
開業／2008年（リニューアルオープン）
内装設計／ネクスト・エム 240デザインスタジオ
部屋数／135室

ホテルリソル名古屋
所在地／愛知県名古屋市中村区名駅3-25-6
開業／2010年（リニューアルオープン）
内装設計／三井デザインテック
部屋数／100室

リブランディング＆リニューアル

資産価値向上のために

この10数年ほどの間に、ホテル資産の流動化が大きく進んだ。立地は良いが運営ノウハウの不足や陳腐化で業績が悪化している。そんなところが国内外の投資勢力に安く買われていった。

投資会社はかなり安く買った分、施設リニューアルに多額の資金を注ぎ込み、マーケティングを一新して業績向上を果たす。そして資産価値を高める。それがREIT（不動産投資信託）であれば配当を上げて求心力を高め、投資機関であれば"売り抜け"を視野に入れる。

その一連の動きでキーファクターとなっているのが「リブランディング（ブランド転換）＆リニューアル」である。リブランディングは、有力チェーンへの編入で知名度を上げたり、個性的なブランディングによる訴求力アップを指すが、それだけではなく、戦略的なカテゴリー変更（価格帯をより安く、あるいはより高く）というテーマも重要となる。

そしてリニューアルは、その効果の最大化を狙って行なわれるべきもので、ただ単に内外装や設備を新しくすればいいというものではない。カテゴリー変更が必要なら、それに基づく施設構成の変更も検討する必要がある。稼働しない施設は利益を生むことができる施設に替え、逆に、客室単価向上やリピーターの拡大に確実に結びつくのであれば、非営利のサービス施設・設備を導入することもあり得る。

いずれにせよ、施設規模が大きいシティーホテルと違って、軽装備のビジネス系ホテルの場合は新規参入も容易だ。特定のカテゴリーや地域でビジネスチャンスが大きいと判断されれば、一気に他の勢力がなだれ込んでくる。

飲食や物販などと違って投資規模が大きく、リニューアル後は最低でも5年はそのまま営業する前提となるから、時代性や消費の変化を先取りするにも非常に微妙な判断が要求される。それだけにリブランディング＆リニューアルに際しては、鋭敏なプロデューサー機能が求められている。

「シングル24㎡」の売り方

東京・八丁堀にある「ホテルサードニクス東京」は、スタンダードのシングルルームでも24㎡という客室面積の広さに加え、2008年春に完全リニューアルしたことで、インターネットの口コミでもかなり評判が良いホテルだ。

前身は、1977年に開業した「ホリデイ・イン東京」。世界最大のホテルフランチャイザーだったホリデイ・イン（現在はインターコンチネンタル・ホテル・グループに吸収）の国内2番目のホテルで、当時は東京へやってくる欧米のビジネス旅行者や観光客が大勢利用していた。客室の広さや、リニューアル前に大型の1600×2000㎜のバスユニット（現在は1400×2000㎜）を採用していたあたりは、完全に欧米客の利用を前提としていたせいである。

このホテルを買収したのは、山梨県韮崎市に本社を置く建設会社の内藤ハウス。上野にも同じホテルサードニクスがある他、山梨県内で複数のホテル事業を展開する異色の企業である。2002年にホリデイ・イン東京を買収してからは、しばらく旧施設のままで営業していたが、老朽化が目立っていたことから総額12億円（FF&E含む）を投じて全面リニューアルを断行した。12億円という投資額は、100室程度のビジネスホテルの新規建設費に相当するものだ。

「施主サイドでは建て替えも検討しました。しかし容積率変更で収益性低下が予想されたのに加えて、比較的堅牢な構造で耐震補強にも大きな予算を掛けないですむことから、既存建物をそのまま生かすことになったんです。その代わりに、ブランド力の高い宿泊特化型に生まれ変わるための徹底的なリニューアルを行なうことにしました」と説明するのは、改修設計を担当したネクスト・エムの川上史朗さん。

最大の変更点は、2階にあった2室の宴会施設（合計149㎡）を客室に転用したことだ。1階ロビーから立ち上がっていた階段を撤去、2階部分の床を上げて給排水設備を通し、7室を追加して全135室とした。

ホテルのリニューアルでは見送られることが多いバスユニット、そしてエアコンの全

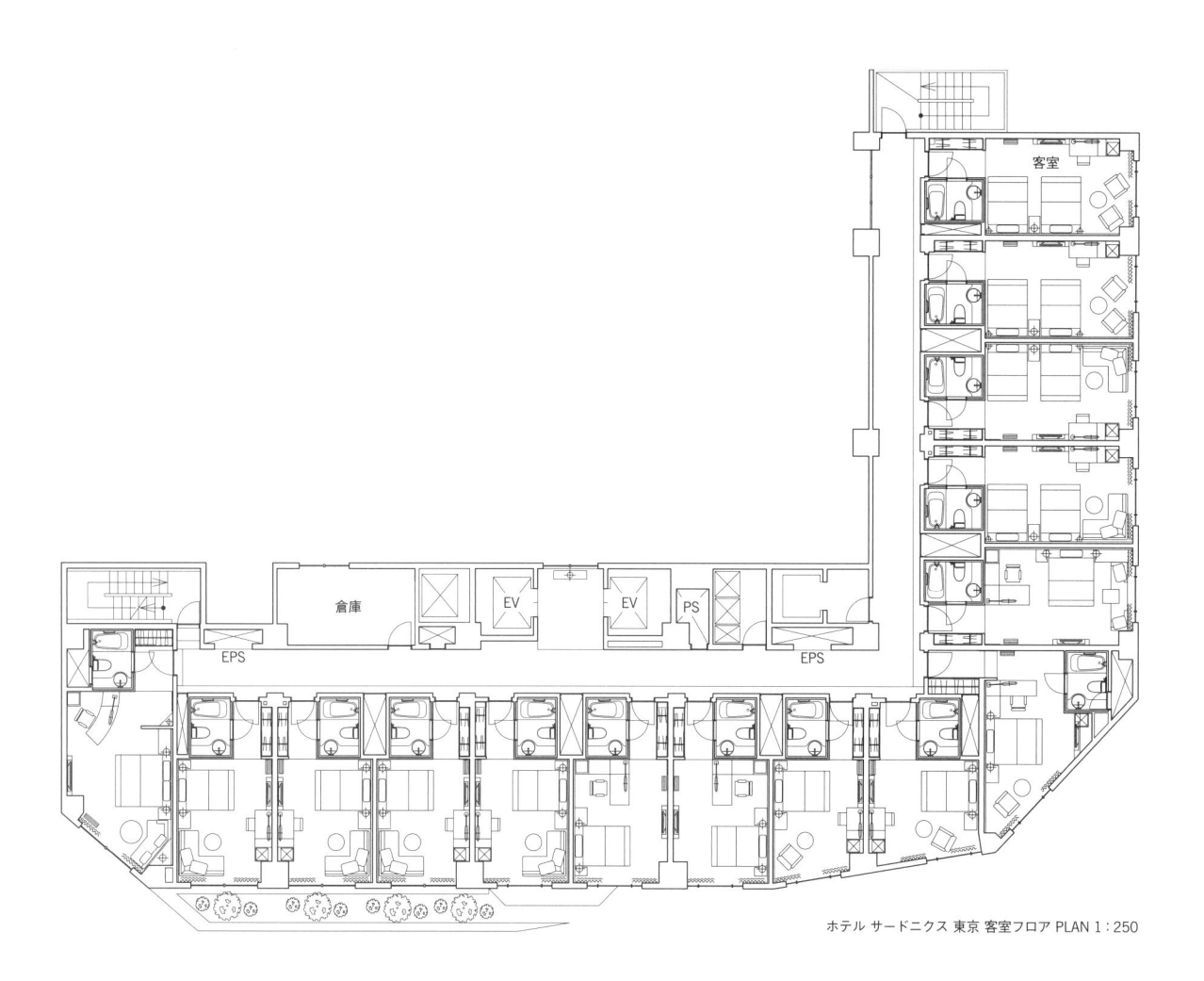

ホテル サードニクス 東京 客室フロア PLAN 1：250

面更新も大きな投資だった。エアコンは、改修前は客室の窓近くに設置されていたが、天井一体型で微調整可能なシステムに改めた。同時に給排水管を取り替えている。
外壁もデザインを一新したが、工期短縮のために既存のタイル外壁を残し、その上から新たにデザインタイルを貼る方式を採用した。躯体重量は増すものの、それは屋上にあった屋外プールを撤去したことなどで相殺された。なお1階レストランは、買収後はテナント化（現在はファミリーレストラン）されている。
L字型をした建物形状であることもあり、全9タイプと客室タイプはバラエティー豊かだ。シングル（24㎡、27㎡）が5タイプ、ツイン（27㎡）が2タイプ、ダブル（28㎡、31㎡）が2タイプ。中心となるシングルは81室ある。
「最低でも24㎡という広さを、単価にしっかり反映できるのかどうか。そこが当初は悩みどころでした。消極策としてツインを増やし、ベッド稼働率を上げる選択肢もありましたが、やはり広々としたシングルを最大の武器に、固定客をしっかり獲得していくマーケティングを優先しました」とホテル支配人の戸島鉄也さんは話す。
客室は「マイ・スタイリッシュ・ルーム～東京マイルーム」というコンセプトのもと、従来のビジネスホテルにはない余裕のあるホテルライフが満喫できることを訴求することにした。シングルでも、広々としたワーキングデスクやサイドテーブルがあり、仕事の打ち合わせにも使えそうなソファセットも置かれている。客室タイプが多彩だけにレイアウトや形状もさまざまで、それがリピート率向上にも結びつく構図だ。
ベッド1台と同等のスペースを持つ「プレジデントデスク」を備えたデラックスシングル（27㎡）などは、「客室で仕事をすることの多い外資系企業の指名予約が目立ち、同じタイプを同時に複数押さえるケースもある」という。
また日本人ゲストも客室タイプの指名予約が多いというが、これもマイルームというコンセプトが評価されてのことだろう。平均客室単価（ADR）は、リニューアルによって3000円程度アップしたという。

サービス施設から収益施設へ

この数年で勢力を拡大しているミッドプライスの宿泊特化ブランドに「ホテルリソル」がある。現在は全国で14軒を展開する中堅チェーンだ。
その中で「ホテルリソル名古屋」は、旧「フィットネスホテル330名古屋」からのリブランディング＆リニューアルによって2010年に開業した。名古屋駅から徒歩4分という好立地も手伝って業績は好調だ。
リソルを展開するリゾートソリューション社

「ホテルサードニクス東京」の客室「デラックスシングル」。27㎡の広さにベッド幅160cmとゆとりを持たせた（撮影／サラサ 馬場祥光）

は、ミサワリゾートを前身として、三井不動産やコナミの資本参加を受けて社名変更した総合レジャー産業企業だ。ホテルリソルのほか、ゴルフ場、リゾートホテル、旅館を運営し、保養所や福利厚生施設の企画・コンサルティングのスキームも提供している。旧フィットネスホテル330名古屋は「健康」をテーマに1989年に開業。フィットネス施設を備えたビジネスホテルという珍しい業態で人気となったが、開業から20年が経ち業績は低下気味だった。

せっかくのフィットネスも宿泊客のサービス施設であるため利益創出にはつながりにくく、大型のフィットネス専業施設の開発が都市部でブームとなったこともあって、稼働は芳しくなかった。そこでリソルでは、リブランディングにあたって施設構成を変更することにした。

2階のフィットネス施設部分は、広い窓を持つ明るいミーティングルーム（35㎡）に転用され、フィットネスのロッカー室と倉庫スペース（合計約40㎡）は女性専用アロマリラクセーションサロン「ラクシス」に生まれ変わった。また地下2階にも会議施設（83㎡）がある。

「施設変更は収益性向上が大テーマでした。ミーティングルームや会議室は、市内企業の利用や展示会の需要を狙ったものです。以前はシティーホテルで開催していたものが、より安い料金の施設でというニーズは増えています。また、ラクシスは、女性宿泊客を増やすマーケティングの一環です」とリゾートソリューション社のファイナンス＆ディベロップメントは説明する。

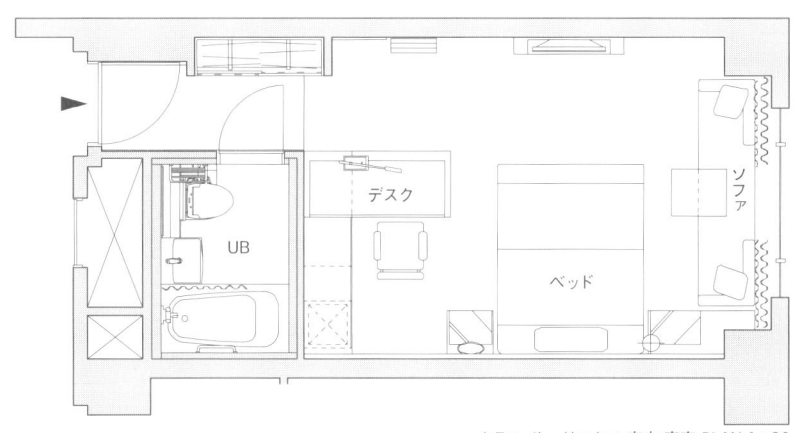

ホテル サードニクス 東京 客室 PLAN 1：80

「ホテルリソル名古屋」2階の女性専用アロマ・リラクセーションサロン「ラクシス」

最近はビジネスホテル業態でも、女性客獲得狙いのエステや簡易スパといったリラクセーション施設をテナント誘致や業務提携で設けるところが多いが、ラクシスはリゾートソリューション直営であり、研修でノウハウを身につけたホテルスタッフがセラピストを兼務する。

2階にあるラクシスは階段でもエレベーターでもアプローチできる。施術室は2室あり、アジアンテイストのウッドブラインドやカーテン、塗り壁仕上げでヒーリング効果を演出する。グリーンとオレンジの対比が印象的なレセプションルームも広く、ヘッド＆フットマッサージなど簡単な施術はここで行なう。「ラクシス利用の宿泊プランの予約が好調で、女性の集客効果は実証されています。リノベーション前は1割だった女性客比率が3割にアップしました」という。なお客室稼働率はリノベーション前に比べて10％程度アップした。

客室（基準タイプのシングルで約14㎡）のリニューアルでは、カーペットからフローリングタイプの床材に変更し、靴を脱いで過ごすホテルライフを提案している。ベッドマットは、ポケットコイルに低反発素材や抗菌防臭不織布を合わせた5層構造のオリジナル仕様だ。ホテルリソルは、こうした客室環境とリラクセーションサロンとの組み合わせによって「くつろぎ」をブランドテーマとして打ち出している。

上／同ホテル2階のミーティングルーム。もともとフィットネス施設として利用していた空間を、ミーティングルームへと転用した　下／同ホテルのツインタイプ客室。全室を、靴を脱いであがるタイプとし、リラックス空間を提供する（3点、写真提供／リゾートソリューション）

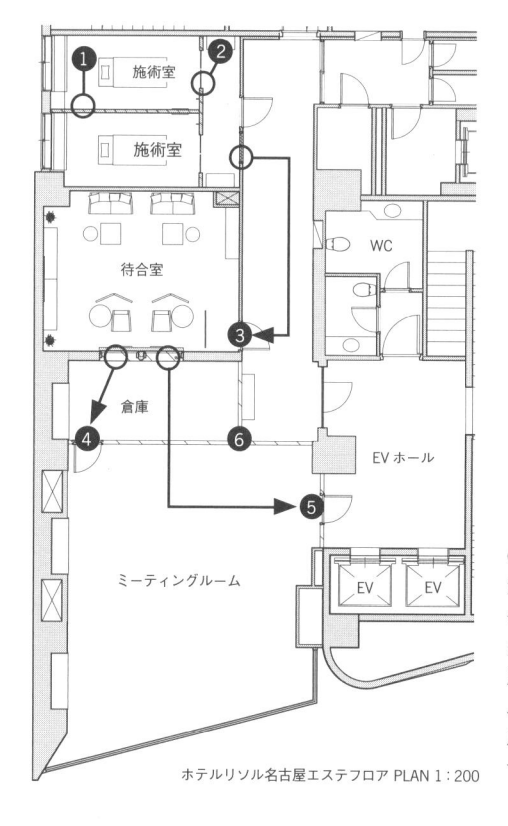

ホテルリソル名古屋エステフロア PLAN 1：200

❶新規に壁を設置　❷既存壁を解体後、新規に壁を設置　❸待合室用に扉を移設。移設済み部分は壁でふさいだ　❹倉庫用に扉を移設、移設済み部分は壁でふさいだ　❺ミーティングルーム用に扉を移設。移設済み部分は壁でふさいだ　❻新規に壁を設置

ホテルカンラ京都の外観。予備校の校舎だった建物をホテルにコンバージョンした(撮影/松岡宏和)

chapter 2 / 10

コンバージョンの道筋

Special Feature Hotel

ホテルカンラ京都
所在地/京都府京都市下京区烏丸通六条下る北町185
開業/2010年
設計/都市デザインシステム　コクヨファニチャー
部屋数/29室
※商店建築2010年11月号掲載

ホテルアンテルーム京都
所在地/京都府京都市南区東九条明田町7番
開業/2011年
設計/都市デザインシステム　コクヨファニチャー
部屋数/61室
※商店建築2011年10月号掲載

ホテルマイステイズ御茶ノ水コンファレンスセンター
(貸し会議室、レンタルオフィス)
所在地/東京都千代田区神田淡路町2-10-6
　　　　オークプラザ2階、3階
開業/2007年
企画/新日鉄都市開発+ビジョンデザイン
内装設計/エヌスタジオ　植木健一
※商店建築2007年10月号「オフィス空間」特集に掲載

予備校をホテルに

コンバージョン(用途転換)が商業施設開発で注目されるようになって久しい。既存施設を異なった業種に転用するその手法は、たとえばオフィス、飲食、流通、物販などの分野ではさかんに行なわれているが、ことホテルに関しては、ホテルから他業種へ、他業種からホテルへ、そのどちらの方向でもまだ模索が続く段階といっていい。
一部で、業績が低迷しきったビジネスホテルの客室をレンタルオフィスに転用するといった動きはあるものの、そのレベルでは

ホテルカンラ京都

改修前

教室階(既存) PLAN 1:500

1F(既存) PLAN 1:500

ホテルカンラ京都

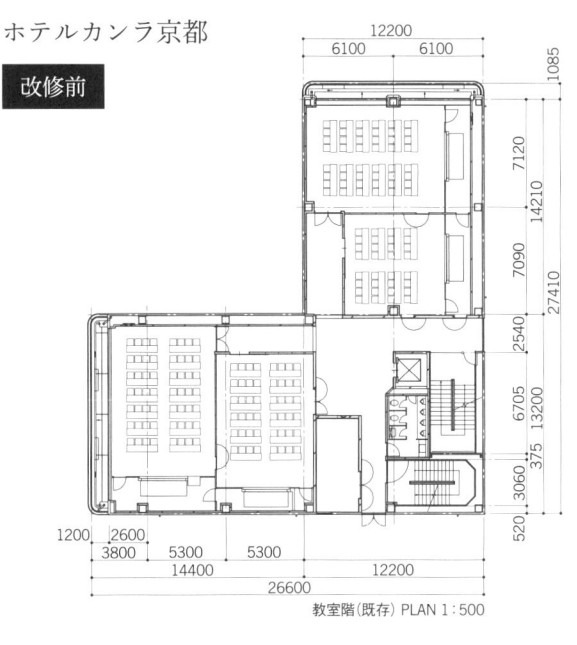

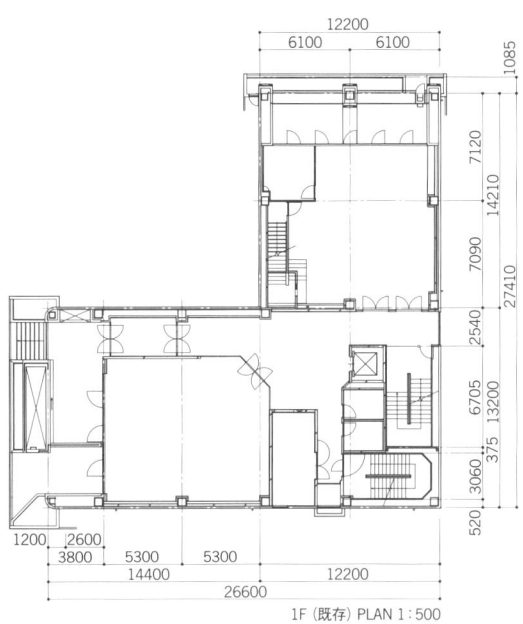

改修後

5F PLAN

1F PLAN 1:400

B1F PLAN

コンバージョンとは言い難い。それほどにホテルという商業施設はコンバージョンの対象になりにくいようだ。

そんなところに一石を投じたのが、2010年10月に京都・東本願寺の北側に開業した「ホテルカンラ京都」だった。

ホテルに生まれ変わる以前は、代々木ゼミナールの予備校校舎。その再生を担ったのが、都心でクラスカ、グランベルホテル(渋谷、赤坂)などの宿泊特化型デザインホテルを開発・運営してきた都市デザインシステム(現UDS)だ。その経験から、オーナーである代々木ゼミナールにホテル施設への

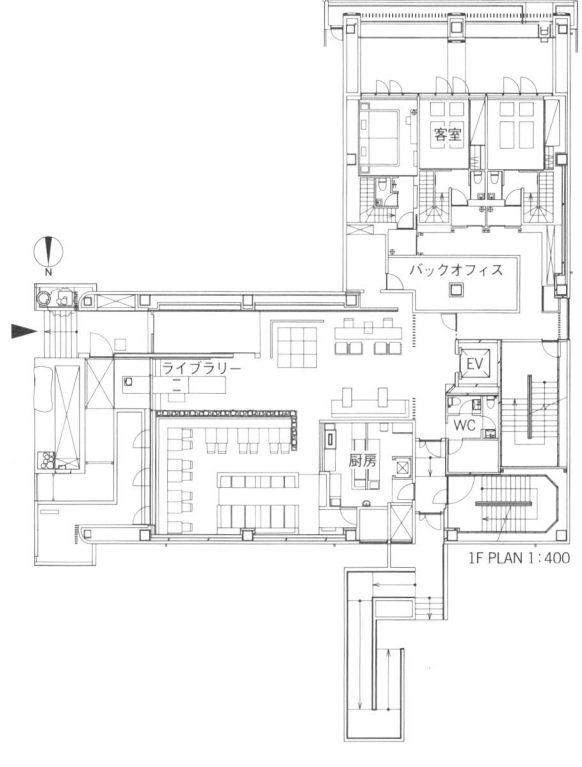

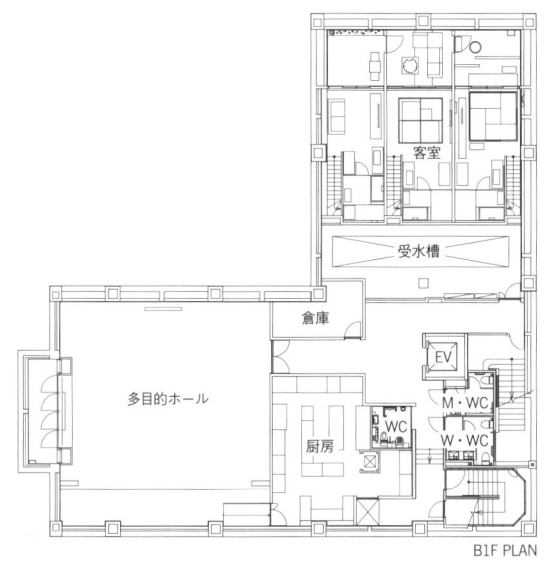

コンバージョンを提案し、それを自ら賃借して直営に乗り出した。

5階建ての校舎はL字型のフロア形状で、両方のウィングに各階で約150㎡の教室が2室ずつあり、コアの部分にはエレベーターやトイレ、倉庫などがあった。その教室部分を壁（乾式耐火防音間仕切）で仕切って3分割し、ホテル客室に転用した。多くの生徒・学生が入る教室空間は、圧迫感の軽減という目的もあって、もともと天井を高くつくっている。ここの場合も各階3900mmあった。そのために客室の水まわりを容易に創出することができた。

給排水管を通すため床は32cm上げたが、それでもまだ3600mmとかなり余裕のある天井高である。ホテル客室に転用する場合はこの給排水のスペース確保がカギとなるが、そのためには天井高にある程度は余裕があることが前提条件となる。

ただし、教室は正方形に近い平面形状だったため、これを分割すると客室形状は細長い長方形となってしまう。1室50㎡前後とスペースはラグジュアリーホテルの基準タイプ並みだが、うなぎの寝床といった印象は拭いきれない。しかしそのマイナスをプラスに転じることこそ、いわば設計者の腕の見せどころ。

設計を手掛けた都市デザインシステムの中原典人さん（P.36）は、こう説明する。
「その答えが京町家でした。町家には、部屋の続きの横に土間の通路（ハシリ）が貫通していて、いろいろな生活空間を結んでいます。間口から奥の畳敷きのリビングに至る通路スペースをそれに見立て、これに沿って、まず水屋ならぬ水まわりを設け、その先にベッドスペースとワーキングスペースを置き、その先に座敷であるリビングがあるというコンセプトを描きました」

基準客室となるスーペリアルームとデラックスルームでは、エントランスを入ったところに水まわりが集約され、浴室、トイレ、洗面の3点分離方式だ。しかも浴槽には米ヒバの木風呂が使われている。この木製浴槽（ハウスアンドハウス社製）は、含水率を0％にする特殊乾燥技術とセラミックス処理によって、清掃後に水を張らなくても割れが生じず、カビも発生しにくいという。そして浴室の床材も木製という凝りようだ。さらに"おくど"に見立てた洗面台も天然石のオリジナル品である。ベッドスペース（1400サイズ×2台）には、通路との結界を意味する和のイメージの天蓋を設けた。そして奥には畳の間。

これを2人で使えばとても贅沢なツインであるが、じつは、開発当初から想定していたのが修学旅行のマーケットだったという。畳の間に3人が布団で寝て、合計5人が宿泊するという前提だ。

「3万円の客室も、5人なら1人6000円です。修学旅行というと安売りのイメージがあるかもしれませんが、メリットも大きいんです。全員分の朝夕の食事がついて、京都であれば連泊も見込める。それに2年前から予約が入りますから、ホテル側としてはオフ期の安定運営のベースをつくることができます」

予備校大手企業がオーナーなので、教育関連での集客を狙う意図もそこにはあった。もちろん、観光シーズンは料金がアップし、広い客室空間をゆったり使うカップルやファミリーが客層の中心となる。畳のリビングは、座卓や座椅子といった家具のすべてが押し入れの下部にすっぽりと収納できる設計となっている。

客室は他に、1階と地下1階と合わせたテラス付きのメゾネットルーム（60㎡）が3室あり、両方の客室棟を結ぶ要の部分には、2名定員のダブルルーム（32㎡、2～4階の3室）がある。このダブルルームは修学旅行での利用時には、引率者用の客室として使われる。

1階には、地場食材をフィーチャーしたレストラン「ザ・キッチン カンラ」（38席）があり、地下1階には多目的空間であるファンクションルーム（109㎡）がある。ここは、修学旅行が入れば食堂になり、他のシーズンでは結婚式の2次会やイベントに使われ

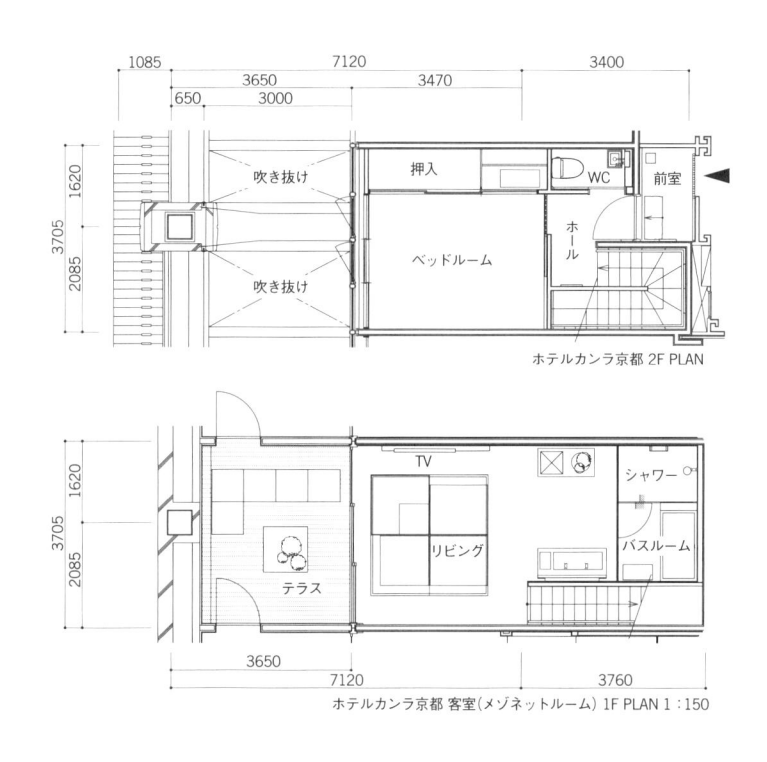

ホテルカンラ京都 客室（アクタスルーム）PLAN 1:150

ホテルカンラ京都 2F PLAN

ホテルカンラ京都 客室（メゾネットルーム）1F PLAN 1:150

上／ホテルカンラ京都のロビー。天井には、人の動きや温度に反応して光の様子が変化するインタラクティブアートが仕込まれている（撮影／松岡宏和）　下左／アクタスルーム　下中／メゾネットルーム　下右／スイートルーム（3点撮影／矢野紀行）

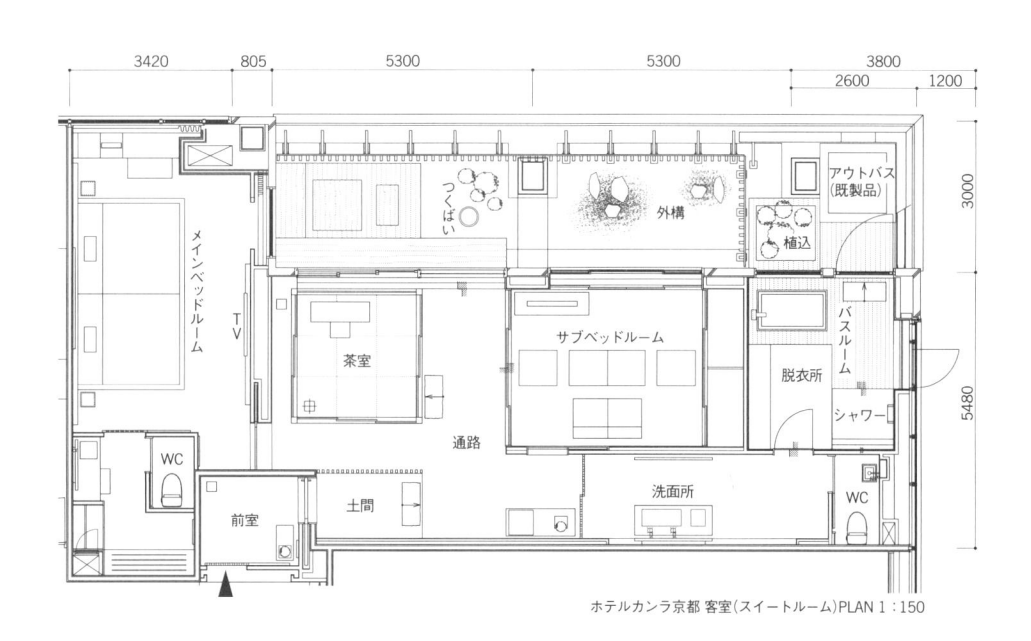

ホテルカンラ京都 客室（スイートルーム）PLAN 1：150

上／ホテルアンテルーム京都のフロント。背後の貴重品ボックスは、学生寮の下駄箱を再利用している　下左／同1階のギャラリースペース。右手には、現代美術作家の名和晃平氏による彫刻作品「Swell-Deer」が見える　下右／ホテルアンテルーム京都のテラスツインルーム。ヘッドボード部分にクッションが設置されており、ソファとしても使えるよう配慮されている（3点撮影／Jonathan Savoie）

る。最大で100人程度の食事提供を可能にしている。

教室の分割で生まれた細長い客室形状はネガティブな要素に違いなかったが、そこに町家の空間イメージを移植し、京都らしさを演出してポジティブに転換した手法は興味深い。後続の参考になるはずだ。

学生寮をホテル＆アパートメントに

代々木ゼミナールと都市デザインシステム。この組み合わせによるホテルへのコンバージョン事業の第二弾となったのは、同じ京都の九条に2011年4月開業した「ホテルアンテルーム京都」だ。

こちらは予備校ではなく、そこに通う学生の寮（6階建て）を、ホテルと賃貸アパートメントに転用したものである。なお、既存建物の3分の1を学生寮としてそのまま存続させている。長らく拡大路線を走ってきた教育産業界は、少子化時代という一大転換期を迎えて事業の再構築に忙しく、そこに建て替えやコンバージョンの必要性が生じている。

先述のカンラホテルでは京町家のイメージを持ち込んだのに対し、このアンテルームでは「アート＆カルチャー」がテーマだった。いわゆるデザインホテルの系譜だ。「友人であるアーティストの家」をデザインコンセプトに据えている。伝統的でオーセンティックな場ではなく、あくまでラフで気楽な空間であり、そこに集う者たちが互いに刺激し合って新しい価値観を創出していく場。そんな意味だという。

そのために、寮の既存設備で活用できるものはそのまま生かしながら、インテリアの

ホテルアンテルーム京都 PLAN

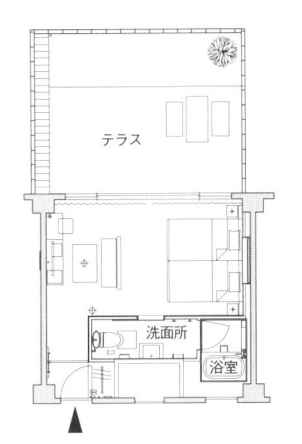

客室(テラスツインルーム) PLAN 1:200

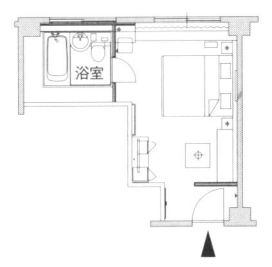

客室(ダブルルーム) PLAN 1:200

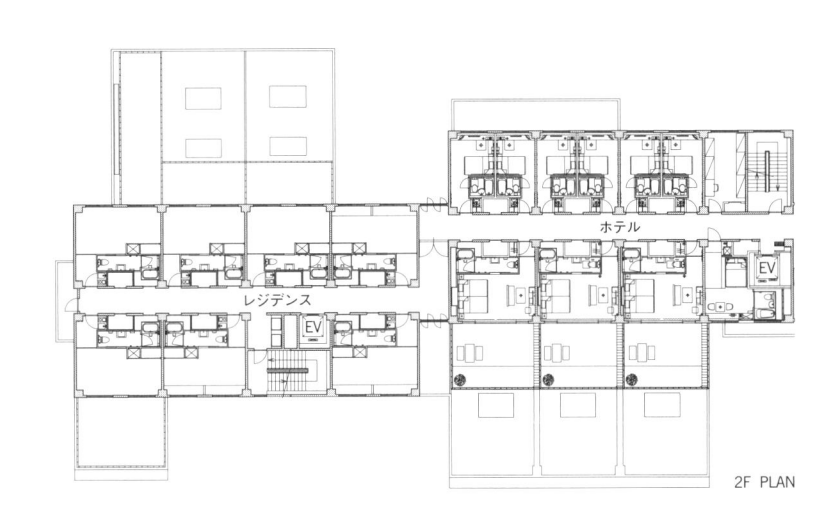

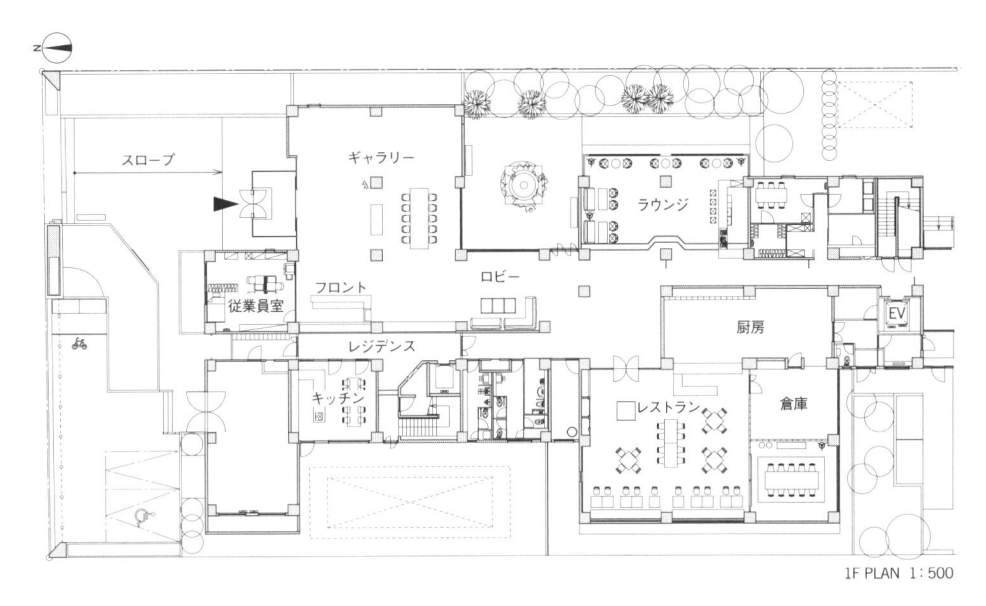

2F PLAN

1F PLAN 1:500

大胆な更新によって空間を置換している。エントランスを入るとアートギャラリーが展開し、ここのアパートメント内にオフィスを設ける現代彫刻家・名和晃平さんのアート作品がゲストを出迎える。ロビー&ラウンジもレストランも、天井はスケルトンの配管むき出し。そんな空間をアート感覚あふれる照明が照らし出す。

「観光や商業の要所が集中する格式のある駅北と違って、駅南エリアは庶民的で活気のある街並みですから、伝統や歴史を打ち出すよりも、京都の新しいカルチャーの発信基地となるような施設にしたいと考えました。京都は、伝統文化を守る精神が強固な一方で、新しい文化を発信していこうという気概にあふれています。新施設が、その受け皿の一つになればと考えたわけです」と中原さんは言う。

アンテルームの建物は、2階以上の正面手前にアパートメント(50室)があり、奥にホテル客室(61室)がある。そして既存の寮施設はさらにその奥に別区画である。ホテル客室は、寮の個室をそのまま転用したスタンダード(シングルルームに相当=15㎡)49室、ダブル5室がある他、2室分を1室につくり替える"ニコイチ"で生まれたツイン(30㎡)4室、テラスのあるデラックスツイン3室をカップルやファミリー向けに用意している。

客室は、スタンダードの宿泊料金が6000円程度とリーズナブル路線だ。「あえてつくり込んでいないラフなデザイン路線に共感してもらえるような20～30歳代、あるいは外国人旅行者をメーンターゲットに据えた」ことで、既存設備をできるだけ生かし初期投資を抑えるという相関関係が成立したわけだ。

水まわりについては、シングルとダブルでは既存のユニットバスを完全クリーニングして流用しているが、構造自体に手を加えたツインでは新しいものに入れ替えた。家具類はすべてオリジナルデザインのものに入れ替え、その製作では、都市デザインシステムの親会社であるコクヨファニチャー(P.123)のノウハウが生かされている。無垢古材などを利用した。なおアパートメント居室もニコイチ手法によって相応の広さを確保している。

1階正面のエントランスは、ホテルとアパートメントでそれぞれ分けられていて、別動線を確保した。ホテルゲストはギャラリーからフロント、ロビー、ラウンジを経由して階上に向かう。レストラン「アンテルーム ミールズ」は気軽なカフェバー業態。DJブースを備えたバーカウンターのあるラウンジは、庭の植栽を眺めながらくつろげる空間となっている。

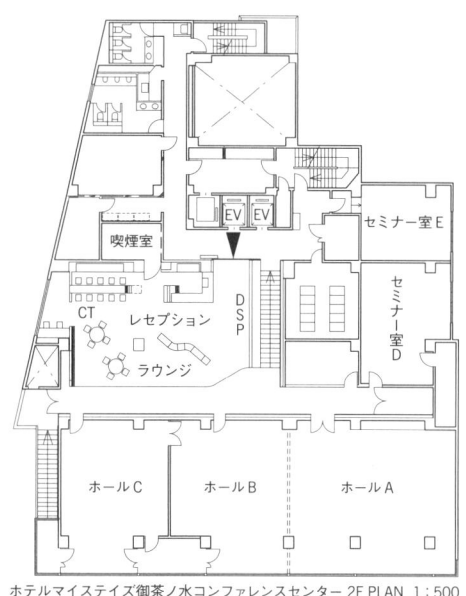

ホテルマイステイズ御茶ノ水コンファレンスセンター 2F PLAN 1:500

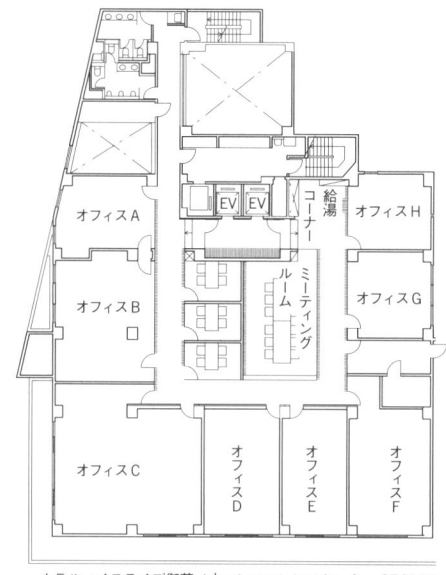

ホテルマイステイズ御茶ノ水コンファレンスセンター 3F PLAN

ホテル宴会場をビジネス拠点にコンバージョン

京都の二つの事例が他業種からホテルへのコンバージョンであれば、その逆の必要性も生まれている。ホテル施設を他の事業施設に転用するケースだ。

バブル期以前に建てられたちょっとした規模のホテルなら、ビジネスホテルといえども宴会・会議施設を持っていることが多い。長期不況で企業の利用需要は細り、施設の稼働は低空飛行続きだ。その打開はホテル業界全体のとても大きな課題となっている。そこに手をつけたのが、東京・神田淡路町に2007年に開業した「OAK PLAZA(オークプラザ)」だ。大手製鉄企業のグループ会社が所有・経営していた旧「ホテルニュー神田」のリブランド案件で、国内REITへの転売にあたって施設の根本的な収益性向上策が図られることとなった。

最優先の解決テーマは、2階と3階の宴会施設がほとんど稼働していなかったことだった。そこで白羽の矢が立ったのが、都心で会議室、イベントホール、オフィスのレンタルやIT支援事業を展開するビジョンオフィス社だった。同社は、2フロアの宴会場を、貸し会議室とレンタルオフィス施設につくり替えて「ビジョンセンター秋葉原」(商店建築2007年10月号「オフィス空間」特集に掲載)を開業した。

会議施設では宿泊研修、セミナー、展示会といった需要があり、秋葉原が近いことで電機メーカーの展示会やタレントのファン感謝祭といったイベントも少なくない。レンタルオフィスは、地方の企業や外資系企業が東京進出の足掛かりに利用するケースが多いという。

そうした需要は、客室や付帯するレストランにも相乗効果をもたらす。客室部分はウィークリーマンション東京の宿泊特化ブランドである「ホテルマイステイズ御茶ノ水」にリブランドされて内装も一新したが、研修やセミナーの宿泊パックの需要がなかなか厚いようだ。

なお、ビジョンセンター秋葉原は、2011年7月から「ホテルマイステイズ御茶ノ水コンファレンスセンター」と名称が変更され、ウィークリーマンション東京の運営に切り替わっている。

コンバージョンを先導したビジョンオフィス社長の上原一徳さんは「ビジネス施設で合宿研修やセミナーの企画をいろいろと開発することで、ホテルは連泊が増えて稼働が安定し、付帯の飲食施設も客数が伸びる。そしてビジネス施設は、ホテルから客室や食事を安く提供してもらえる。そういう互助関係がこの手のコンバージョンでは成り立ちます。他のホテル施設への進出も積極的に検討しています」と話す。

ホテルマイステイズ御茶ノ水コンファレンスセンター のミーティングスペース。ビジネスホテルの宴会場と会議室だったフロアを、セミナールームやレンタルオフィスに用途転換した
(設計/n STUDIO　植木健一　撮影/牛尾幹太)

chapter 2/11 都心型の新しいビジネスモデル

Special Feature Hotel

ヴィアイン秋葉原
所在地／東京都千代田区
　　　　神田須田町二丁目19-4
開業／2011年
設計／東レ建設
部屋数／284室

ソラリア西鉄ホテル銀座
所在地／東京都中央区銀座4-9-2
開業／2011年
設計／日建設計　日建スペースデザイン
部屋数／209室

アワーズイン阪急
所在地／東京都品川区大井1-50-5
開業／2011年
設計／日建設計　大林組
　　　　ネクスト・エム
　　　　240デザインスタジオ
部屋数／1100室

「屋外廊下」という珍しい構成が生み出す個性的空間

東京・秋葉原の万世橋近くに2011年3月に開業した「ヴィアイン秋葉原」は、ビジネスホテルの建築概念に一石を投じることになった。その理由は三つある。

まず、総客室数の8割に、窓から外を眺めることができるビューバスを設置していること。客室フロアの廊下が、オープンエアの吹き抜け（4〜25階）を取り囲んだ屋外廊下であること。そして、免震構造やプレストレスト鉄筋コンクリート（PRC）構造といった工法を積極的に採用していること。加えて、この三つの要素はそれぞれに関連性と必然性を持っている。

特に8割の客室がビューバスを付帯するという特色は、従来のビジネスホテルはおろかシティーホテルやリゾートホテルでも見られない形式だ。それを実現できた理由は、客室フロア平面図を見れば一目瞭然だろう。2カ所の吹き抜けを取り囲んで外廊下が設けられ、その外周に客室がレイアウトされている。1フロア13室ある中で、ビューバスでない客室は西側の端にあるシングル2室のみだ。

フロア平面図を眺めると、吹き抜けや廊下部分に割かれたスペースが多く、一見、営業面積効率がとても悪いように感じる。しかしこれこそが要であって、これら"屋外部分"は建物の容積率対象から除外されるため、そのぶん高層化が可能になったとい

ヴィアイン秋葉原の外観。天空率を確保するために生み出された曲面を描くファサードは、結果的に建物に強いインパクトを与えている。ビジネス利用だけでなく、国内外の観光客の利用も見込む

左／吹き抜けを見上げる。吹き抜けを囲んで屋外廊下があり、その廊下に面して客室が並ぶ
右／客室階の廊下。上部に高く吹き抜けている

うわけだ。180坪というビジネスホテル向けとしても決して広くない敷地に25階建てを建てることができたのは、そのためだ。そして、計画スタート時の与件であった「シングル主体で208室」を大きく上回る284室を確保した上、ビューバスという強力なツールをほとんどの客室に備えることができた。基本設計・施工を担当した東レ建設によれば「通常のスクエアな形状の建物で内廊下とした場合はというと、150室を取るのが精一杯だったはず」と説明する。

建物正面に当たる扇型部分に七つ並ぶのが、基準客室である「シングルB」である。この扇状となった構造も、高層化に伴う天空率確保のため、ファサード側の両サイドを削らざるを得なかった苦肉の策なのだが、そのおかげで全室がビューバスを備え、方角によって多様な眺望を楽しめるという副産物も生むこととなった。

客室の柱を肉薄にして外に出す構造も大きなポイントだ。建物はPC鋼線を入れることでテンションを高めるPRC構造による工法を採用している。ほとんどの客室が窓2面以上を備え、明るく開放的なのだが、通常の工法ではそうはいかない。「小型のビルでは採用が進んでいるPRC工法だが、これだけの規模の建物で採用するのは珍しい」と東レ建設は言う。複雑な建物形状による地震時の振動の影響については、免震構造を採用することで対処している。

客室数を最大化するためにはどういう方策が考えられるか。その命題をすべての関係者が突き詰めていった結果、形になったのが、つまりこのホテルであり、この構造ということである。ビューバス設置客室が8割という特色も最初からあった命題ではなく、高層化のための構造特性から生まれ出た副産物という側面がある。

シングル13㎡を標準として無料朝食サービスを導入するバジェット価格帯のヴィアインホテルチェーンは、1996年開業の「ヴィアイン下関」を皮切りに西日本エリアで展開していたが、2009年開業の「ヴィアイン東京大井町」で東京圏進出を果たした。そして秋葉原に続いては、東銀座、新宿3丁目にも新設している。

「ヴィアイン」シリーズのデザイン面での特徴は、このところの新規案件ではそれぞれのホテルが独自のカラーとコンセプトを持ち、あえてブランドとしての統一感を出していない点だ。この点について、デイリーサービスネットのヴィアイン事業室担当部長の井田弘仁さんはこう説明する。

「立地特性とターゲット設定によって、店舗コンセプトやデザインは柔軟に変えています。建物をどうつくれば収益性を最大化できるか。その実現のためには、立地ごとに建築スタイルも変わるし、客室のあり方もそこから変わってくるでしょう。そのため、秋葉原のようなスタイルがチェーンのスタンダードになることもありません」

秋葉原が類を見ない建築スタイルとするなら、「東京大井町」は509室という巨大店舗、「京都四条室町」の低層ファサードが日本建築スタイルなら、「心斎橋」は1、2階にテナントを入れた複合ビルといった具合である。そしてそれぞれに内装デザインも大きく異なり、土地の文化、カラーを反映させたものとなっている。

狭さを払拭する
ビューバスと2面採光の魅力

さて、ヴィアイン秋葉原の客室の使い勝手は、どうだろうか。

扇型部分の11㎡の基準シングル（175室）は、面積だけでいえば低価格のエコノミークラスということになる。ヴィアインチェー

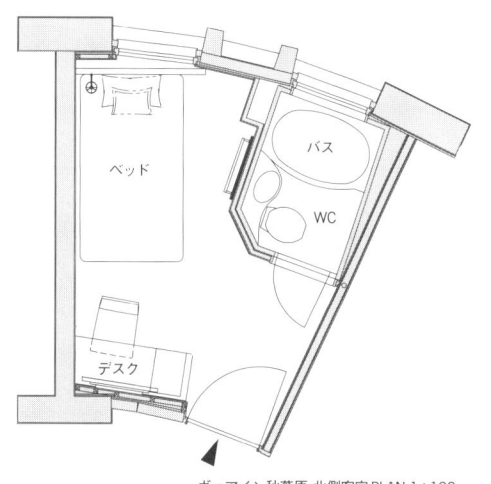

ヴィアイン秋葉原 北側客室 PLAN 1：100

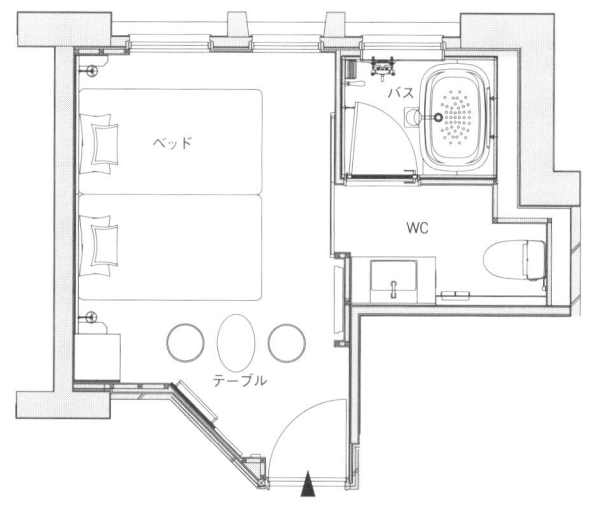

ヴィアイン秋葉原 ツイン客室 PLAN 1：100

ヴィアイン秋葉原のシングルルーム。水まわりユニットを窓側にレイアウトすることにより、従来のビジネスホテルに多く見られる「ユニットバスの横の通路」をなくし、空間を効率利用している
(以上4点撮影／川澄・小林研二写真事務所)

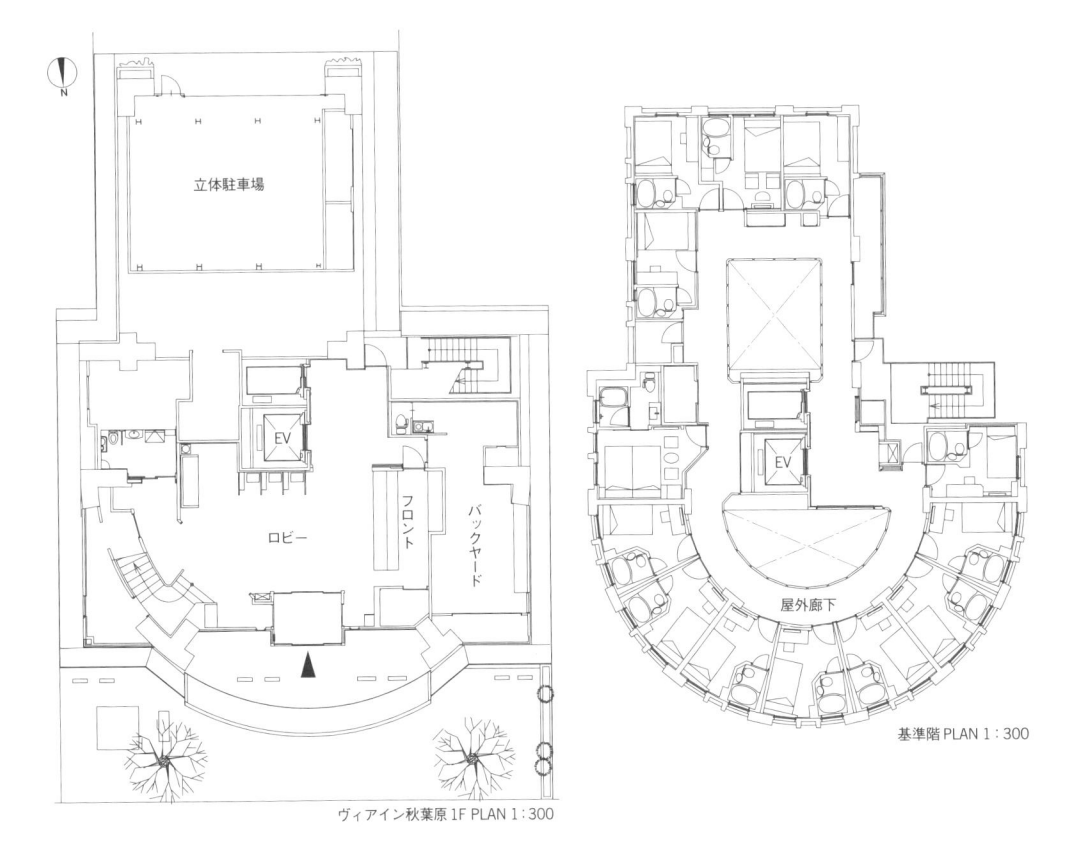

ヴィアイン秋葉原 1F PLAN 1：300

基準階 PLAN 1：300

左／ソラリア西鉄ホテル銀座の外観。銀座4丁目に位置し、銀座駅、東銀座駅、銀座一丁目駅などが近く、利便性が高い　右／同1階の宿泊者専用ラウンジ。パソコンやプリンターも設置されている。右奥の庭には滝が流れる（P.7も参照。以上2点撮影／エスエス東京）

ンのシングルの標準は13㎡だが、そこからしてもやはり狭い。しかしバスユニットとベッドを窓側に置いているため、踏み込みからの印象はもう少し広く感じる。一般的な長方形のシングル客室レイアウトだと、廊下側にくるバスユニットの横が単なる通路になってしまうが、その無駄なスペースがないためだ。

バスとベッドの2面に窓があり、踏み込み側のドアがガラス張りとなっているバスルームによって、窓から入るデイライトだけでも室内は非常に明るく、圧迫感がない。さすがにバスと並ぶベッドは1100㎜幅（ヴィアインのシングル標準は1400㎜）が限界で、いまどきのビジネスホテルでは最小の部類だが、標準体型の人間ならまあ不満はないだろう。最近では大きめのベッドを入れることでシングルのダブルユース販売を行なうビジネスホテルは多いが、ここの基準シングルはそれを一切考えないという前提である。

むしろ、ベッドサイズの不満よりも眺望の満足感の方が大きいはずだ。高層階では、北東方向に窓がある部屋では東京スカイツリーがかなり大きく見える。その威容を眺めながらバスタブに身を沈めるのはなかなか楽しく、それが高級ホテルなどでなくビジネスホテルでできるという点が魅力的だ。バスユニットもいわゆる「1216」（1200×1600㎜）と最小サイズながら、オーバル型のバスタブを採用していることで幅に余裕がある。また、シンク側にワイドなミラーを採用したことで、圧迫感を軽減する視覚効果も得ている。

この基準シングルの客室プランは、部屋の四隅が直角でなく2面にアールがある変形ユニットだ。そのためバスユニットや家具のつくり付けでは大いに苦労したという。内装の施工前段階で建物内にモデルルールをいくつもつくり、そこで試行錯誤を重ねた。

このホテルで客室のつくりのベストはどれかと聞かれれば、ツインルーム（24室）を挙げたい。ベッド側に2面、さらにビューバスに1面の計3面の窓があり、とにかく明るい。そして水まわりはバスユニットとトイレ・洗面が分離されていて、浴室では思いっきり湯浴みができる。客室面積が18㎡とは思えないほど広く感じる。スカイツリーが見える位置にあるのも、観光利用が前提のツインとしては大きな武器だ。

もっとも、水まわりにスペースを割いたぶん、ベッドは1100サイズを並べたハリウッドツイン以外にレイアウトの選択余地はない。このあたりは取捨選択のポリシーを強く感じるところである。

そしてその「取捨選択」は、このホテル全体を通した命題にもなっている。

オープンエアの吹き抜けと屋外廊下は、南国のリゾートホテルで見られるような景色をものにしている。季節の良い時期は爽やかだが、夏になれば暑く、冬はけっこう寒い。ゲストはエレベーターと客室の行き来のわずかな時間だからいいが、ルームメイクのスタッフは大変だろう。しかしそのデメリットと引き替えに、高層化が成ってビューバスなど客室の魅力付けもできたというわけだ。必ずしも快適とは言えない環境ながら、22階層の吹き抜けの壁面には、最上階の青から最下階の赤にグラデーションで変化していくグラフィックアートが施されていて、目を楽しませてくれる。

高層化、天空率確保のために生まれることになった扇型部分に展開する基準シングル。ここでも犠牲は求められることとなった。水まわりでパイプスペースを取る余裕がなく、バスユニットの壁面内部にパイプが通る構造でしかつくりようがなかった。これなども将来的にメンテナンスコストが膨らむ要素となるはずだが、やはりここでも、メンテナンス性に目をつぶってでもビューバス設置を優先したわけである。

限られた土地、限られた客室空間でぎりぎりの勝負を挑むビジネスホテル。その世界ではやはり、あれもこれもと欲張ると、結局はごくあたりまえの施設計画やレイアウトになってしまう。何を犠牲にして、どんな魅力を膨らませるのか。その取捨選択のポリシーはどうしても必要になってくる。ヴィアイン秋葉原は、その好例だ。

銀座にフラッグシップをつくる目的

東京・銀座という世界トップクラスの商業ゾーンを中心としたエリアでは、宿泊主体のアッパーミドルクラスのホテル開発が目

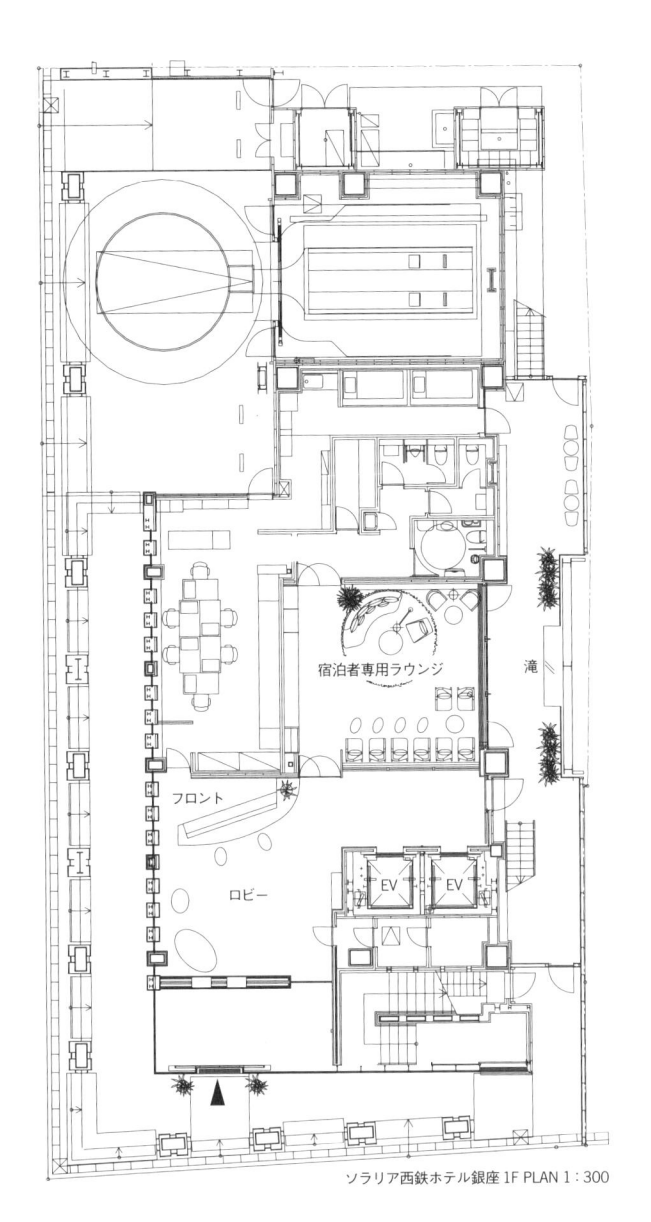

ソラリア西鉄ホテル銀座 1F PLAN 1:300 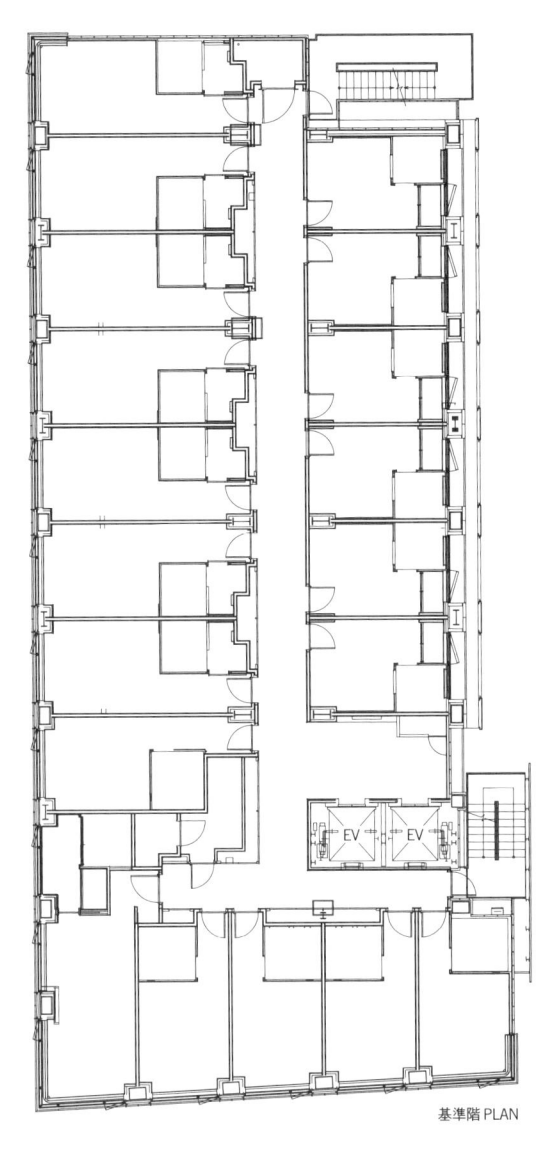　　基準階 PLAN

立っている。地価がかなり高いエリアのため、経営効率の低下が著しい高級シティーホテルをつくろうという機運はもはやなく、代わって、ビジネス系ホテルのプレイヤーたちが高効率タイプのホテルを開発しているのだ。背景には、都心オフィスビルの空室率状況がなかなか改善しないこともある。つまりオフィスビルよりもホテルの方が商売としては堅いと判断されているのだ。

西日本鉄道が銀座4丁目の松屋通りに開業した「ソラリア西鉄ホテル銀座」は、東京以西で展開しているバジェットホテルチェーン「西鉄イン」のアップクラスバージョンとして、福岡の「ソラリア西鉄ホテル」に続く2号店の位置づけて計画された。同社が2008年に取得していたビルの建て替えによって誕生したもので、業態ネーミングは「宿泊主体型アップグレードホテル」。高級シティーホテルとビジネスホテルの中間あたりを狙っていて、公示客室料金は「シングル1万8000円～」とシティーホテル並の価格。このソラリアは、銀座に続いて鹿児島市で3号店の開業が間近となっている。銀座の中心地である4丁目交差点に一番近いホテル、それがこのソラリアの最大のセールスポイントだろう。首都圏の買い物客だけでなく、地方からの観光客、訪日旅行の外国人など多様な客層が入り混じる銀座だけに、客室構成もビジネス系のそれではない。総客室数209室のうちシングル（15.4㎡）は66室だけで、あとツインやダブルという構成であり、特に女性観光客に軸足を置いたマーケティングを展開する。

とはいえ、このホテルの客室で最も特徴的なタイプといえば、それはシングルだろう。最近のトレンドに倣って窓側に水まわりをレイアウトしているが、浴室、洗面、トイレを分ける3点分離方式で、しかも浴室は「バスタブ＋洗い場」という贅沢な構成だ。15㎡強だから、そのぶんベッドスペースは押しやられることになるものの、このところの「水まわり優先主義」の先端をいく事例といえるだろう。ただし、窓の外に眺望を望めるビューバスではない。シングルが並ぶ北西側は隣のビルに面しているため、水まわりの開口部は半透明のガラス面となっている。それでも広い窓から入る外光は、水まわりスペースだけでなく寝室をも明るくしている。ちなみに、このシングルが並ぶサイドのパイプスペースは客室の外側に露出する形で設けられている。

「建築設計が同じ企業グループ（日建設計）ということもあり、インテリアの意見をかなり建築に反映させることができました。

上／ソラリア西鉄ホテル銀座のシングルルーム。洗面スペースをバスルームから独立させ、快適性を向上させている　下／同最上階にあるエグゼクティブダブルルーム。約5mの天井高が特別感を演出する（以上2点撮影／エスエス東京）

水まわりに関しては、設備との連携によってこちらの考えもたくさん取り入れることができたんです。開口部の広さや窓のデザインなどもそう。このプロジェクトはコンペの最初から建築設計とインテリアが同時に進んだというバックグラウンドもあります」
そう話すのは、インテリアデザインを担当した日建スペースデザインの橋口幸平さん（P.30）である。

10年後も価値を維持するために

「女性客」という以外に、このホテルのインテリアデザインでは「持続性」という点も与件となった。つまりは5年後、10年後も廃れない空間デザインということである。アッパーミドル業態、それも銀座の真ん中での出店ということもあり、このプロジェクトに対する西鉄の思い入れは相当に強かった。5年程度の短いスパンでマーケティングやインテリアを変えていくようなものではなく、長い時間軸で価値を訴え続けられるようなホテルにしたい。そんな意向が強く働いた。
「客室のカラースキームは時代で変化し、重厚になったり軽快になったりしますが、1980年から30年間のその変遷を調べてみた結果、『ウォールナット』の素材感はいつの年代にも顔を出している、最も普遍的な色だとわかったんです。そこで、それを基調色にすることで、デザインも目新しさではなく、持続性のある価値観を大切にしました」（橋口さん）
今日では、安価なビジネスホテルだけでなくシティーホテルでも、コスト削減のために家具は中国など海外への発注が当たり前だが、このホテルでは客室のイスなどは国産の既製品から調達している。安全性や耐久性がしっかり検証された家具を入れることで、デザイン的にだけでなく物理的にも持続性を保つという考え方だ。
最も特徴的な客室はシングルと前述したが、34㎡のプレミアムツインも他のホテルでは見られない構成で、シングル以上に訴求力を持っているかもしれない。他のタイプ（シングル、ダブル、ツイン）はすべて一般的な縦長の平面形状だが、街区の角に面するコーナールームのこの客室に限っては、他の客室タイプの3スパン分の開口部を持つ横長の形状である。

アワーズイン阪急のロビー。客室が13㎡弱とコンパクトであっても、広々としたロビー空間を設けることで、ホテル全体でゆとりある印象を生み出している

廊下からの踏み込み部分に水まわりが集約され、3点分離に加えて洗面はゆったりとしたダブルベイシンだ。水まわりの反対側はベッドスペース、そしてその先はリビングスペースとなっている。リビングスペースを奥に持ってきたのは、2面の広いガラス開口部を持つコーナーからの眺望と採光を生かすためである。

パブリックスペースでは、レセプションエリアの奥にある2層吹き抜けのラウンジが特徴的だ。広大なガラス面で構成される開口部の外には小さなガーデンエリアがあり、視線の先には象徴的な滝が流れる。循環式の水が7×2.5mの石のカスケードに沿って流れ落ちて、憩いの景観をつくり出している。

省エネの取り組みも積極的だ。ほぼ全館で照明はLEDを採用する。「最近のLED球は照射角や色がどんどん多彩になって、雰囲気を重視するホテルの空間でも無理なく使えるものが増えてきた」と橋口さんが言うように、ホテルでも照明のLED化は急速に進んでいる。

客室フロアの廊下は、省エネ対策もあって照明の設置数を少なめにしているが、そのマイナス面をカバーする工夫が面白い。1フロアあたり13個（うちエレベーターホールで3個）設置している首振り式のLED照明に、「木漏れ日」を演出するためのフィルターが設けられているのだ。廊下のカーペット上のあちらこちらに「木漏れ日」のイメージが投影され、さらにピント合わせによってその像は「くっきり／ぼんやり」と解像度を自由に調整できる。

シティーホテルからの顧客奪取を虎視眈々と狙うアッパーミドル業態。その列に加わったソラリアの訴求力は、なかなか高い。

「1100室すべてシングル」という選択

2011年3月、東京・大井町に開業した「アワーズイン阪急」は、ビジネス系の単独ホテルとしては国内最大規模の1100室。戦後に開業した阪急百貨店東京大井町店などの再開発プロジェクト「阪急大井町ガーデン」の中核施設で、敷地内にあった客室数830室の旧アワーズイン阪急（1971年開業）の生まれ変わりである。オールシングルの大型ビジネスホテルという性格は、そのまま今に引き継がれる形となった。

それにしても、東京オリンピック、大阪万博に沸いた時代とはいえ、830室のビジネスホテルを今から40年前に建設した発想

には改めて驚かされる。しかしそのルーツは戦前に既にあった。阪急・東宝グループは1936年（昭和13年）、創業者・小林一三の肝いりで日本人の出張旅客に向けた「第一ホテル」を東京・新橋に開業した。626室の客室数は当時、東洋最大と謳われたのだが、外国人旅行者ではなく日本人に向けた初のホテル、ビジネスホテルの原型ともいうべきものだった。（詳細はP.12「序にかえて」を参照）

旧アワーズイン阪急開業から長いあいだ、品川の隣り駅という性格でしかなかった大井町。しかし今では東海道新幹線・品川駅へ一駅、国際展示場のある東京臨海副都心や、大企業本社が集積する品川ベイエリアへはりんかい線ですぐという立地条件に注目が集まる。それだけにこのエリアではビジネス系ホテルの新規参入が目立つ。

旧ホテルが1泊5500円だったが、新ホテルでも値上げをせず5500円均一と価格を据え置いた。しかも旧ホテルの客室面積は旅館業法（ホテル施設対象）での下限である9㎡だったのに対し、新ホテルは13㎡と広くなった。そのことを勘案すれば、むしろ「値下げ」ともいえる。

均一価格というのは、どれだけ早く予約しようが、そしてホテルにコネがあろうがなかろうが一律ということである。一般にホテルは、需要が多い時期は部屋を高く売る。反対に、少ない時期はディスカウントしたりお得なプランを立てたり、あるいは旅行会社の宿泊商品にまとめて部屋を流したりする。しかしその作業には少なからぬ手間と人件費が必要で、ときに経営を圧迫する。その点、均一価格にすればごく機械的に予約をさばけるのだ。インターネット予約比率が高くなればなるほどメリットはさらに大きくなる。

コストパフォーマンスの軸

そうしたシンプル志向は、客室備品にも表れている。歯ブラシやカミソリなどアメニティーの類いは一切置かず、必要なら自動販売機で購入する。部屋にはティッシュボッ

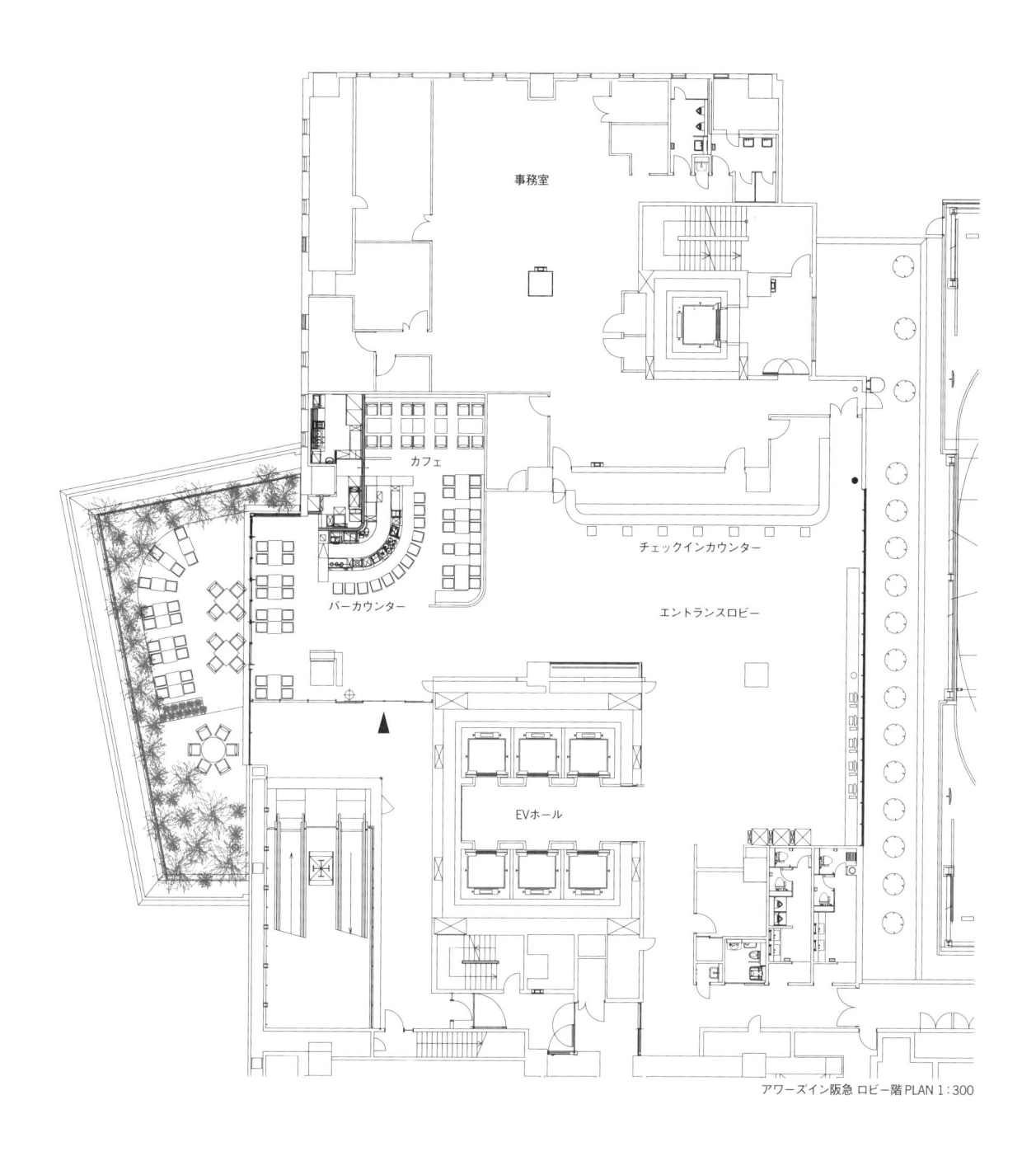

アワーズイン阪急 ロビー階PLAN 1：300

クスさえなく、チェックイン時に渡されるポケットティッシュがそれの代わりだ。徹底している。

しかし客室の快適さは価格以上であり、地上6〜29階のホテル棟（免震構造）からの眺望は周辺に高い建物が少ないこともあって素晴らしい。浴室はバスタブがなくシャワーブースだけだが、トイレと洗面は別スペースとなっている。阪急大井町ガーデン内にはスーパー銭湯「おふろの王様」（宿泊客は割引料金で利用可）が運営されていて、ホテルから直接行き来できる。だから客室がシャワーのみでも不満は感じない。

「13㎡をいかに広く感じさせるか、というのが客室設計の大命題となりました。そのために、建築設計と相談して、途中で柱や梁をなくして壁構造に変更してもらったんです。壁厚は30cmにもなったのですが、開口部周辺の処理もすっきりし、高層階の客室からの眺望がより魅力的になりました」

そう説明するのは、総合デザインプロデュースを担当したネクスト・エムの中川誠一さん（P.42）だ。インテリアからの意見で構造が変更となるケースはかなり珍しいというが、慣例を崩すところから生まれる新たな可能性というものもあるはずである。

このアワーズイン阪急は現在、旧ホテルを取り壊し、2期工事で別棟のホテルを建設中である。2014年開業予定のこちらは、300室ほどのオールツインで、カップルやファミリーをメーンターゲットとするという。オールシングルの1100室とはそれによって棲み分けを図るわけだが、やはり実需に即した値ごろ感のある料金体系となるようだ。

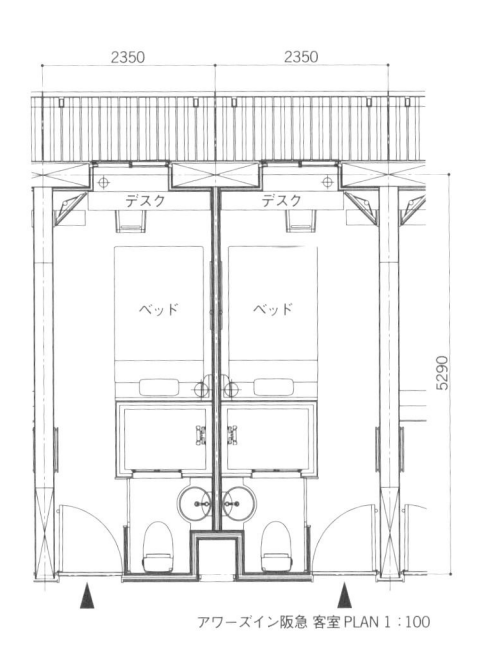

アワーズイン阪急 客室PLAN 1：100

上／客室の水まわり。バスタブを排してシャワーのみとしたが、同じ建物内に大型温浴施設（有料）があるため、そうした外部施設と補完的に利用することも想定している　下／客室。1100室がすべてシングルルームという明快な構成（以上3点撮影／クドウフォト 許斐信一郎）

知っておきたい法令・条例事情

chapter 2 / 12

"偽装ラブホテル"の規制強化

本章の「ベッドルームの価値向上」(P.55)の項でも触れたように、客室のバスルームをガラス張りでシースルー化したり、ベッドルーム側に窓を設けたりすることが客室設計のトレンドとなっている。限られる面積の客室を少しでも広く見せることができ、あるいは閉鎖空間のバスルームにデイライトを導き入れてリラックス感を演出することができる。その効果の大きさは、これまでに見た客室設計の事例からも明らかだ。客室の窓側に水まわりを持ってきて、ベッドやデスクは廊下側に持ってくるというレイアウトは、今やそれほど珍しいものではなくなった。そうしたムーブメントは、ワンパターンだったビジネスホテルの客室設計に大きな風穴を空け、上級のシティーホテルからの顧客奪取など新たなマーケットを開拓することにもつながっている。

ただし、バスルームの窓側設置やシースルー化がどこでも無条件で認められるわけでは決してない。客室の設計に神経質な自治体は少なくなく、バスルームのベッドスペース側に小窓を空けることさえ許可しない場合もある。

その根底にあるのは「偽装ラブホテル」の規制方針だ。

最近ではファッションホテル、レジャーホテルの名称が一般的で、ラブホテルという呼称はいかにも古風で陳腐だが、自治体や警察関係での表現ではまだそれが一般的なので、ここではあえてラブホテルと呼んでおく。

偽装ラブホテルとは、風俗営業法上の認可を受けずに一般のホテルとして開業しているが、実体はラブホテルというものだ。それがどのくらいあるかという数字を、警察庁が公表している。

「(偽装ラブホテルは)都道府県警察が把握するだけでも平成20年4月現在、3593施設。これに対して風営法上のラブホテル等として届出がなされているものは3867施設であり、届出がされたものとほぼ匹敵する数の類似ラブホテルが存在しているといえる」(警察庁生活安全局資料より)

「把握するだけでも」のただし書きのとおり、実際には偽装ラブホテルはその何倍もあると思われる。そして全国的に風営法上のラブホテルの新規認可は受けにくい環境になってきており、そのことが偽装を増やす要因にもなっているようだ。

利用動機でラブホテルを峻別する不思議な日本的慣習

客室が1日4回転するといわれるラブホテルは、競争激化で客室単価を落としている一般のホテルよりも儲かり、投資効率は良い。そのマーケットを意識したのか定かではないが、一般のビジネス系ホテルも、昼間時間帯を「デイユース」と称して販売することが多くなっている。客室の稼働率を

「ラブホテル建築規制」に抵触しないための同意申請手続き例(渋谷区役所ホームページより)

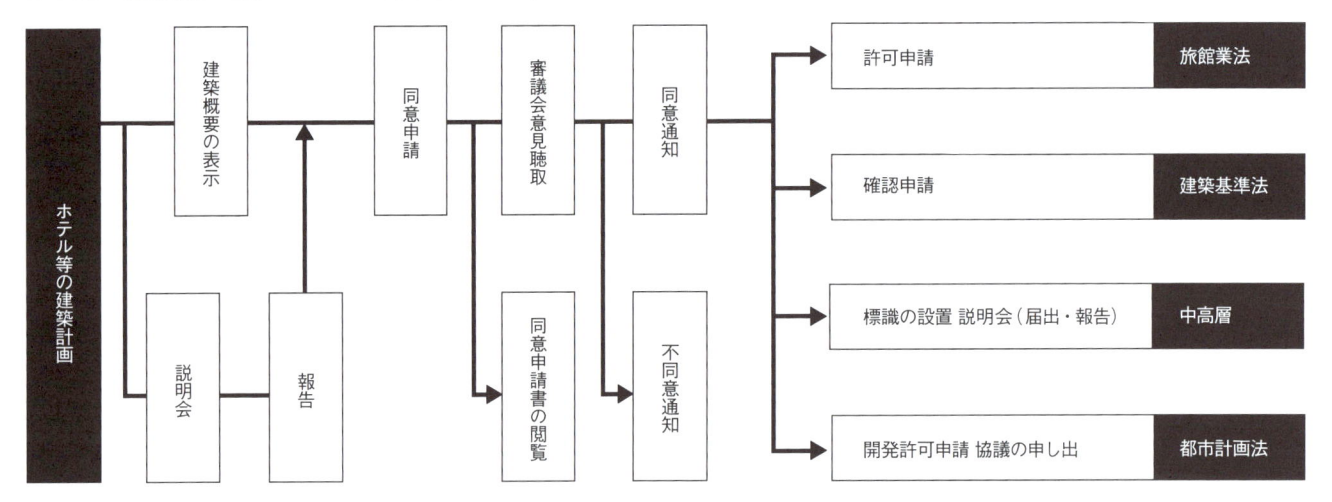

「渋谷区ラブホテル建築規制条例」が示す同意申請等の手続きの流れ。東京都渋谷区でホテルを建設する場合、区長に対し同意申請が必要となる。ラブホテルの排除を目的としている

少しでも上げたいという算段なのだろうが、各自治体はこうした動向を注視しているらしい。一般ホテルの「ラブホテル化現象」と捉えているのだろう。

自治体では、ロビーやフロントの面積、飲食施設の併設といった一般営業ホテルとしての条件を条例で細かく定めるところが多い。それがラブホテルとの峻別基準となっているわけだが、最近では客室のバスルームの設計にも指導が入るケースは多い。

国際観光施設協会の副会長も務めた森一朗さん（デザインの森代表）はこう説明する。「首都圏では特に神奈川県横浜市や川崎市が厳しく、内側からベッドスペースが見えるバスルームは条例によってつくれないことになっています。横浜市内で開業したある宿泊主体型ホテルは、ベッドルーム側に窓を切った設計で竣工したものの、現場検査で引っかかり修正を余儀なくされました。東京は区によって判断がまちまちですが、横浜などに比べればまだ規制は緩い。しかし全体として流れは厳格化の方向に向かっています」

ラブホテル規制条例といった条例を設ける自治体は増えているが、その条例内容を調べることで自治体の「厳格度」をある程度は判断できる。何度も改定し細則を増やしているなら、それだけ地元で偽装ラブホ問題が積み上がってきているということだ。

「欧米では総ガラス張りのバスルームは一般的で、上海などアジアで開発されるホテルでもそれが一大トレンドになっています。日本の行政だけが客室設計に関してラブホテルとの峻別に躍起になっている構図で、この内外格差は外資系ホテル勢力の目には不思議に映るはず。外国の設計企業による日本国内でのホテル開発が進めば、この点は一つの"障壁"としてクローズアップされていくかもしれません」と森さんは付け加える。

避難階段の扉。網入りガラス窓を設けている。通常は施錠されており外部から侵入できないが、消火活動などの非常時にはガラスを割って内部へ入ることができるようになっており、防犯と消火活動を両立させている（森一朗氏提供）

そもそも、ラブホテルなどという業種・業態があるのは日本くらいで、その規制に躍起になっているのも日本だけだろう。他の国々ではビジネスでもレジャーでも、そして男女の営みでも、使うホテルは同じなわけで、利用動機で区別することはない。その点でやはり日本の社会は特殊なのだ。

複雑になる消防との関係

ホテル設計の前に立ちはだかる役所仕事の壁。その一つに建築基準法と消防法との不整合もある、と森さんは言う。

「例えば、エレベーターの扉とシャフトの関係。建築基準法の防火戸の扉であれば、同法上は各階が遮蔽された防火区画という判断になります。しかし消防法上では、エレベーターの扉は防火戸ではないので、扉以外の防火扉を設けないと各階が防火区画として認定されない。その結果、専用防火扉を各階に設けるか、スプリンクラーなどを設置するかということになり、工事費の大幅アッ

■ 工事着工までの行政庁協議のスケジュール（都内の某ホテルプロジェクト＝300室の場合。資料提供／日建設計）

区分	項目	担当	24カ月前〜	20カ月前〜	14カ月前〜	8カ月前	7カ月前	6カ月前	5カ月前	4カ月前	3カ月前	2カ月前	1カ月前
	マスタースケジュール		基本計画段階	基本設計段階	実施設計段階	実施設計段階	実施設計段階	実施設計段階	実施設計段階	見積	見積	契約	契約
確認申請	確認申請	消防								資料作成	資料作成	審査	審査
行政庁協議	消防	所轄消防	事前協議	事前協議	事前協議	事前協議	事前協議	事前協議	事前協議	事前協議	事前協議	事前協議	事前協議
	大規模建築物指導要綱	区		事前協議	事前協議	事前協議	資料作成	審査					
	中高層建築物紛争予防	東京都		事前協議	事前協議	事前協議	事前協議	事前協議	事前協議	審査	審査		
	景観まちづくり条例	区		事前協議	事前協議	事前協議	資料作成	審査					
	東京都景観条例	東京都		事前協議	事前協議	事前協議	資料作成	審査					
	駐車場条例	東京都警視庁		事前協議	事前協議	事前協議	事前協議	事前協議	事前協議	資料作成	審査		
	福祉のまちづくり条例	区		事前協議	事前協議	事前協議	事前協議	事前協議	事前協議	資料作成	審査		
	バリアフリー法認定	東京都		事前協議	事前協議	事前協議	事前協議	事前協議	事前協議	資料作成	審査		
	区みどりの条例	区		事前協議	事前協議	事前協議	事前協議	事前協議	事前協議	資料作成	審査		
	自然保護条例	東京都		事前協議	事前協議	事前協議	事前協議	事前協議	事前協議	資料作成	審査		
	環境衛生指導（ビル管法）	区保健所		事前協議	事前協議	事前協議	事前協議	事前協議	事前協議	資料作成	審査		
	ごみに関する事前協議	区清掃事務所		事前協議	事前協議	事前協議	事前協議	事前協議	事前協議	資料作成	審査		
	排水に関する事前協議	東京都下水道局		事前協議	事前協議	事前協議	事前協議	事前協議	事前協議	資料作成	審査		
	土壌汚染の調査	東京都		事前協議	事前協議	事前協議	資料作成	審査					
	東京メトロ近接協議	東京地下鉄		事前協議	事前協議	事前協議	資料作成	審査	審査	審査			
	首都高速道路公団	首都高速東京		事前協議	事前協議	事前協議	資料作成	審査	審査	審査			
	旅館業法	区保健所		事前協議	事前協議								
	環境に関する条例	東京都								資料作成	審査		
	省エネルギー計画書	国土交通省関東地方整備局						資料作成	資料作成	資料作成	審査		
	騒音・振動の規制	区											
	建設リサイクル法	区				事前協議	事前協議	事前協議	事前協議	事前協議	標識設置		

標識設置 確認申請提出まで30日間設置

住民説明会 標識設置後すみやかに開催

住民説明会 標識設置後すみやかに開催

標識設置 解体工事開始14日前に設置

着工

プを招くわけです。こうしたことは設計者であれば誰でも矛盾に感じているはずで、行政に対して見直しを訴えていく必要があります」

更には、防犯と消防の対立関係もある。ホテルのセキュリティー機能はこのところ大いに進化している。エレベーターはカードキーをセンサーにかざさないと動かないシステムが一般化し、レディースフロアの入り口には専用ドアがある。エントランスも、深夜時間帯はカードキーがないとドアが開かない設計になっている。そこまでやれば当然、避難路からの侵入を防ぐために外階段の非常扉も外から開かないようにし、さらに厳重にロックすることが必要になる。

「消防署はそこを問題視します。それでは迅速な消火活動が行なえない、と。もっともな言い分ではあるのですが、ホテル側がセキュリティー機能の強化に走れば走るほど、消防との関係は複雑になっていくでしょう」

そう話す森さんは、設計を手掛けた新規開業のビジネスホテルで一つの解決策を見い出した。外階段の扉の内側錠付近に、書籍サイズの網入りガラスの小窓を設けたのだ（写真参照）。消防士は消火活動の際、それを打ち割ってロックを解除するという仕組みだ。

こうした設計上のポイントを消化しないまま竣工を迎えてしまうと、消防の現場確認で引っかかり、大いに無駄な時間を費やすことになってしまう。設計者にとって、当局との事前確認はますます重要になっている。

問われる設計者の交渉力

ラブホテル規制条例、バリアフリー法（旧ハートビル法）、福祉のまちづくり条例、緑化推進条例、景観まちづくり条例、消防法……。

ホテルを建設するにあたって、設計者が自治体や消防機関と折衝しなければならない事案は、時代の要請で増える一方だ。事前協議、資料作成の手間も加速度的に増える。日建設計・設計室の皿海博章さんは、「だからこそ設計者の交渉力が問われることになる」と言う。「各種の条例も、設計のディテールにまで触れているわけではなく、可否の判断はあくまで役所や保健所の担当者の裁量次第です。だからこそ、事前協議の段階から設計意図をしっかり伝える努力が絶対に必要です」

バスルームの壁に窓を設けるにしても、「不可」と条例にはっきりうたわれていれば諦めざるを得ない。しかしそうでない場合、窓を設けることでどういう心理的効果が生まれ、集客力向上に結びつくかというプレゼンテーションが必要だ。それを熱心にやるのか、それとも図面やパースを提示するだけで向こうの判断を待つのか。この違いは大きい、と皿海さんは断言する。

バリアフリーの要求も高度化

福祉社会の拡充に伴って、国のバリアフリー法、自治体ごとの福祉のまちづくり条例などが、商業施設に対して求める要求事項のハードルは年々高くなる。障害者福祉だけでなく、急速に進む高齢化もその要因だ。

ホテルに設置が義務付けられているユニバーサルルーム。この数も、バリアフリー法でのくくりだけではなく、自治体が条例で独自に設置室数などを決めている。

「大都市圏では100室当たりユニバーサルルームを1室設置というのが一般的ですが、沖縄の那覇市の場合は2室でした。ビジネスホテルでも200室なら4室必要ということで、多ければそれだけ客室販売で工夫が必要になります」（皿海さん）

またパブリックスペースに設置が義務付けられる多目的トイレも、一般のバリアフリー機能はもちろん、最近では人工肛門洗浄のためのシンクが必要になるなど要求項目は増えつつある。車イス利用者への対応も然りだ。

「ロビーのレセプションカウンターでは、車イスのまま利用できる高さが求められます。通常のカウンターの続きに低いカウンターがくっつけば、デザイン的にうまくまとめるのがとても難しい。行政の指導のままにつくればそうなってしまうのですが、例えばロビーにあるインフォメーションデスクで車イス利用者への対応を行うという考え方も可能です。このあたりも事業者側のニーズを尊重しながら、事前協議（図参照）で行政側と落としどころを探っていく努力が設計者には必要です」と皿海さんはアドバイスする。

東京をはじめ大都市圏で行政ニーズが高まっているのは、都市緑化だ。ホテルも大型になると空地緑化や屋上緑化の努力は必須条件となりつつあるが、ビジネスホテルの規模でも接道部分での緑化を求められることがある。

これは「景観まちづくり条例」などの都市計画とも連動してくる。総合設計制度、特定街区制度などを利用し建物をセットバックして空地をつくり、そこを緑化することによって容積率割増の特例が認められるケースもあるので、ネガティブな面ばかりではない。

大都市中心部では、かつては景観保全の観点からビル群のスカイラインの統一が図られることが多かったが、どちらかといえば今は、緑化や空地確保による公共利益の方が高さ制限より優先しつつあるようだ。

さて、有望市場であるがゆえに競争激化しているビジネス系ホテル。その設計では、これまでになかった価値観を空間に生み出すことで強い競争力を備える、というところに主眼が置かれている。自由で新しい設計こそがホテル業界活性化のカギといえる。だからこそこの分野は面白いのだが、一方では行政の前例主義との闘いも苛烈になってくる。それに屈しない努力と工夫を、ぜひ設計者のみなさんに期待したい。

chapter 2 / 13

「進化系ビジネスホテル＝コンパクト＆コンフォートホテル」の近未来

「ビジネス」の名が消える？！

「ビジネスホテル」という呼称は、近い将来なくなっているかもしれない。そう思わせるほどに今のビジネスホテルの客層は多様化が進んでいる。

以前であれば、ビジネス客がいなくなる週末を観光客で埋めるというのが相場だった。しかし今は、大都市圏や観光地を控えた地方都市で、リタイア世代を中心に曜日を問わず観光客が安価なビジネスホテルを利用し、そこに外国人旅行客が混在してくる。そんな図式が一般的になっている。

ちょっと前まではビジネスホテルが海外市場に目を向けることはまれだったが、インターネットの海外マーケティング代行サービスが普及した現在では、小規模グループホテルや独立系ホテルでさえも外国人客を意識するようになった。

個人観光旅行の外国人客の間でも、ビジネスホテルのコストパフォーマンスの良さや交通利便性（シティーホテルよりも駅や繁華街に近い）が知れ渡り、ビジネスホテルへのシフトが進んでいる。（次ページのトリップアドバイザー調査参照）

ホテルの受け入れ態勢の面から見ても、接客機会がそれほど多くないビジネスホテルは対応しやすい。いろいろなシーンで外国語対応が必要となるシティーホテルと違って、フロントに英語ができるスタッフが1人いれば何とかなるからだ。

そうした客層の多様化によって、ホテル施設・設備に変化も生まれてきた。客室数に占めるダブルやツインの比率が高まり、客室構成ではシティーホテルに近づきつつある。シングルも昔に比べて客室面積は大きくなりつつあるが、これも高級化という側面だけではない。

シングルを少し広くつくって1400〜1600mm幅のベッドを入れておくことで「シングルのダブル利用」を積極的に販売しているのだ。若い世代の観光客ならば多少の狭さは気にならず、安い方がいい。この傾向は外国人の個人旅客についても同様だ。

ヨーロッパや韓国などからのカップルの旅行者たちは、狭いベッドに2人で眠ることに抵抗感がない。ホテルはそれによって、ビジネス客の需要変動をリスクヘッジするようになっているのである。もっともこれは、外国人を含めて観光客の需要が平日でも見込める立地に限られる。

いずれにしても、ビジネスホテルの客層は今後も多様化していく。

国内市場でいえば、少なくとも平日に動ける団塊世代以上の層が自由に旅行できる間は継続するはずだ。そして政府が「外国人旅客数2000万人」を目標に力を注いでいる観光立国政策が実効力を持ってくれば、このホテル市場での外国人客も一層増えてくる。更に休暇取得の平準化が進めば平日の観光旅行や帰省が多くなり、そこでの非ビジネス需要も厚くなっていくはずだ。

ホテルの機能を分解してみる

つまり、ビジネスホテルにおける「ビジネス」の要素はどんどん意味が薄れている。ビジネスとレジャーの混在が進み、それに対応した客室構成や商品計画が必要になってくる。その一方で「お一人さま」のマーケットに強く訴求するような小型の高級宿泊特化型ホテルという業態も、例えば都心などでは大きな可能性を持ってくるかもしれない。客層の多様化が進むと、ホテルは、どの市場を狙うのかをまず明確にしてマーケティング戦略を立てなければならなくなる。開発ブームが続くビジネス系ホテルだが、それだけに競争は激化し、生き残りには相応の訴求力を要する。「平日はビジネス、週末は観光」というざっくりとした方向性だけでは、厳しい競合の深淵に落ちていくばかりだ。

立地特性から推して、どの年代の、どんな利用動機とライフスタイルを持つ客層をコアターゲットとするか、その座標軸をはっきりさせないことにはホテルの業態も空間デザインも本来は描けないはずである。

この不況下でも高い集客力を発揮しているホテルは、いずれもそのマーケティング戦略が明確なところである。ターゲットを明確にすることは、ホテルの賞味期限（耐用年数）を短くすることにもつながるが、それを過度に恐れていては明確な訴求力が生まれない。

ホテルの機能を一度分解して、他の商業施設機能とのマリアージュを模索する──。そんな可能性もこれからはどんどん広がってくるのではないだろうか。

ホテルには「宿泊」「飲食」「宴会・会議」という三つの基本機能がある。ビジネスホテルのカテゴリーであればもちろんのこと宿泊が中心で、その他はミニマム化されつつある。飲食は外食企業を誘致するテナント化が進み、持て余した宴会・会議施設のスペースは、今日では外部のビジネスサポート企業に賃貸するケースも出てきている。全体的にはホテルの「宿泊特化」は一層進むことになり、足りない機能は、他の事業勢力とコラボレートするスタイルがますます有望となりそうである。その手がかりを今ある事例に求めれば、「有力飲食＋客室機能」（P.113写真上など）、「物販＋客室機能」、「エンターテインメント施設＋客室機能」（P.112写真上など）、「ヒーリング（リラックス）施設＋客室機能」（P.112写真下など）といったところだろうか。

ただし、こうしたコラボレーションを提案し、実現に向けて導いていくプロデューサー機能が同時に発達しないことには、なかなか前には進まない。それが設計サイドでのイニシアチブになるのか、あるいはエージェント機能によるスキームの提案になるのか──。このあたりはとても興味深い。

メーカーと組んで客室をショールームやエンターテインメント媒体に

その考え方をもう一歩進めると、新たな事業スキームの可能性も見えてくる。例えば、メーカーやリラクセーション関連企業によるホテル事業の機能開発だ。その対象としてまず考えられるのが、家電である。

一般に、AV機器やマッサージ関連の先端製品の特性を知ってもらうために、各メーカーはショールームを設けたり、あるいは量販店に応援社員を派遣したりしており、そのコスト負担は決して小さくないはずだ。そこで、その役割を「ホテル客室」に代行させてみてはどうか、と提案してみたい。客室で心ゆくまで最新の機器を体験利用してもらい、購買行動につなげていく。あるいは開発途上の製品であればユーザーニーズをそこで徹底的に拾って開発にフィードバックさせる──。「ホテル・ザ・ショールーム」などという名称はいかがだろう。

それに対するインセンティブは宿泊料金の無料化や割引というわけだ。こうしたホテル機能では、飲食施設や会議施設は必要がなく、純粋な宿泊特化型でいい。ただし対象客層の特定化は緻密にやらないといけない。インセンティブを高めた会員システムとの連動がぜひ求められるところだろう。ホテル事業者としては、その入り口のマー

外国人観光客が支持した日本のベストホテル2009 （出典／トリップアドバイザー　http://www.tripadvisor.jp）

1位　フォーシーズンズホテル 丸の内 東京（東京都／千代田区）
2位　島屋旅館（長野県／山ノ内町）
3位　澤の屋旅館（東京都／台東区）
4位　ザ プリンス パークタワー東京（東京都／港区）
5位　枳殻荘（京都府／京都市）
6位　シタディーン 新宿（東京都／新宿区）
7位　京の宿 しみず（京都府／京都市）
8位　第一ホテル東京（東京都／港区）
9位　アネックス勝太郎旅館（東京都／台東区）
10位　ホテルアクティブ広島（広島県／広島市）
11位　セルリアンタワー東急ホテル（東京都／渋谷区）
12位　ホテルサンルートプラザ新宿（東京都／渋谷区）
13位　ホテルモントレ京都（京都府／京都市）
14位　アジア会館（東京都／港区）
15位　道頓堀ホテル（大阪府／大阪市）
16位　ホテル ヴィラ フォンテーヌ汐留（東京都／港区）
17位　ケイズ ハウス 京都（京都府／京都市）
18位　パークホテル東京（東京都／港区）
19位　松葉家 旅館（京都府／京都市）
20位　クロスホテル大阪（大阪府／大阪市）
21位　ベスト ウェスタン 新宿 アスティナ ホテル 東京（東京都／新宿区）
22位　コートヤード・バイ・マリオット 銀座東武ホテル（東京都／中央区）
23位　スイスホテル南海大阪（大阪府／大阪市）
24位　寿美吉旅館（岐阜県／高山市）
25位　ホテル近畿（大阪府／大阪市）
26位　渋谷グランベルホテル（東京都／渋谷区）
27位　ホテルローズガーデン新宿（東京都／新宿区）
28位　ホテル ザ ビー 六本木（東京都／港区）
29位　ホテルヴィラフォンテーヌ 上野（東京都／台東区）
30位　京町家旅館さくら（京都府／京都市）

※調査概要／世界最大級の旅行口コミサイト「TripAdvisor」の日本法人であるトリップアドバイザーによるランキング。2009年中に外国人旅行者（日本語以外の言語による口コミ）から投稿され、評価を受けた国内の宿泊施設を対象に、5段階での総合評価および口コミ投稿数などをもとに独自に集計した。09年は日本国内のホテルや旅館に対して約8000件の口コミ投稿があり、このうち外国人からの投稿は約2割だった。

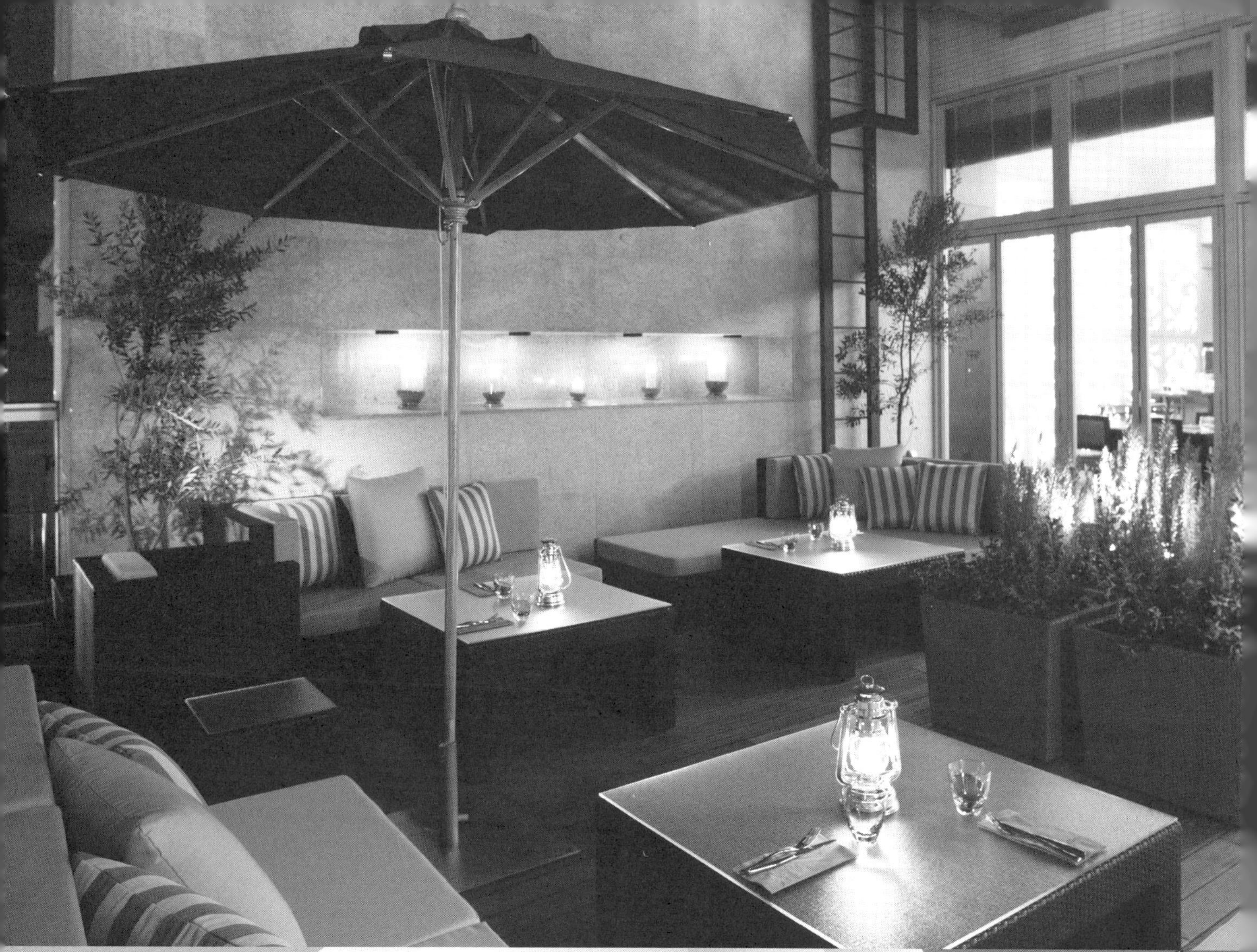
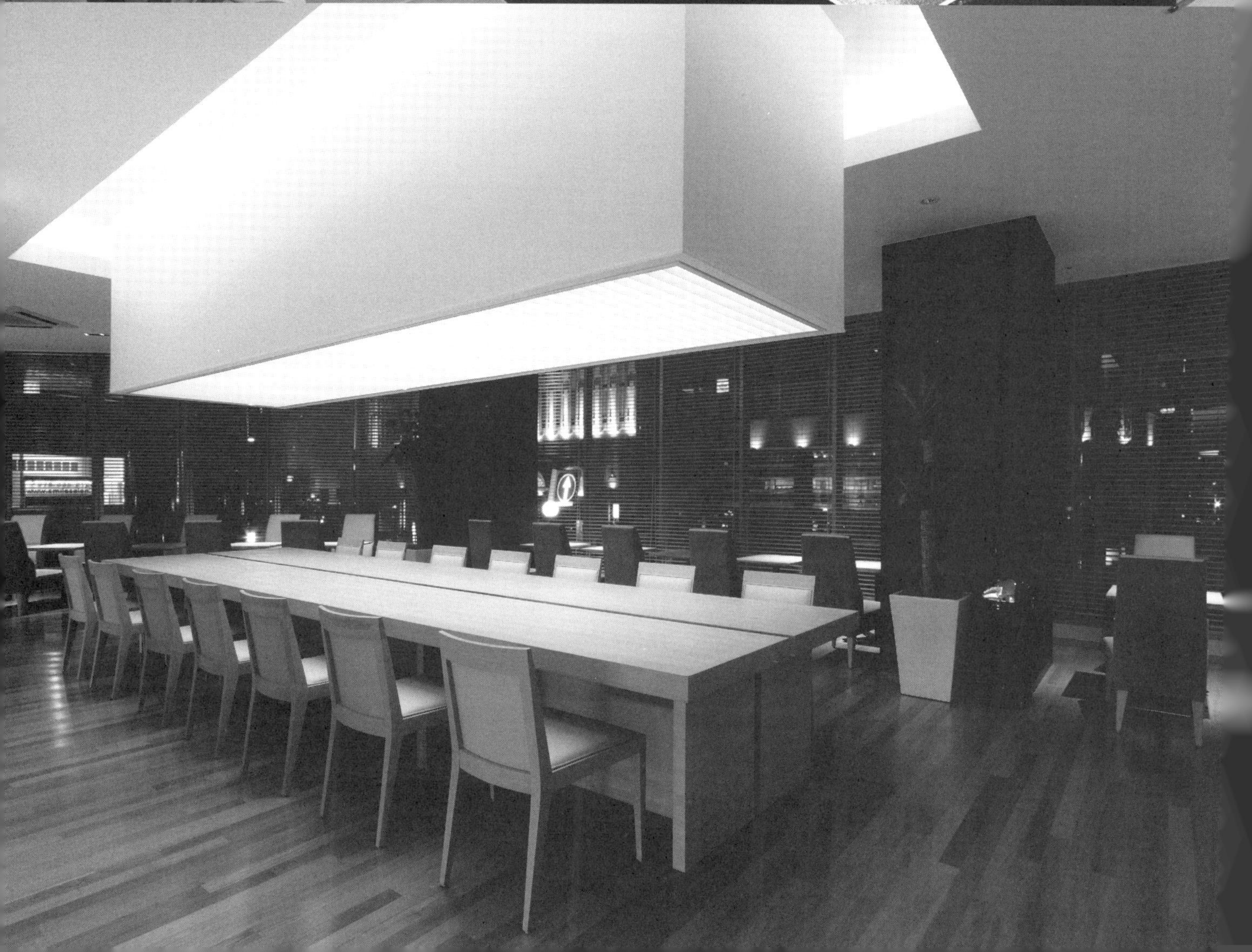

「ロッテシティホテル錦糸町」では、ロッテ直営のチョコレートカフェ「シャルロッテチョコレートファクトリー」を1階に併設し、飲食施設で個性を打ち出す（P.83参照。写真提供／ロッテ）

ケティングと宿泊オペレーション業務を受託していけばいいのである。

例えば、AV分野では、次世代型ディスプレイとして超薄型プラズマや有機ELの存在が注目されていて、この活用も考えられている。まだ開発途上だが、大型・極薄型（かつフレキシブル系）のディスプレイが登場すれば、それを客室の壁一面に設えてオンデマンドのソフト鑑賞などに結びつけることができる。上質な環境ビデオとマッサージ機などのリラクセーション機器と合わせれば、とても訴求力の高いエンターテインメント空間が生まれるのではないか。

もっともこうした先行投資はホテル事業者の負担としてはあまりに過大なので、やはりメーカーとの事業タイアップや、メーカー自身による事業化が望ましいだろう。だからここでも、プロデュース＆エージェント機能が求められる。

有機ELは「平面照明」としての媒体としても注目されている。AVのディスプレイ機能とそれを連動させることで客室の壁面全体が新しいエンターテインメント媒体となる可能性もある。

そして、バスルーム。客室機能の中でこれまではサブ的な存在だったバスルームだが、こちらを主役に据えた客室があってもいい。エンターテインメント性やリラクセーション性をバスユニットの中で徹底的に追求する。超軟水風呂、AV機器と連動したマイナスイオン環境、アロマ、高級入浴製品の試供機能……。ここでもメーカーの協力が不可欠となろうが、これについても、高級住宅向けのモデルユニットとして利用体験してもらうといったスキームが考えられる。ベッドやワーキングデスクなどのスペース

は犠牲になるが、それはそれで仕方がない。シャワー・トイレ・洗面の3点分離方式などバスルーム革新の動き（P.115写真下）は顕著である。長い間いじりようがないと放置されてきた部分だけに、見直しの機運は加速している。どんな機能があの狭小空間に効果的に盛り込まれていくのか、この点も今後の大きな注目ポイントである。

狭小客室の価値転換が今後の課題

「機能性の革新」は、ホテル開発の明日を支える重要なテーマだが、その一方で老朽化したホテルのリニューアルもまた切実なテーマとなっている。

特に、ビジネスホテル業界で非常にストックが多い10㎡規模の客室、これをどうし

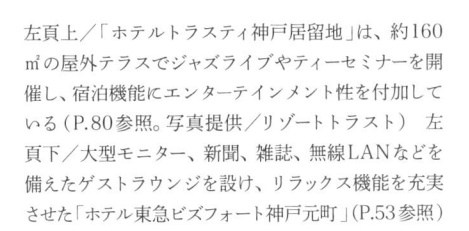

左頁上／「ホテルトラスティ神戸居留地」は、約160㎡の屋外テラスでジャズライブやティーセミナーを開催し、宿泊機能にエンターテインメント性を付加している（P.80参照。写真提供／リゾートトラスト）　左頁下／大型モニター、新聞、雑誌、無線LANなどを備えたゲストラウンジを設け、リラックス機能を充実させた「ホテル東急ビズフォート神戸元町」（P.53参照）

シャルロッテチョコレートファクトリーの店内に設置されたチョコレートドリンクディスペンサー

左／展望露天風呂「スカイスパ」を最上階に設け、リラックス機能で顧客に訴求する「カンデオホテルズ」シリーズ（P.70。撮影／鳥村鋼一）。写真はカンデオホテルズ福山　右頁上／展望大浴場などでヒーリング機能を強化する「ドーミーイン」シリーズ（P.74。写真提供／遠山デザイン研究所）。写真はドーミーイン浅草の「天望足湯」　右頁下／約15㎡という面積ながら、シャワー・トイレ・洗面の三つを分離させて機能性を追求した「ホテルビスタ熊本空港」（P.51）

ていくかが課題だ。旅館業法（ホテル営業関連）の定めではホテル客室は9㎡以上の面積が必要で、それ以下であれば簡易宿泊所などの扱いになる。特に大都市圏では事業効率優先の考えから、そのぎりぎりの線でつくられた客室のストックがとても多い。そして今、老朽化ホテルのそんな狭小客室が熾烈な「投げ売り」の対象になっている。その課題解決にも、設計者のアイデアが切に求められている。

テレビ朝日系列の番組「大改造!! 劇的ビフォーアフター」は、建築家が使い勝手の悪い狭小住宅を再生させるという企画だが、その「ホテル客室」版的なアイデアの蓄積が欲しいものだ。

バスユニットとベッドとライティングデスクという基本3点セットを従来の形のままに据え置くなら、それは単なるリニューアルにすぎない。しかし例えば、バスルーム機能はミニマムなシャワーブース＆トイレに集約し、デスクも取り払って、リラクセーション機能を充実させれば、これは客室の「価値転換」につながる。

あるいはバスルームを客室から取り払い、先端的な大浴場をつくるという手もあるだろう。これだと旅館業法上はホテルとして認められず、旅館や簡易宿泊所の扱いになるが、根本的に問題を解決しようとすると、ときにはそんなレベルにまで踏み込んでいく必要があるだろう。

何を引いて、何を足すか。10㎡という狭小スペースにあってそれは難題である。

しかし取材を通してこのテーマを投げかけると、意外にも興味を示す設計者は多い。究極の価値転換に設計者魂をくすぐられるのだろうか。もっとも、浮かび上がったアイデアを実際に事業者に提案して受け入れられるかといえば、まだまだという次元だろう。ホテル事業者の頭は往々にして固く、保守的である。そこをブレークスルーするには、もう少し時間が必要なのかもしれない。

設計者の皆さんの奮起を！

ホテルのビジネスを経営・運営の面からだけではなく、設計デザインの可能性から探っていくと、いろいろな方向に光明が見えてくるような気がする。ハードそのものの価値が生命線であるビジネス系ホテルの場合は特にそうだ。

そのことはホテルに限らず、商業施設全般にいえることかもしれない。それほどに"商空間"のデザイン性が営業実績に与える影響力は大きくなっている。

ホテル経営・運営の現場を取材する機会が多い筆者は、「最近はどこのホテルがいいだろうか」といった質問を受けることがよくある。相手の念頭にあるのはきっと高級シティーホテルだ。

しかし筆者としては「よくわかりません」と返答するしかない。施設構成が複雑で、人的サービスが大きな経営資源である高級ホテルを評価するということは、そんなに簡単なことではない。何度もそこを利用していろいろなサービスに触れてからでないと、おいそれとは批評できない。

そこへいくと、ビジネスホテルの世界はシンプルだ。人的サービスは必要最小限に絞られているので、見た目、感じたままが評価の基準になる。そして宿泊料金も安いため、実際に利用しての評価をしやすい。

宿泊予約サイトのビジネスホテルの口コミ投稿を眺めていると、ユーザーの分析評価の確かさに驚かされる。空間の在り方や設備の使用感、そんなところの実感が、そのままダイレクトにホテルの評価に結びついているのだ。極めて明快な世界である。

この世界では空間こそが命だ。だからこそ、建築・内装設計からのアイデアや思い入れが大切で、その自由な発露に大いに期待したいのである。

〈了〉

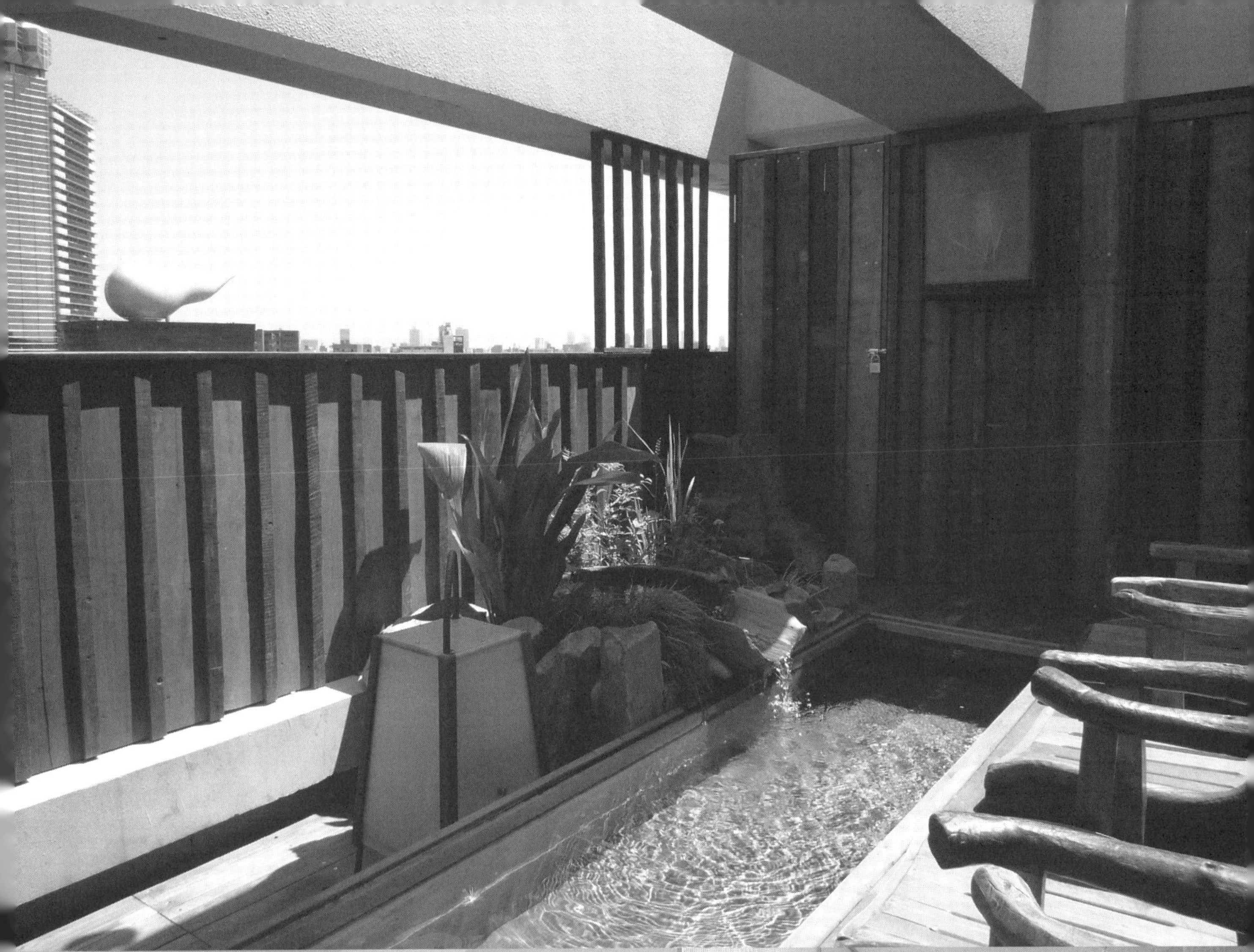

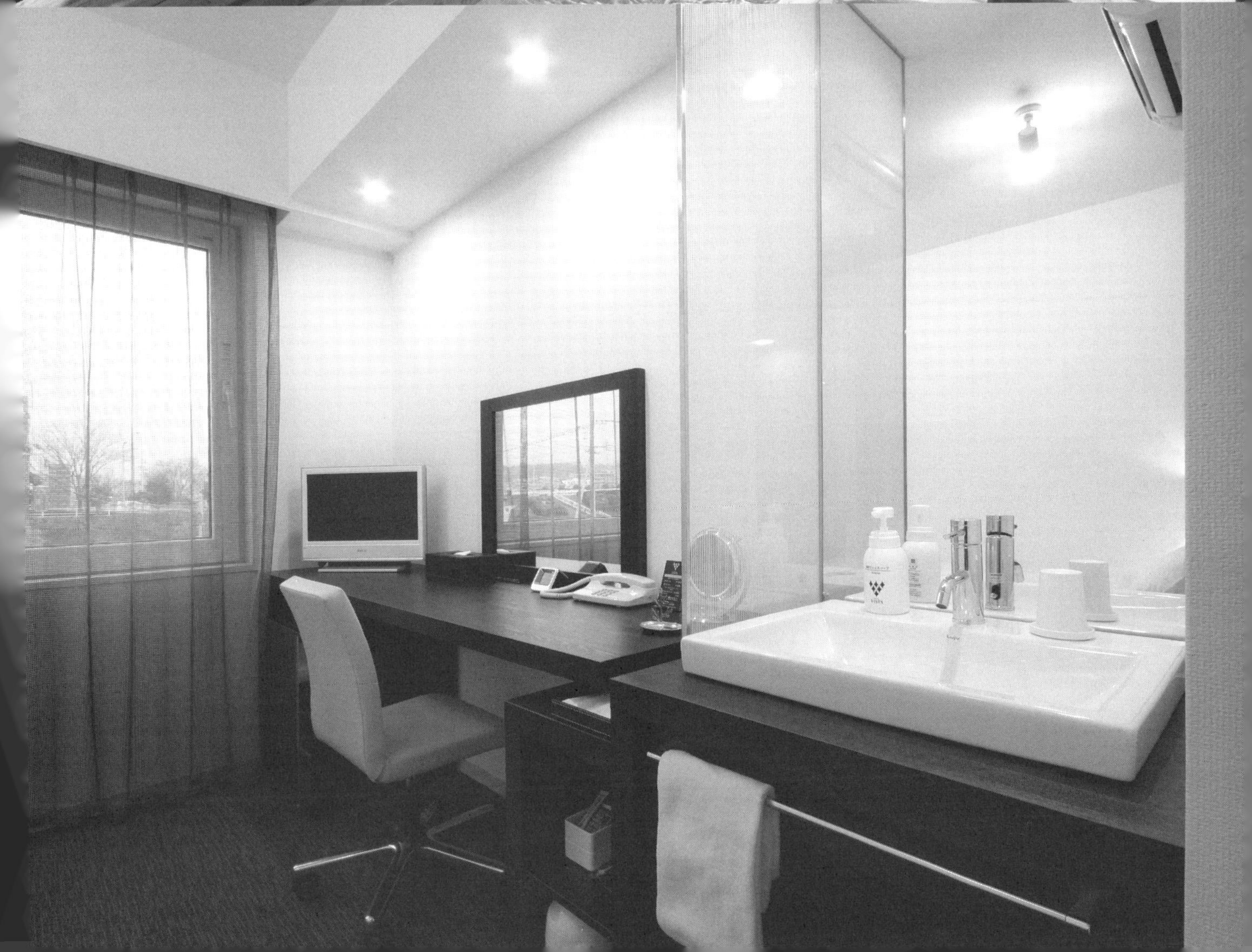

第3章

ベッド&家具11社レポート
「コンパクト&コンフォートホテル」を演出する"イチ押し技術と人気製品"

いざホテルの新規出店や改装を具体的に計画し始めて悩むのは、どのようなベッドや家具を採用すれば良いのかだ。
ベッドの寝心地一つで、ホテルの印象は大きく変わる。家具の雰囲気一つで、客室やラウンジの居心地は大きく変わってしまう。そして、そんな印象や居心地の積み重ねが、宿泊客のリピート率を左右する。そこで、ベッドメーカーと家具メーカー11社をまわって、各社の特徴を調べてみた。それぞれの得意とする技術や提案力をうまく引き出すことができれば、あなたのホテルプロジェクトは、そのコンセプトを具現化できるはずだ。

取材・文／柘植響（ライター）　月刊商店建築 編集部

Bed & Furniture

ドリームベッド

米国コントラクトシェアNo.1のベッドと
仏国家具ブランドでホテルを演出する

ドリームベッド株式会社
URL　http://dreambed.jp
〈サータ ショールーム〉
東京都渋谷区渋谷2-12-19 東建インターナショナルビル1階
TEL　03-6419-8228（コントラクト営業部）
URL　http://www.serta-japan.jp
〈リーン・ロゼ ショップ〉
東京都港区六本木3-17-10 六本木デュープレックスタワー1階
TEL　03-5549-9012（リーン・ロゼ東京）
URL　http://www.ligne-roset.jp

米国ベッド業界の大手「3S（サータ、シーリー、シモンズ）」の一つ、サータと日本のFFEメーカー、ドリームベッドは1979年にライセンス契約を結び、以来33年間ドリームベッドがサータブランドのマットレスを販売してきた。単なる輸入販売ではなく、本部が所有する特許やノウハウの使用をサータ社から承認され、日本国内の自社工場で生産している。

サータのマットレスは、ホテルなどのコントラクト部門に限って言えば、全米ナンバーワンのシェアを誇る。日本国内で生産されるサータブランドのマットレスは、コイルを不織布に包むポケットコイル式。φ1.9mmのコイルを主に使いながら、マットレスの両サイドの3列分にはそれより太いφ2.0mmのコイルを使用する。それにより、サイド部分の「ヘタリ」を軽減する。一般にホテルのベッドでは、サイド部分に腰掛ける人が多いため、サイドに徐々にヘタリが生じ、マットレスの寿命を縮めてしまう。

同社コントラクト営業部の牧達郎さんは、「このように2種類のポケットコイルを自由に配列できるのは当社独自の技術で、これを生産するためにコイル製造マシンも自社開発しました。マットの硬さはホテルオーナーの方々のご要望に細かく対応できます」と話す。実際に、ホテルとマットレスの共同開発を行なっており、マットレスをゾーン分けしてコイルの太さを変えた特注品も製造している。「こうした特注マットレスによって、女性客専用のフロアには柔らかめのベッドを入れるなど顧客に合わせたカスタマイズが可能です」（牧さん）

ドリームベッドは、ベッドだけでなく、フランスの家具メーカー、リーン・ロゼの家具も取り扱っている。この家具は、ホテルの空間イメージづくりに一役買いそうだ。2011年にオープンした「ココチホテル沼津」（設計／竹中工務店、商店建築2012年5月号掲載）の1階ラウンジには、リーン・ロゼのソファ「パンプキン」が多数置かれている。ソファの色使いを含め、ラウンジの家具コーディネートをドリームベッドが手掛けた。

パンプキンは、フランス人デザイナーのピエール・ポランがデザインしたソファで、08年の発売以来、人気が高い。このソファも日本国内の工場で製作されている。1981年にロゼ社とドリームベッドは技術提携を結び、自社ロゼ工場（広島）の家具職人にフランスでの技術研修を受けさせ、ロゼ社の製品を国内で受注生産できる体制を整えた。そのため、メンテナンスにも迅速に対応できる。また、ロゼ社指定の生地を中心に、豊富な種類や色数のファブリックを選択することができ、一つのソファに数種類の生地を張り分けることも可能だ。

なお、ココチホテルの全客室にはサータのマットレスが採用されている。「大規模なチェーンホテルだけでなく、全国に20～30軒くらい展開する規模のホテルにも、総合インテリアメーカーの視点でデザイン提案をしていきたい」と牧さんは話す。2012年春の展示会では、ソニーとコラボレーションし、ヘッドマウントディスプレイとサータの電動ベッドを合わせて展示した。ホテルでの新しい過ごし方の提案だ。

ベッドメーカーの枠を超えた総合的な提案力は、今後のホテルのイメージ構築に大きな力となるはずだ。

リーン・ロゼ「プルム」。フランスのブルレック兄弟によるデザイン。座ってみると、重心が低く、ほっとする座り心地

左／「ココチホテル沼津」の1階ラウンジ。リーン・ロゼのソファ「エクスクルーシブ」（左手前）と「パンプキン」が並ぶ。パンプキンのファブリックは、ホテルのロゴマークの色に合わせた（撮影／吉村行雄。カラーはP.8参照）　右／2012年の見本市に出展したブースでは、ホテル客室をイメージした空間で「ホテルでの新しい過ごし方」をトータルに提案した。自社の電動ベッドの上に置かれているのは、共同提案したソニーの3D対応ヘッドマウントディスプレイ

Bed

シーリージャパン

科学的視点で眠りを追求する
全米トップシェアブランド

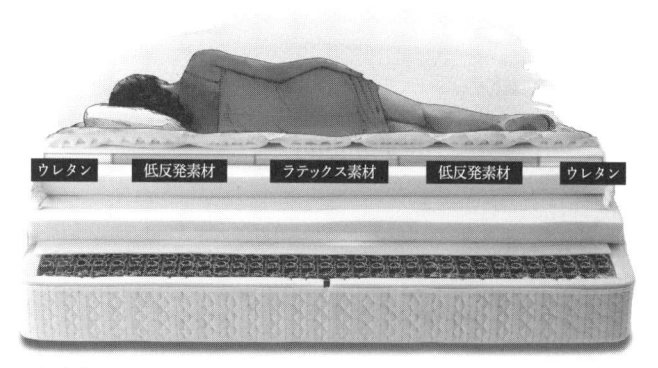

上/プレッシャーリリーフ・インレーの内部構造。五つのゾーン分けが寝返りの回数を低減する

マットレスの内部機構には大別して2種類ある。コイルスプリング一つずつを袋に収納して並べる「ポケットコイル式」と、スプリング同士を直接連結させた「連結スプリング式（連結式）」だ。そのスプリング自体に各メーカー独自の技術的特徴があり、それが体を横たえた時に感じるマットレスの硬さや体の沈み具合といったいわゆる「寝心地」の違いを生む。

フォーシーズンズホテル、シェラトンホテルなど外資系高級ホテルへの納入事例が多いアメリカ大手メーカー「シーリー」。ホームユースまで合わせれば、全米ナンバーワンシェアだ。内部構造は、連結式を採用している。

ラグジュアリーホテルのスイートルームなどで定番のベッド「スターンズ＆フォスター」で知られるシーリーは、なぜ世界のトップブランドになったのか。科学的な開発スタンスが寄与しているかもしれない。シーリージャパンの田中悠作さん（営業企画部）は、「米国本社では、大学や医療機関の整形外科医らと科学的な視点で技術開発してきました」と話す。「理想の眠りを実現するコイルを追求してきました。例えば、米国特許を取得した『ポスチャーテックコイル』という技術は、コイルの巻き始めの部分に独特の角度がついており、かかる荷重が増えるにつれて反発力が増大します。軽い部分には柔らかく、重い部分にはしっかりとバネがサポートするわけです」

そうしたコイルが連結され、個々のスプリングが点で荷重を支えるのではなく、連結されたコイル全体が面で荷重を支える。

更にこのコイル1本ずつの上下に独自の曲げ技術を付加した「ポスチャーテックD.S.Sコイル」も売り出した。「この技術は、体の曲線に沿ってふんわり包みこむ優しい感触が特徴です」（田中さん）

また、同社の森田秀文さん（営業企画部）によれば、「シーリーでは人間が立った姿勢を快眠の寝姿勢であると考えています」。その寝姿勢を実現するのが最新技術「プレッシャーリリーフ・インレー」だ。頭、腰、足など身体の部位に合わせてマットレスを五つにエリア分けし、頭や足元の荷重のかからない部分にはウレタンや低反発素材を、荷重の大きい腰から尻の部分にはラテックス素材を使用した。「多い人は一晩に80回ほど寝返りを打つと言われますが、このシステムにより、マットレスと身体の不快なズレを減らし、寝返りの回数を減らします」と森田さん。

その他、シーリーはいくつもの「機能性繊維」も採用している。例えば、冬は保温性を高め、夏はひんやりとした感触をつくる「サーモクール」。ダニアレルゲンを99％以上、花粉アレルゲンを90％以上を抑制する高衛生素材「アレルバスター」などだ。これらの繊維を採用したマットレスもホテルへの納入が可能だ。

こうした科学的アプローチによる機能性寝具は、ホテルのアピールポイントの一つになるだろう。

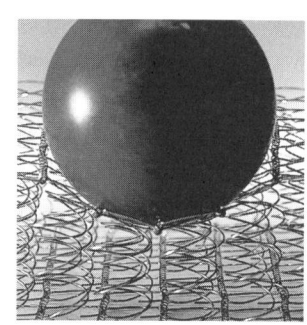

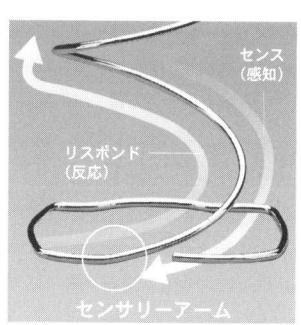

上左／身体の凹凸にフィットするポスチャーテックコイルの内部機構　上右／独特の角度をつけた「センサリーアーム」により、体重が掛かれば掛かるほど強い反発力で身体を支える　下／ホテル日航大阪に設けられた「シーリールーム」では、スターンズ＆フォスターのUSクイーンサイズのベッドを体感できる（画像提供／ホテル日航大阪）

株式会社シーリージャパン
URL　http://www.sealy-bed.co.jp
TEL　03-5413-6600（東京ショールーム）
ショールーム
〈東京〉　港区北青山2-13-5 青山サンクレストビル2階
〈大阪〉　大阪市中央区心斎橋筋2-7-18 プライムスクエア心斎橋5階

Bed

シモンズ

ポケットコイル方式に徹する
王道ベッドメーカー

シモンズ株式会社	
URL	http://www.simmons.co.jp
TEL	03-5765-7725（ホテル営業部）
ギャラリー	
〈日比谷〉	東京都千代田区有楽町1-5-2 東宝ツインタワービル1階
〈大阪〉	大阪市西区靱本町1-5-15 第二富士ビル1階
〈福岡〉	福岡市中央区天神1-1-1 アクロス福岡B1階
〈名古屋〉	名古屋市中区栄2-3-6 NBF名古屋広小路ビル1階
〈札幌〉	札幌市中央区大通西10-4-16 ダンロップSKビル1階

左／納入例の一つ、ホテルサンルートプラザ新宿　右／シモンズのベッドが採用された豪華客船「飛鳥Ⅱ」の客室

1870年にアメリカで創業された老舗ベッドメーカー、シモンズ。この社名を知らない人はいないだろう。現在、「連結コイル式」のマットレスを製造するメーカーが多い中、シモンズは「ポケットコイル式」の専門メーカーだ。

何と言っても、ホテル業界において、多くの人々がマットレスのブランドや寝心地に意識を向けるきっかけとなったのが、ウェスティンホテルとシモンズの共同開発で生まれた「ヘブンリーベッド」だろう。「このベッドを購入できるのか」という宿泊客からの問い合わせを多く受け、ウェスティンホテルが販売もしている。シモンズの布川隆晴さん（ホテル営業部）は、『「雲の上の寝心地』というコンセプトによる最高品質のマットレスがホテル客室に導入されたことで、日本のホテル業界の時流が変わったと思います」と自負する。この人気を見て、以来、ホテル業界では安眠や快眠を追求するベッドブームが続いている。

シモンズの代表的なマットレス「ビューティレスト」は、コイルスプリング一つひとつを特殊な不織布で包み、独立した状態で並行配列したものだ。マットレスの基本性能は主にスプリングで決まる。「シモンズのスプリングコイルは線径1.9mmの超硬鋼線で、直径は59mm。従来品の64mm径から更に小さく改良したことで、マットレス内のコイル数が約20％増しました」と布川さんは説明する。個々のコイルが点として体重を支え、体圧を分散する。また、コイルの配列が並行配列なので、交互配列に比べてコイル同士の摩擦が少なく、コイルの高い耐久性が実現できる。（右図）

「これまで納入させていただいたホテルでも、スプリングがヘタってしまったという理由でマットレスを入れ替えたことはありません。ホテルのベッドの耐用年数は10年が目処と言われますが、10年以上経ったマットレスでもスプリングにはまったく問題ありませんでした。ウレタン、バネ、不織布など内部部品もすべてメイドインジャパンで製造しているためではないかと考えています。その分、若干イニシャルコストは高くなるかもしれませんが、耐用年数が長いため、トータルではコスト削減になるはずです」

確かにイニシャルコストは大きな障壁ではないのかもしれない。ラグジュアリーホテルや豪華客船「飛鳥Ⅱ」の客室に導入される一方、コストパフォーマンスの高さが売りの宿泊特化型ホテル「アワーズイン阪急」（P.103）や「ホテルサンルート」「ホテルメッツ」などでも採用されているのだ。

なお、日本のシモンズはアジア23カ国での販売権を所有しているため、中国などアジア諸国の高級ホテルへの納入事例も多い。世界一厳しいと言われるイギリスの難燃基準もクリアした。日本だけでなくアジア圏でも、ますますシモンズのブランドイメージは揺るぎないものになっていきそうだ。

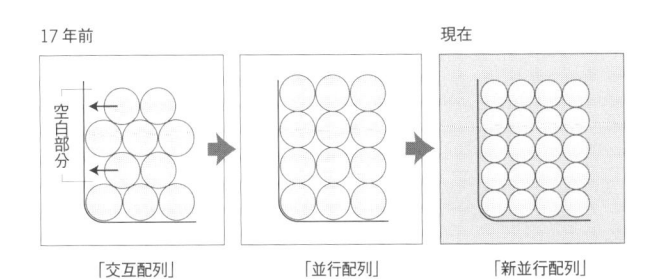

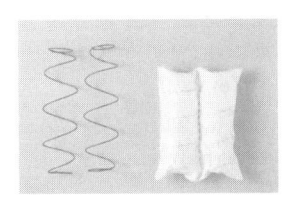

「交互配列」　「並行配列」　「新並行配列」

上／コイルスプリングの配置方法の変遷。高密度に平行配列することにより、形状保持能力と耐久性を高めた
下／マットレスの内部に使われているポケットコイル。コイルスプリングを圧縮して不織布の袋で包んでいる

Bed & Furniture

フランスベッド

バリアフリーと健康からアプローチする
ホテル向けアイテム

フランスベッド株式会社
URL http://www.francebed.co.jp/sougou/hotel/
TEL 042-451-7720（法人事業部ホテル営業部）
ショールーム（電話予約制）
〈本社〉 東京都新宿区西新宿6-22-1 新宿スクエアタワー2階
〈PRスタジオ東京〉 東京都昭島市中神町1148
〈六本木〉 東京都港区六本木4-1-16 2階
〈大阪〉 大阪市中央区久太郎町2-4-25 イトキンマキシー館5階 ほか

フランスベッドと言っても日本のメーカーだ。畳に布団の生活だった昭和初期の日本に、洋風のブランド名とともに、ベッドで寝るライフスタイルを定着させた。

以来、一貫して日本人に合ったマットレスづくりに注力してきた。同社取締役の永松英範さんの言葉を借りれば、「日本人に合う最高のベッド」をつくりたいという創業者の意志を継ぎ、日本人の体格、高温多湿な日本の気候を配慮したベッド開発を続けてきた。日本人が好む比較的硬めのマットレスや、通気性や清潔感を考慮しつつ生み出されたのが、「高密度連続コイルスプリング」だ。一本ずつの独立したコイルを連結させる一般的な連結スプリングと異なり、一本の鋼線を一筆書きのように連続して編み上げることにより、「張り（固さ）」「通気性」「耐久性」を高めた。こうした内部構造でつくられたマットレスは、ホテル向けに明快な商品ラインアップで展開されている。スプリングの種類や構造別に、マットレスは「インペリアル」「エクセレント」「スペシャル」「デラックス」の4グレードに分かれており、各グレードごとに「ハード」「ソフト」「ミディアム」の3種類をそろえる。

特に注目したいのは、マットレスとして日本初のエコマーク認定を受けた「リコ・プラス」という製品。廃棄する際に、生地、繊維、鉄などに解体しやすい方式（特許出願中）を採用し、「グリーン購入法適合商品」だ。環境保全やサステナビリティーに注力しているのは、日本企業が得意とする熱心な開発力による成果だろう。

また、同社ホテル営業部ではベッドだけでなく、客室やロビーの設計・施工も請け負う。浦安ブライトンホテル（P.2）やホテルブライトンシティ大阪北浜では、デザイナーの深津泰彦氏（P.18）のコンセプトに沿ってベッドや家具の納品と施工を手掛けた。

『浦安』の客室では、ベッドから夜景を楽しめるよう、介護・医療用の技術から開発された電動リクライニングベッドをホテル仕様にして納入しました」（ホテル営業部・鶴田利幸さん）

そもそも介護や医療施設向けのベッドや家具の開発はフランスベッドの主力事業の一つだ。「このノウハウを今後もホテル事業に活用し、シニアの旅行客の方々にも気軽に利用していただけるホテルのベッドや家具を提案していきます」（永松さん）。既に2012年春の展示会では、高齢者が立ち上がりやすいよう電動で前傾するイス「リフトアップチェア」も発表した。

ホテルの個性をつくり出す付加価値の演出手法はさまざま考えられるが、「バリアフリー」「健康」といったテーマで個性化を図るならば、フランスベッドの商品群と提案力が新しいホテル空間を生みそうだ。

なお、1970年より、英国の高級ベッドメーカー「スランバーランド」とも提携している。スランバーランドは、スターウッドやマリオット系列のホテルに納入されてきたが、日本では、最近の事例として秋葉原ワシントンホテルなどへの納入事例もあり、こちらも宿泊特化型ホテルの付加価値を高めるベッドとして一役買いそうだ。

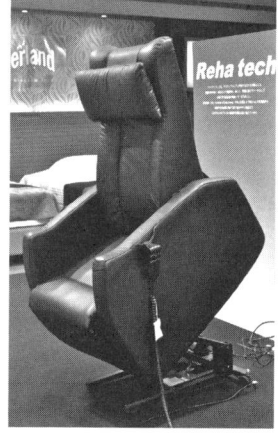

左／「浦安ブライトンホテル」で導入された電動リクライニングベッド。背もたれを起こすと、目の前には夜景が広がる　右上／フランスベッドのマットレスが使用されている「ビッグウィーク京都 東山別邸」　右下／2011年夏に発表された電動リクライニング＆リフトアップチェア「リフトアップチェア400」。リモコン操作で前後に傾斜し、立ち上がりやリクライニングをサポートする

Bed

日本ベッド製造

質実剛健な
日本人向け高密度構造マットレス

日本ベッド製造株式会社
URL http://www.nihonbed.com
TEL 03-3753-4382（特販部）
ショールーム
〈青山〉 東京都港区南青山1-1-1 新青山ビル東館1階
〈池上（本社）〉 東京都大田区池上5-6-3
〈名古屋〉 名古屋市中区丸の内1-15-20
〈大阪〉 大阪市中央区農人橋1-4-33

1926（大正15）年創業の日本ベッド製造。東京・池上に構えるオフィス兼ショールームには実直さと穏やかさが漂う。「創業者が日本と西洋の眠りの文化の違いを英国で体感し、以来、日本人の好む寝心地とベッドの快適さを追求してきました」と広報の好地真美さん。

同社は国内でいち早くポケットコイル式マットレスを導入した。現在使用されているコイルスプリングには成形時に熱処理がほどこされており、熱処理されていないものに比べ耐久性がアップする。このスプリングの復元力は半永久的という。

同社はホテル客室用のマットレスとして、「シルキーポケット」「ビーズポケット」「ボンネルスプリング」の3タイプを揃える。最大の特徴は「超高密度構造」だ。「一般にシングルサイズのベッドのスプリング数は500〜600本くらいですが、シルキーポケットには世界最多の1200個を入れています」（好地さん）。同じ面積をより多くのコイルで支えるためフィット感が高く、実際に寝てみると安定感がある。

「ビーズ」は、シルキーのしなやかさを保ちながら、経済性を考慮した726個のポケットコイルで体圧吸収する構造。「ボンネル」は、連結コイルのつくりだす高度な弾力面が特徴で、畳に敷布団で寝てきた日本人にも馴染み深いフラットな寝心地だ。

日本人メジャーリーガーでも、ホテルでの使用をきっかけにその寝心地が気に入り、日本ベッドの特注ポケットコイルマットレスを持ち帰った選手がいるという。職人的なマットレスの質にアスリートの身体が反応したのだろう。

こうしたラインアップをベースに、ホテル会社とオリジナルマットレスの共同開発も重ねている。代表例は、人気の宿泊特化型ホテル「レム」（P.57、66）のオリジナルマットレス「シルキーレム」だ。日比谷、秋葉原、鹿児島のレムで体感できる。開発に携わった商品企画部の阿部弘さんは、「シルキーポケットを基本にして、腰の部分には硬めのスプリングを、足の部分には柔らかめのものをというように、身体のラインに合わせてマットレスの芯材であるスプリングの鋼線の太さを変えました。太さの異なるスプリング同士をつなぐ作業は機械だけではできないので、手作業でつなぎます。この作業に大変な手間が掛かるので、やっているメーカーは少ないと思います」と控えめに語る。

ホテル東急ビズフォートともオリジナルマットレス「NAGOMI（なごみ）」を共同開発し、同ホテル3カ所の全客室に導入されている。更に日本ベッドは、「センターパッド」（下図）というユニークで実用的なアイテムも販売する。二つのベッドをくっつけて並べた際にそのすき間の落ち込みを解消できる厚手のパッドだ。ファミリーユースの多いホテルで重宝しそうだ。

「次々に新商材を開発するより、手作業やオリジナル開発など、細かなソリューションに対応していくのが当社の方針です」と好地さんは話す。外資系ブランドのような派手さはないが、堅実な品質にホテル設計者からの高い評価が集まる、頼れる日本ブランドだ。

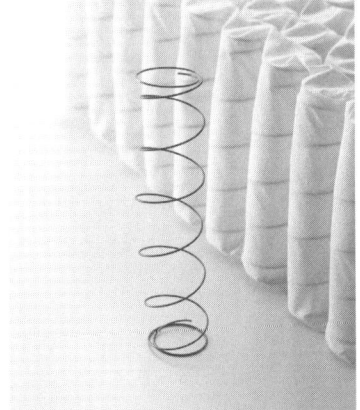

左上／シルキーレムの内部に使用されているポケットコイル　左下／レムとの共同開発によるオリジナルマットレス「シルキーレム」（2点、画像提供／阪急阪神ホテルズ）　上／日本ベッドのマットレスが使用されている「庭のホテル 東京」の客室スーペリアダブル　右／二つのベッドのすき間を埋めるセンターパッド。二つのベッドに親子3人で寝る場合などに重宝する

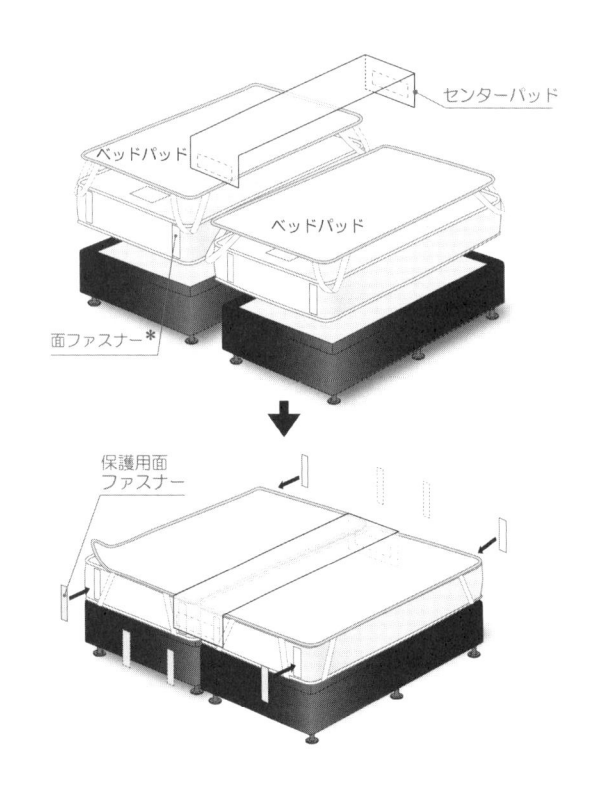

Bed & System

ASLEEP

快眠環境の新アイデアを提案する新たな寝具ブランド

「ASLEEP（アスリープ）」というブランドをご存知だろうか。大手自動車部品メーカー、アイシン精機の住生活関連の一ブランドだ。トヨタグループとして培ってきた技術力を背景に、理想の睡眠環境を追求している。1960年代から「トヨタベッド」としてベッド事業を展開していたが、2006年にアスリープを設立。「寝室空間のトータルプロデュース」を目指す。

今回は二つの製品を紹介したい。「ファインレボ」と「光覚醒システム」だ。

ファインレボとは、プラスチックとオイルを混ぜた樹脂弾性体。これを内部に敷き詰めたものが、「スーパーフレックスフィットマットレス」だ。ポケットコイルやボンネルコイルといった鋼鉄製コイルが主流のベッド業界で、異色の新素材と言える。六本木の「ベッドギャラリーASLEEP」で館長を務める小崎英紀さんは、「欧米スタイルのマットレスをより日本人のライフスタイルに合うものにしたいという発想から生まれました」と話す。廃棄の際にリサイクル可能なプラスチックゴミとして処分できる点も特徴だ。

「直に触るとぷにょぷにょとした感触ですが、（JISで定められた）耐久試験において、ポケットコイルマットレスの2/3の凹み量です（当社比）。また、縦方向にのみ動くコイルと違い、ファインレボは縦、横、斜めにフレキシブルに動くので、3次元で体を包み込むように支えます」（小崎さん）

コイルベッドの約3倍という初期投資がハードルかもしれないが、快眠というニーズの高まりを考えれば、ホテルの全室に導入とまではいかなくても、コンセプトルームなどで使用して、客室の価値向上に生かす戦略は考えられる。実際、ロイヤルパーク汐留タワーやグランドプリンスホテル高輪などで試験的に「ASLEEPルーム」が設けられており、このマットレスを体感することができる。

一方、「光覚醒システム」は、睡眠環境全体をコントロールして、快眠をサポートするシステムだ。入眠から起床まで、視覚、聴覚、嗅覚、触覚、温熱感覚といった五感へ効果的な刺激を与える。入眠時間には、次第に部屋が暗くなり、ふくらはぎの部分が「f分の1ゆらぎ」で振動し、ベッドに仕込まれたヒーターが足元を心地よく温める。更に、リラックス系のアロマも放出される。目覚めの時間が近づくと、徐々に枕元の照明が明るくなり、今度はすっきりとした香りが漂い、段階的に深い眠りから浅い眠りへと誘導する。BGMと連動させ、小鳥のさえずりなどを目覚まし代わりに流すこともできる。

「今後、このシステムを商品化することによって、ベッドや寝具の単品の販売から寝室空間全体をプロデュースするメーカーへと脱皮を図りたいと思っています」（小崎さん）

これから宿泊特化型ホテルは、よりいっそうの個性化を求められるだろうが、こうした新進ブランドからの意欲的なシステム提案を利用して、究極の睡眠環境を提供するホテルが生まれたら、魅力的だ。

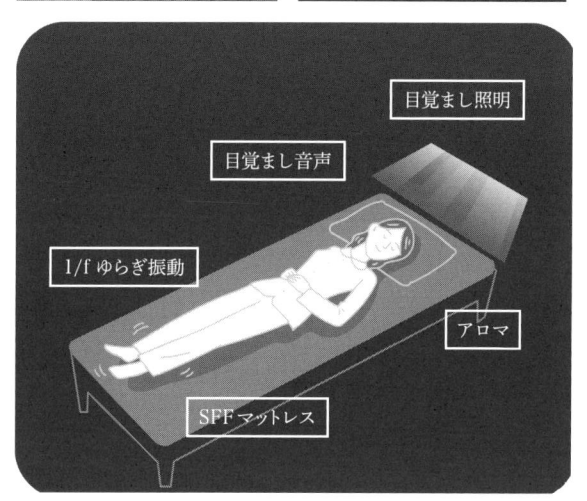

上／圧力を掛けると柔軟に変形する樹脂弾性体「ファインレボ」　中左／ファインレボが敷き詰められたマットレスの内部構造　中右／ベッドギャラリーASLEEP内の一室で光覚醒システムを体験することができる　下／光覚醒システムの概念図。五感を刺激して快適な入眠と起床を実現する

アスリープ（アイシン精機株式会社）
URL http://www.aisin-asleep.com
TEL 03-5549-9068（ベッドギャラリーASLEEP東京）
ベッドギャラリーASLEEP
〈東京〉　港区六本木3-17-10
〈名古屋〉名古屋市中区大須3-1-30
〈大阪〉　大阪市西区靭本町1-8-2 コットンニッセイビル1階
〈金沢〉　石川県金沢市金沢駅西本町1-14-29 サン金沢ビル1階 ほか

Furniture

コクヨファニチャー

ホテル家具＆オペレーションから「第三の仕事場」を追求する

ハートンホテル北梅田のレディースフロア客室。ビジネスを忘れてくつろげるよう、あえて趣味性を取り入れた

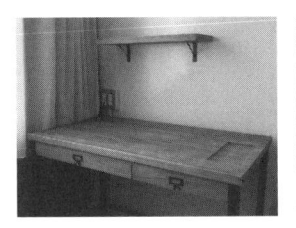

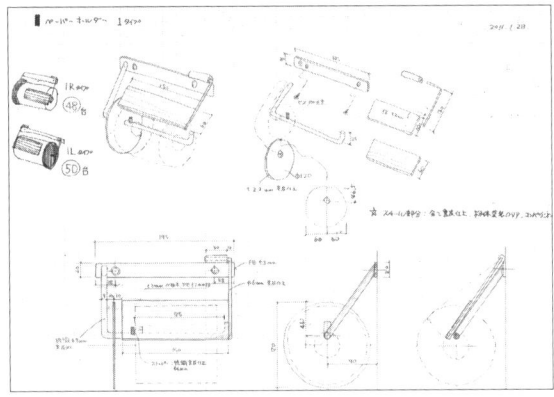

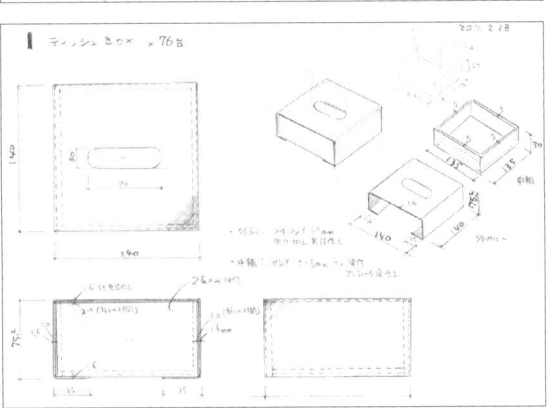

上左／ホテルアンテルーム京都の客室デスクでは、奥行き600mmを確保し、右端にペン皿を彫り込み、デスクワークの効率性を追求した　上右／ホテルアンテルーム京都のダイニングに置かれた大型テーブル。食事、デスクワーク、ミーティングなどあらゆる用途に耐える程良いカジュアルさだ（撮影／矢野紀行）　スケッチ2点／コクヨファニチャー内でデザイン担当者と制作担当者が制作過程で交わしたスケッチ。社外のデザイナーと協働する際も、コクヨファニチャーの制作担当者がこうしたスケッチでディテールを提案するケースが多い

コクヨファニチャー株式会社
URL http://www.kokuyo-furniture.co.jp
TEL 03-5510-4375（首都圏営業本部）
ショールーム
〈東京〉東京都港区港南1-8-35
〈大阪〉大阪市東成区大今里南6-1-1

なぜオフィス家具で知られるコクヨファニチャーがホテル家具を手掛けるのか。そう疑問に思う人がいるかもしれない。その理由は、コクヨファニチャーが、宿泊特化型ホテルを「オフィスと自宅に次ぐ第三の仕事場＝サードプレイス」と捉えて、その空間の在り方を提案しているからだ。考えてみれば、「ビジネスホテル」というジャンル名のわりに、真に仕事場としての機能を追求したホテルをこれまであまり見掛けなかった。

同社は、主に二つの観点から宿泊特化型ホテルの新しい在り方を提案する。「客室の家具」と「共用スペースのオペレーション」だ。代表例の「ホテルアンテルーム京都」（P.94）を通して見てみよう。この客室デザインには「オフィスっぽさ」こそないが、オフィス家具メーカーのノウハウが生かされている。インテリアと家具デザインを担当した同社デザイナーの青木耕治さんは、「ライティングデスクは通常、奥行き400mm程度といったサイズが多いのですが、ここでは600×1000mmとゆったり確保し、天板の右端にペン皿を掘り込んであります（左写真上左）。こうしたサイズや配置が作業効率を向上させると、オフィス家具開発のリサーチで実証されています」と説明する。

一方、「共用スペースのオペレーション」については、「フロント型からコンシェルジュ型へ」と提唱している。「フロント型」とは通常のビジネスホテルの施設構成を指し、フロント、レストラン、会議室、ビジネスセンターなどが個別の空間として用意されている。しかし、これではスペース効率が悪い。そこで「コンシェルジュ型」は、それらの各空間を一つの多機能空間に集約するという提案だ。問題は、その多様に利用される空間を誰がどうやってさばくのかだ。その問題への同社の提案が「コンシェルジュサービス」。いわゆる人材派遣サービスだ。既に、総務全般の代行サービスとしていくつもの企業に導入済みなので、ホテルでもすぐに実現可能という。

こうした「多機能空間」型オペレーションのデザイン的な帰結の一つとして、どんな用途にも耐えうるカジュアルな大型テーブルなどが生み出された（左写真上右）。「こうした家具デザインで、パブリックとプライベートの中間的な空間をつくり、宿泊客が仕事もできるし、外から来た人とのミーティングにも使えるというフレキシブルさがこれからのビジネスホテルには必要だと感じています」（青木さん）

ビジネス要素を先鋭化させる一方で同社は、「反ビジネス」とでも言えそうなテイストのビジネスホテルも提案している。「ハートンホテル北梅田」のレディースルームがその例だ。インテリアデザインを手掛けた同社デザイナーの大島彩さんは、「ビジネスウーマンがどのように気持ちをオン・オフするかを考え、仕事の合間だからこそ、猫足のライティングデスクやピンクの壁紙で、リラックスできる空間を提供しました」と話す。

「ビジネスのためのホテル」という発想から個性的な宿泊特化型ホテルを生み出したいホテルオーナーや設計者なら、コクヨファニチャーに相談してみる価値は大いにあるはずだ。

Furniture

IDC大塚家具

小売家具のネットワークと情報で
きめ細かいホテル家具を提案

株式会社大塚家具
URL http://www.idc-otsuka.jp
TEL 03-6426-0133(コントラクト営業部)
ショールーム
〈有明本社ショールーム〉 東京都江東区有明3-6-11 東京ファッションタウンビル東館

左／家具を納入したホテルグレイスリー田町　右／本社ショールームからも至近にあるホテルサンルート有明へも家具を納入した

IDC大塚家具のコントラクト事業は小売販売から発展する形で始まった。
コントラクト営業部の城戸宰さんは、その強みをこう話す。「リテール(小売り)で培ってきたノウハウが、コントラクト事業でも強みになっています。小売部門で販売している家具も活用できますし、国内外約450の取引先協力工場を生かした調達力で、社内の企画制作チームが家具や空間デザインを提案します。大規模ホテルになると、同じデザインの家具を大量に調達する必要がありますが、小売販売で築き上げた開発力、品質管理力、独自の流通ルートでできるだけコストを圧縮して提供します」
大塚家具は、ホテルプロジェクトにおいて、大別して2種類のサービスを提供している。「サプライヤー型」と「企画提案型」だ。サプライヤー型では、デザイナーのデザインや設計に基づいて家具を製作したりカスタマイズしたりする。リッツカールトンやホテルグレイスリーの銀座や田町がその納入例だ。一方、企画提案型では、空間全体のデザインからマネジメント、家具製作までを総合的に請け負う。ザ・プリンスパークタワー東京や新横浜プリンスホテル(改装)は、その事例だ。

もちろんこの2種類のサービスが明確に分かれているわけではない。設計・デザイン担当の永瀬雅章さんは、「サプライヤー型のプロジェクトでも、設計者のイメージスケッチを元に、社内のデザイン担当者がディテールを提案しながら、工場でオリジナル家具を製作することもあります」と話す。

また、今後について城戸さんは、「リテールとコントラクトの垣根をなくしていきたい」と話す。「最近では、ホテルの空間が、最先端で非日常的なデザインというより、むしろ居住空間に近づきつつあります。そうした流れを受けて、リテールで人気のある家具がホテルの空間コンセプトにマッチするというケースや、逆にコントラクトでの提案をリテールに取り入れるというケースも増えていくのではないかと感じています」

リテール家具の場合、地方によって人気商品の傾向が異なるという。とすれば、ビジネス系ホテルの家具が全国同じでよいのかという発想も出てくる。きめ細かい配慮が必要かもしれない。そうなれば、同社がリテール部門で蓄積したデータを生かせるだろう。

「更に、ここ数年、上質で安全な家具や、触り心地の良い素材や丸みのあるデザインへのニーズが高まってきました。そんなハイクオリティーな家具をレンタル方式で予算を抑えて取り入れやすくするというサービスも検討中です」(城戸さん)

こうしたニーズに応えるべく、大塚家具は「ヒューマンホスピタリティー」をテーマに掲げ、今後も家具と空間の提案を続けていく。

「企画提案型」で携わったザ・プリンスパークタワー東京。こうした高級ホテルからカジュアルなホテルまで幅広く対応する

Furniture

TIME & STYLE

旭川の工場で生み出す
ニュートラルな家具

左／端材で製作したダイニングテーブル「インプロヴィゼーション」（手前）と「セッション」。木の素材感とカジュアルな構成が時代の空気を体現している　右／無垢材のフレームに革張りの座面のラウンジチェア「ナイトフライ」。座面の奥行きがあるので、客室、ライブラリー、ダイニングスペースなど、宿泊者がゆったり過ごす空間で活用できそうだ

タイム アンド スタイルといえば、ニュートラルで温かみのあるヒューマンな家具を開発する一方、ジャン=マリー・マソー氏、隈研吾氏、文田昭仁氏らのデザインによる個性的な家具も製作するブランド。そんなイメージが浮かぶのではないか。
触り心地の良い紙質でできた分厚いカタログを開いてみると、木材を使い、装飾を排したシンプルな家具が目を引く。ソファも、重心が低く落ち着きのあるデザインが多い。リゾートテイストのホテルからモダン旅館まで、空間を選ばず活用できそうだ。
広報の佐竹良一さんは、「一貫した国内での受注生産にこだわっています」と話す。「旭川の自社工場をはじめ、家具職人のいる広島や山形の協力工場で、材料の選定から仕上げまで細かく管理しています」
これまで築いてきた全国の家具工場や職人とのつながりがアフターメンテナンスにも生かされている。「地方のホテルで緊急に家具の不具合が生じた場合も、たいてい当日または翌日までに対処しています」とコントラクトデザイン部の床尾浩平さんは話す。

また、家具だけでなくホテル全体の内装コーディネートも手掛ける。最近では地方都市を中心に展開する「カンデオホテルズ」各店がその例だ。既製の家具ラインアップとオリジナル家具をミックスして、客室とラウンジをコーディネートした。提案時に作成するCGパースは、家具の雰囲気を精密に伝える。また、新築だけでなく「プチ改装」にも対応する。シングルルームをダブルユースにしたいというホテルオーナーからの依頼に対し、ヘッドボードを交換する工事を、10時から16時のアイドルタイムを利用して、一日で約20室終わらせた。タイム アンド スタイルのブックシェルフをラウンジに置くだけでも、空間の雰囲気は大きく変わる。ベーシックな家具一つでも、それが上質であれば大きな訴求力を持つと改めて感じさせるメーカーだ。

左／カンデオホテルズ静岡島田に家具コーディネートを提案した際のCGパース。精巧なCGでホテルオーナーにイメージを伝える　右／同ロビーラウンジ。こちらは竣工後の写真。重心の低いソファが空間に落ち着いたムードを生み出す

タイム アンド スタイル	
URL	http://www.timeandstyle.com
TEL	03-5464-3208（コントラクト事業部）
ショップ	
〈六本木〉	港区赤坂9-7-4 東京ミッドタウンガレリア3階
〈二子玉川〉	世田谷区玉川3-17-1 玉川高島屋S・C南館6階
〈新宿〉	新宿区新宿3-14-1 伊勢丹新宿店 本館5階
〈福岡〉	福岡市中央区大名1-6-21

Furniture

ワイス・ワイス

レストラン特注家具で培った
ノウハウでホテル空間を演出

株式会社ワイス・ワイス
URL http://www.wisewise.com
TEL 03-5467-7001（営業部）
ショップ
〈表参道〉 東京都渋谷区神宮前5-12-7

右／スパリゾート「竹泉荘」のバーで使用するために橋本夕紀夫氏がデザインしたオリジナルスツール

左／ホテルイル・パラッツォのスイートルーム。いくつものソファで上質感を演出する　右／同ロビーラウンジ。手前は本革と和柄のファブリックによるベンチソファ（2点、撮影／石井紀久）

デザイナーホテルの先駆け、ホテルイル・パラッツォ（商店建築2009年10月号掲載）が2009年、20年ぶりに全館リニューアルされた。インテリアデザインを担当したジークの川野健司氏とともに客室とロビーラウンジの家具製作を担当したのがワイス・ワイスだ。同社はこれまで、レストランやバーに多くの家具を納入してきた。オーナー、建築家、デザイナーらと綿密に打ち合わせを重ねる仕事ぶりは評価が高い。小坂竜氏、橋本夕紀夫氏、塩見一郎氏らトップデザイナーの設計による飲食店や宿泊施設の特注家具も製作してきた。営業部長の菅野成人さんは、「いつ、どこで、誰が、どんな目的で集まるスペースなのか、オペレーションはどうなるのかといった細かな情報をヒアリングすることが、その後の製作作業をスムーズにします」と話す。

ホテルプロジェクトでの家具製作の依頼があれば、今後も積極的に引き受けていくという。ホテル内にレストラン、ラウンジ、バーなどを設けるなら、なおのことワイス・ワイスの強みが発揮されそうだ。一方で、近年低迷する飲食業界に代わって、オフィス、病院、老人施設など居住性の高い空間への納品依頼も増えてきたという。そうした仕事で蓄積したノウハウは、当然ホテルのプロジェクトにも生かせるだろう。

また、特筆したいのが、環境への取り組みだ。その一つが、「ワイス・ワイス グリーンプロジェクト」。生態系を破壊する違法伐採された木材ではなくトレーサビリティーの高いフェアウッド（合法に採取され、資源再生が管理されている木材）を可能な限り使用する。「生産地や生産者のわかる国産材や森林認証を受けた木材を使い、修理・再利用のサービスも積極的に行ない、長く使えるサステイナブルな家具をつくっていきます」（菅野さん）

宿泊特化型ホテルの計画において物事を決める最大の判断基準はコストだろうが、それでも、こうしたワイス・ワイスの取り組みを支持する経営者や顧客はじわじわと増えていくはずだ。

屋外使用できるガーデンチェア＆テーブルのシリーズ「MIRO」。フレームは錆びにくいアルミパイプで、ファブリックは水や紫外線に強いプラスチックコードなので、テラスの演出などに最適だ

Furniture

乃村工藝社

空間全体の施工から
ホテル家具を発想する

株式会社乃村工藝社
URL　http://www.nomurakougei.co.jp
TEL　03-5962-1573
〈CC事業本部アカウント　第一事業部営業2部〉
〈本社オフィス〉　東京都港区台場2-3-4

商業空間から文化施設まで幅広くインテリアの設計施工を手掛ける業界最大手、乃村工藝社。知らない人はいないだろう。宿泊特化型ホテルの分野でも、同社の所属デザイナーが既に何軒も設計し、施工部隊がそれらを施工している。だが、ホテル客室の小さな改修や、まして家具製作を乃村工藝社に依頼しようと考える人は多くないだろう。しかし、同社CC事業本部の真鍋順一さんはこう話す。「そうした一見小さな施工や製作も、今は空間全体から発想することが求められる時代です。当社の製作チームでは、設計施工で請け負う場合なら内部のデザイナーと、施工のみで請け負う場合なら外部のデザイナーの方々と、空間全体のコンセプトを共有し、床壁天井から家具まで製作・施工していきます。家具を考える場合でも、つねに空間全体から考えているわけです」

宿泊特化型ホテルの実例で言えば、ホテルグレイスリー田町（P.78）がある。デザイン性の高いビジネス系ホテルの人気ブランドの一つだ。インテリアデザインを手掛けたのは、乃村工藝社の桐岡栄さん（P.39）。桐岡さんは、デザイナーの立場から自社の家具製作に関してこう説明する。

「家具だけを改修したいという時こそ、むしろ空間づくりのノウハウを生かして効果的にイメージチェンジできるチャンスです。床壁天井は改修できないけれど、家具だけ入れ替えてこれまでとは違うデザイン性や機能性を獲得したいというリニューアルの場合、カタログで選んだ家具をそのまま部屋に入れただけでは、そのホテルが変わったことを顧客に伝えるのは難しい。営業をしながらでも構わないので、ワンフロアずつ、空間に合わせたオリジナル家具を投入していき、大きく空間イメージを刷新することをおすすめしたいです」

家具メーカーではなく施工を専門とする組織だからこその家具製作で、家具からホテル空間を変えるという選択肢も大いにありうる。

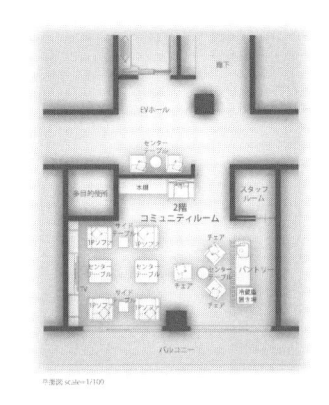

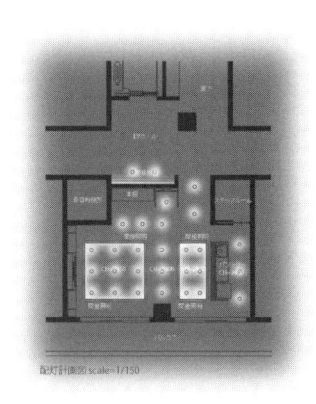

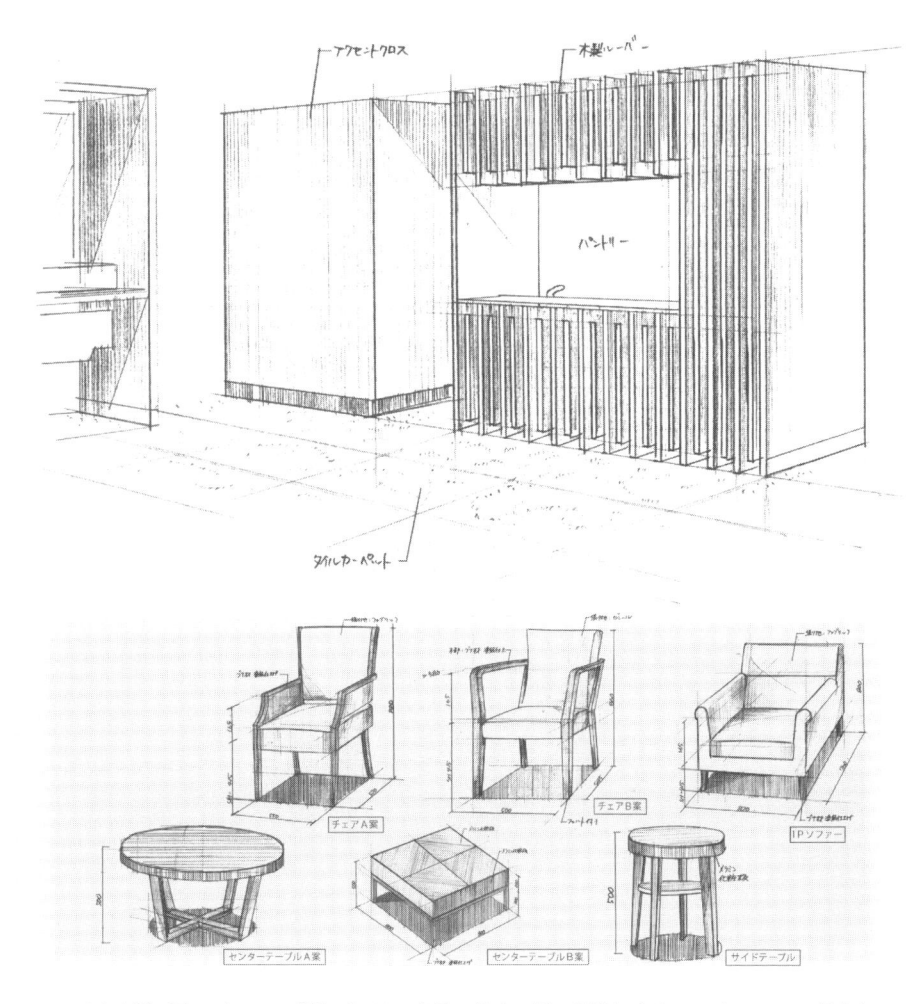

どのような空間に置くかをつねに意識しながら、家具の意匠、寸法、材質をデザイナーやオーナーに提案する。ときには照明の配灯計画（最上段右図）などとも連動しながら、家具の配置を考えていく

〈ワールド グランド ホテルズ〉

World Grand HOTELS

香港の名門ホテルから、パリのデザインホテルまで
国際都市の"顔"として、世界中からの旅行者を迎える
11都市30件のホテルを紹介

好評発売中　定価（本体3,905円＋税）

A4判／オールカラー／176ページ／一部バイリンガル

購入方法　Purchase	ご注文書タイトル　World Grand Hotels	ご注文数　　　冊
〈商店建築社WEBサイトからご注文〉 http://www.shotenkenchiku.com	会社名	取り扱い書店・番線印
〈FAXによるご注文〉 商店建築社 販売部…………………03-3363-5792 右の注文欄にご記入のうえ、このページをFAXにて送信して下さい。代金のほかに代引きの配送手数料が掛かります。	お名前	
	ご住所　〒	
〈書店にてご注文〉 右の注文欄にご記入のうえ、お近くの書店にお渡し下さい。	電話番号	

※いずれの場合にも、ご注文のキャンセルや返品はできません。また離島の一部は発送ができませんので予めご了承下さい。　問い合わせ／商店建築社 販売部　TEL 03-3363-5770